政府猎头

GOVERNMENT HEADHUNTERS

宋斌 著

暨南大學出版社
JINAN UNIVERSITY PRESS
中国·广州

图书在版编目（CIP）数据

政府猎头/宋斌著. —广州：暨南大学出版社，2010.3
ISBN 978-7-81135-466-9

Ⅰ.①政… Ⅱ.①宋… Ⅲ.①企业管理—人才学—研究—中国
Ⅳ.①F279.23

中国版本图书馆 CIP 数据核字(2010)第 025010 号

出版发行：暨南大学出版社

地　址：中国广州暨南大学
电　话：总编室（8620）85221601
营销部（8620）85225284　85228291　85220693（邮购）
传　真：（8620）85221583（办公室）　85223774（营销部）
邮　编：510630
网　址：http：//www.jnupress.com　http：//press.jnu.edu.cn

排　版：广州市天河星辰文化发展部照排中心
印　刷：佛山市浩文彩色印刷有限公司

开　本：787mm×960mm　1/16
印　张：13
字　数：248 千
版　次：2010 年 3 月第 1 版
印　次：2010 年 3 月第 1 次

定　价：30.00 元

序　言

国以人兴，政以才治。

猎头现象由来已久。始于远古、绵延至今。从捕杀、冻结敌对势力的高级人才演变为生俘感化，为己所有、为己所用，乃是人类文明的重大进步。

历经80多年的萌芽、发展和演进，猎头成为一个新兴的朝阳行业，构建了现代公司体制、行业协会和产业链，占据了人力资源高端领域。全球化、职业化和信息化的国际猎头市场规模庞大、结构完整。

市场经济全球化浪潮下的国际人才竞争风起云涌，愈演愈烈。猎头行动屡次曝光，动辄震惊全球。世界头号超级强国——美国，牢牢控制了国际猎头市场的主动权，独树一帜、另辟蹊径，不遗余力地搜罗全球高级人才，遥遥领先于其他国家。

改革开放后，猎头现象和观念进入中国内地，逐渐被政府机构、学术理论界和社会公众所理解并接受。经过10多年的艰苦探索和实践积累，猎头中国化取得了长足进步，呈现加速发展的态势；猎头公司和行业饱受国际猎头巨鳄攻击和遏制，饱受国际惯例的歧视和欺压，不屈不挠、顽强成长，深深烙上了发展中国家民族产业生存、发展和壮大的印迹。

政府猎头是新生事物，系指以政府为主体，借鉴、采取猎头机制和路径，搜寻、甄别和吸纳高级人才的实践过程。狭义上的政府，包括政府部门、执政党组织及其直属或者监管企业，简称政府部门（企业）。

进入21世纪以来，政府猎头浪潮迭起、势不可挡。究其原因，主要有三：首先，世界各国政府机构的人才观念保守、体制僵化和管理混乱等积弊，引发了高级雇员持续老化和严重的人才流失，迫使政府重新思考并深刻反省，寻求新的招募机制和补充渠道。其次，政府直属或监管的国有企业，仍然担负着国计民生、治国安邦的重任。如何充分利用市场经济体制，积极拓展高级人才遴选路径，科学合理地搜寻和网罗高级经营管理人才，成为关乎生存、转型和发展的头等大事。最后，许多执政党与时俱进、顺应潮流，重手整饬吏治、革新机制，加大力度、加快进度地实施海外高级人才引进工作，借以夯实执政基础、巩固执政地位和提升执政能力。

本书主要包括三个部分。第一部分阐述了现代意义上的猎头起源、形成与发展，以及猎头公司、猎头行业（产业）及猎头市场的基本内涵、属性和规律；第二部分考察了政府部门（企业）的高级雇员危机及其成因，以及旨在化解危机的创新对策和措施；第三部分概括、总结和归纳了一般意义上的政府猎头的基本流程、监督管理和机制体系建设，重点探讨了发展中国家（以中国为例）构建政府猎头的理论要素、框架体系及战略布局。另附有猎头流程图、飞行面试表、人才测评模块等基本样式，供政府部门（企业）和猎头公司参考操作。书中所提出的思路、观念和方法，还不具有完备性和唯一性；它的浅显和欠缺，赫然留下了继续探讨和研究的理论空间。

高级人才的持续紧缺，严重制约着一个国家现实的生存、未来的发展；高级人才的实际存量和后续储备，更将决定今后发展的动力和潜能。中国拥有人才流失最为严重、人才需求缺口最为巨大的两个“世界第一”。人事管理体制改革滞后、高级雇员选聘机制单一、留学人员回归率倒挂、海外引智工程进度缓慢等现状，使得中国海外引智的“红卡”效能，远远落后于美国的“绿卡”、欧盟的“蓝卡”乃至韩国的“金卡”。

鉴于高新技术日益涌现、跨国公司不断增多、科技人才持续紧缺、公民数量急剧下降等现实压力，世界各国移民政策推陈出新、回流方案日新月异、留学计划花样翻新，国际高级人才领域的软性战争更加激烈，竞争形势趋于白热化，市场格局凸现新一轮的洗牌预期。

世界的眼光，中国的实践；世界的市场，中国的特色；世界的人才，中国的胸怀。在倡导科学发展、构建和谐社会的长征中，中国如何采取务实、果敢的政策实现人才温饱，如何有效参与国际人才市场竞争，如何探索发展中国家的人才发展新路，如何穿越国际高级人才争夺战的急流漩涡，迫切需要勇于探索、敢于创新，建立健全具有中国特色的政府猎头机制、体系和战略，凤凰涅槃、浴火重生。

是为序。

目　录

第一章　猎头

人才资源是第一资源，是经济增长、社会进步和文明提升的第一动力。

第一节　历史演变

猎头现象由来已久。现代意义上的猎头，经过多次变革和拓展，被赋予了全新的内涵和外延。

猎头起源

一、古老传说

远古时代，先民们笃信凝视、抚摸和膜拜死者头颅，便能够将死者的灵魂和勇气转移到自己身上，从而获得某种神奇的庇护和力量。他们割取并保存死去的首领、亲戚朋友乃至敌人的头骨，或祭祀神灵，或顶礼膜拜，或随身佩戴。流传千年的“人头祭谷”风俗，就是由巫师当众砍下活人的头颅，经过简单清洗和包装后，用以祭祀谷物神，祈求来年的好收成。

在古代美洲，原始食人部落在战争结束后，总要割取对方将士的头颅，逐一清点、计算战功，然后悬挂于己方领地和住宅周围的木架上，炫耀自身实力、恐吓来犯之敌。“猎头”的英译“Headhunter”或“Headhunting”的词源本义，大体如是。

头领或首领是一个部落的关键人物和重要标志。猎杀这些精英，能有效地打击、压制和削弱敌方势力，振奋人心、激励士气。古代如周武王打败商纣王以后，将他的头割了下来，悬挂在旗杆上示众，庆贺胜利，招降纳叛。再如第二次世界大战期间的1943年4月，美军航空兵在太平洋的布干维尔岛上空，突然截杀了日本海军大将山本五十六，大大削弱了日本军界的信心和士气。又如在1991年代号“沙漠风暴”的海湾战争中，以美国为首的多国部队，针对伊拉克政府总统萨达姆家族成员及其高级幕僚实施的“斩首”行动等均属此类。

随着人类文明演进、社会发展和历史积淀，“猎头”的含义开始转向擒获各种杰出人物、重要精英和高层领袖，不是将其杀死，而是为己所用，意即搜猎、网罗人才之意。后又渐渐转化成搜寻、借助和采纳高级人才，励精图治、壮大实力。譬如春秋时期的秦穆公，巧计使用五张公羊皮，在楚国的奴隶中换来70多岁的百里奚，内修国政、外服诸侯，走上了富国强兵的道路；战国时期的秦昭王，五次跪地请教治国才能卓越的范雎，终于成就一代霸业；东汉末年的刘备，三顾茅庐访寻“卧龙”诸葛亮，东山再起、得以三国鼎立，等等。

原始而血腥的“猎头”一词，在古代汉语中的表达却显得比较高雅而隽永。如唐朝张说《〈唐昭容上官氏文集〉序》之“搜英猎俊，野无遗才”；又如唐朝骆宾王《对策文三》之“翘车猎彦，束帛旌贤”；再如元代刘祁《戏题太公钓鱼图》之“向使文王不猎贤，一竿潦倒渭河边”，就是指周文王得遇吕望（姜子牙）之事。“猎俊”、“猎彦”、“猎贤”等词汇，恰恰彰显了“猎头”的应有之意。

二、科举取士

科举取士始于隋朝（公元605年），兴于唐，变于宋，盛于明，废于清，止于光绪三十一年（1905年），延续了1 200余年。其间，先后被朝鲜、日本、越南等国家仿效采用。

公元581年，隋朝统一全国。为了适应封建政治关系、经济基础和国防军事的发展变化，扩大封建统治阶级的政权基础，加强中央集权，选拔官吏群体，隋炀帝大业元年（605年）采取分科取士、统一考试的办法来选取进士，故名“科举”。“进士”一词初见于《礼记·王制》篇，意即可以进受爵禄。科举制度把读书、应考和做官三者紧密结合起来，揭开了世界官吏选拔史上的新篇章。唐玄宗时，礼部尚书沈既济评价道：“前代选用，皆州郡察举…… 至于齐隋，不胜其弊……是以置州府之权而归于吏部。自隋罢外选，招天下之人，聚于京师，春还秋住、乌聚云合。”

贞观年间，唐太宗大兴科举。一次科考结束后，他看到新进士们从端门鱼贯而过的盛大场面，踌躇满志地说：“天下英雄，尽入吾彀中矣。”在他看来，“科举取士”这张超级大网，为自己，也为国家搜罗、猎获了众多的优秀人才。

科举制度是封建国家的帝王动用政权资源，选拔、网罗各种人才服务国家的人才制度。较远古的禅让、先秦的世袭、汉代的察举征辟、魏晋南北朝的九品中正等诸多体制，所覆盖的选拔群体更加广泛，选拔渠道更加通畅，国家指向更加明确。它以工序化的流水线生产，不计出身、一视同仁地通过组织统一考试，大批量、高效率地遴选维护封建政权所需要的各种人才，结构完整、自成体系，覆盖面之广、持续时间之长、影响力之深远，堪称举世罕见。它是现代公务员选拔录用体制的雏形，也是政府猎头和国家猎头的源起模式。科举制度的许多专有名词流传至今，如“状元”、“秀才”、“八股”等。

三、现代意义

20 世纪 60 年代中期，香港企业界引入欧美国家的“猎头”概念时，将“Headhunter”直译成“猎头”，意指寻访和搜罗高级人才的行为。台湾地区则采取了“猎人头”的意译，以表达搜寻和猎取“领头人”、“带头人”和“头面人物”的意思。“猎头”一词，反而成了现代意义上的西方舶来品，重新回流到中国（系指中国内地，以下同）。

20 世纪中后期，人力资本理论兴起，逐步受到广泛重视。人才流动日益频繁，人才服务行业异军突起。猎头公司的经营范围，不再局限于高级人才搜索与举荐，而是向企业提供综合诊断、全方位咨询，乃至整体人力资源解决方案等。在欧美发达国家，张力十足的“猎头公司”鲜有使用，多见于温和中性的“高级专家组织”、“人才咨询学会”、“企业管理咨询公司”、“人才经纪公司”、“高级人才顾问公司”等。“Headhunting”、“Headhunter”、“Executive Search”、“Executive Recruiters”等词汇相互通用，增添了委托代理、人才服务、伙伴合作、咨询诊断和贴身服务之类的商业含义。

进入 21 世纪以来，不少政府机构和企业界针对各种猎头行动，制定和实施了旨在保护己方人才的“反猎头”（Anti-Headhunter）体制和策略，渐渐被人们广泛认可、接受并应用。在猎头行业，被猎取的高级人才，称之为“被猎”或“猎物”（Be – Hunted），昵称为“狐”，意指高级人才的头脑极其发达；猎头专员、经理和顾问等，昵称为“鹰”，则来源于猎头行业的吉祥物——白头鹰（1782 年被选定为美国国鸟）。在高级人才市场，“狐狸”在地上跑，“猎鹰”在天上飞，斗智斗勇、相映成趣。

阿尔索斯突击队

第二次世界大战结束前夕的1945年，美国科学研究与发展局（OSRD）局长万尼瓦尔·布什提交了题为《科学——无止境的前沿：给总统的关于战后的科研计划》的研究报告，希望总统和政府高度重视基础科学的研究和发展，提出了大力搜罗德国、意大利等轴心国及其仆从国，以及苏联、法国等未来竞争国家的科技文化精英的建议。

美国政府很快接受了该建议，迅速组建了由政府主导、军方负责执行的“阿尔索斯（Alsos，意指小树丛）突击队”。最初的突击队成员由25名来自陆军和海军的情报特工组成，队长是鲍利斯·帕希上校。他们把搜寻、绑架和俘获德国著名原子物理科学家作为首要任务。行动的最高准则之一，就是要极力避免轴心国的科学家被苏联军队生俘。突击队查阅了几乎所有能够找到的德国物理学杂志，还征询了著名物理学家阿尔伯特·爱因斯坦和恩利克·费米的意见，列出了50多名科学家的猎获名单。他们选择了学术阅历丰富、人际关系广泛的犹太籍物理学家塞缪尔·高德斯密特作为突击队向导，轻车熟路，便于行动。为此，美国政府动用1个伞兵师、2个装甲师和第6集团军的联合兵力，组成了一支将近12万人的特种作战部队，随时配备给阿尔索斯突击队调遣使用。

阿尔索斯突击队行动迅速，长驱直入到德国后方的纵深区域，巧妙地潜入斯图加特市以南的小镇泰耳芬根，寻找并绑架了奥托·哈恩（1944年诺贝尔化学奖得主）和冯·劳厄（1914年诺贝尔物理学奖得主）。之后，他们在一个名叫乌尔费尔德的小镇，找到并控制了德国量子力学奠基人之一、“哥本哈根学派”代表性人物维尔纳·海森堡（1932年诺贝尔物理学奖得主）。第二天，一个紧急增援的步兵营迅速赶来，将维尔纳·海森堡带走了。至此，美国人总算松了一口气。在他们看来，抓到海森堡比俘获10个溃退的德国装甲师更加重要。随后，登记在册的德国科学家相继被抓获。

在美国的军舰、飞机忙碌地把一批批满头白发、衣衫不整的欧洲科学家和工程技术专家，有条不紊地运送到大西洋彼岸的美国本土时，苏联军队似乎也没有闲着。他们手忙脚乱地将搜刮和缴获的德国工业物资和武器装备分解、包装起来，源源不断搬运到东面方向的苏联境内。在战火纷飞的欧洲大陆上，着装不同、运输方向相反的两支队伍，形成了一道令人深思的风景线。

1945年10月，阿尔索斯突击队被正式解散。外界人士估计，至少2 000多名德国、意大利的科技精英和高级专业技术人员被掳掠到美国。

"二战"结束后，美国军事、情报和间谍部门仍然沿用了"猎头"提法，项目负责人改由总统亲自任命，隶属于中央情报局，是总统和国家安全委员会的高级情报顾问，也是内阁成员和情报机构的发言人。项目经费支出无须说明用途，工作人员数目不必报告；特殊情形下，如在策反以苏联为首的"华约"成员国的高级人才叛逃西方时，可以征用政府和军方的任何资源。

哈瓦那声音

冷战时期，政府主导的猎头行动，可谓是"青出于蓝而胜于蓝"，更加隐蔽、更加巧妙。在第三世界领域，以古巴的"拉丁美洲人才留学计划"最为典型。

哈瓦那大学创建于1728年，是古巴最古老、规模最大的大学，也是拉丁美洲地区历史最悠久的高等学府之一。1950年，菲德尔·卡斯特罗毕业于哈瓦那大学，获法学博士学位。大学期间，他积极参加爱国学生运动。1959年1月，他率领起义军推翻巴蒂斯塔独裁政权，成立了革命政府，出任了政府总理（部长会议主席）和武装部队总司令。1961年，他指挥古巴军民打败美国支持的流亡分子的武装突袭，取得了著名的"吉隆滩之战"（猪湾事件）的胜利。1965年起，卡斯特罗担任古巴共产党中央委员会第一书记，成为古巴最高领袖。

为了对抗以美国为首的发达国家对古巴的政治和经济封锁，积极寻找战略盟友，争取更大的国际空间，卡斯特罗授意并主持了拉丁美洲人才留学计划。

从20世纪60年代起，哈瓦那大学向玻利维亚、秘鲁、巴西、委内瑞拉、智利、巴拿马等国家的政府官员、经济大亨、名门望族、文化名人、军事将领的子女们，提供极其优厚的条件和待遇，动员和鼓励他们前来古巴深造。哈瓦那大学减免这些留学生的教学、教材、服装、住宿、饮食等费用，甚至连一年一次的回国探亲费用也予以全额报销。对于一些信仰社会主义、政治立场坚定的经济贫困学生，古巴政府采取了特别优惠的政策，多以特许关照的方式资助其顺利完成学业。

古巴政府为此耗费了大量的人力、物力和财力。但是，拉丁美洲人才留学计划的成效却极其显著，远远超出了当时的预想。21世纪初期，当年健康活泼、血气方刚的拉丁美洲和加勒比海地区的学子们，经过30多年的努力和奋斗，纷纷跻身于所在国家的上流社会，陆续成为政治、经济、军事和文化领域的精英人物。在古巴政府和美国反复较量之际，他们通过公开或者隐蔽的方式，广泛协助、支持和声援古巴，加固了古巴政府和民众的决心和信心，提升了古巴政府的国际地位和影响。从此，在国际政治、经济和军事舞台上，古巴、委内瑞拉、智利、阿根廷、秘鲁等许多国家的领导人，以“不结盟运动”为平台，凝结成国家利益一致、国际立场一致、行动步伐一致的“哈瓦那声音”。

威尔纳·格里希

20世纪40年代末，大量苏联专家本着国际主义精神应邀来华，为新中国政权的稳定、经济的恢复和工业化基础的建立，传经送宝、无私奉献，高峰时期的总人数超过2万名，遍布经济、国防工业、文化教育和科学研究等250多个政府部门和国有企业。令人难忘的是，仅在1946—1950年，就有900多名苏联军人和专家在中国牺牲或因伤病而死。可以说，这些援华专家影响了中国整整一代人的思维、观念乃至审美情趣。

改革开放后，中国重新开始接触国际人才交流领域。1984年8月，联邦德国发动机制造和铁芯技术专家威尔纳·格里希作为退休专家组织（SES）派往湖北省武汉市的第一批3个外国专家之一，来到武汉柴油机厂进行为期4个月的考察，义务担任技术顾问。1984年11月，武汉市市委、市政府决定，公开聘请65岁的威尔纳·格里希出任武汉柴油机厂的厂长。海内外舆论闻讯、顿时哗然，认为这是对外开放和改革进程中“一件令人吃惊的新闻和成功的典范”。

此后两年，格里希厂长以亲临一线、身先士卒的硬朗作风，系统整顿了工厂的质量管理体系，使得僵化的管理体制发生了深刻的变化和进步。他先后免去了包括1个总工程师、2个检验科长在内的3个科级以上干部的职务，还开除了1个工人。当时，格里希的这些举动，多少有些“离经叛道”的意味。一经媒体披露，随即在国有企业界引发了一场大讨论。

1986年5月，格里希获得了在华永久居留资格。1987年7月，为了表彰他为中德两国交流作出的杰出贡献，联邦德国政府授予格里希联邦十字勋章。1994年，武汉市政府也授予他“黄鹤友谊奖”。2005年4月17日，中国武汉和德国杜伊斯堡这两个城市，分别给格里希竖立了纪念铜像。坐落在武汉市古田一路的汉正街都市工业园的铜像，镌刻着一段简洁的文字：威尔纳·格里希，在1984—1986年担任武汉柴油机厂厂长期间，忘我工作、大胆改革、从严治厂，为中国企业改革、增进中德人民友谊作出了重要贡献。

威尔纳·格里希作为第一位“洋厂长”，是新中国政府猎头发展史上的重要事件。同时，标志着中国再次打开了国有企业技术引进、智力引进的政策闸门。1987年，国家科委和外经贸部批准成立了中国国际技术智力合作公司

(CIIC)，并在香港设置联络处，主要任务是有计划、有步骤地引进大批国外高级人才。这些具有现代意义上的猎头行动，均由政府亲自主导、实施和完成。

第二节 现代进程

人类社会的不断前行和进步，是猎头行业赖以生存和发展的深刻背景。人力资本学说、经济全球化和高级人才紧缺，是直接催生猎头公司、行业和产业的“三驾马车”。

迪克·迪兰

1926 年，一家名为迪克·迪兰的人才搜索公司（Executive Search）在美国出现，被认为是世界上第一家猎头公司。公司成立后，专门为企业搜索并提供高级人才名单。20 世纪 30 年代经济大萧条爆发后，公司生意冷落，随后销声匿迹。但是，该公司首次确定了猎头公司运营的几项基本原则，如订金不退、委托合同和限时完成等。

猎头公司的出现，犹如不停游动、活力四射的鲶鱼，从根本上改变了自然而封闭的人才流动渠道，辐射、搅动并重构了高级人才市场。一方面，职业化、专业化和商业化的运作方式，直接刺激了高级人才的流动频率和迁移速度，加快了高级人才的自我实现和社会转化，使得高级人才的自身价值和市场价格趋于明朗；另一方面，猎头公司出于追逐商业利润的需要，衍生了超高价评估、过度包装候选人乃至弄虚作假等行为，打破了国家、政府、产业、公司之间的人才固化格局。更为严重的是，跨国型猎头公司往往成了国家之间挖取、掠夺和钳制人才的主要工具，成为国际化高级人才争夺的特殊阵地，进而转化为世界强国搜刮、欺凌和遏制弱国的人才战略载体。

猎头公司是人力资源发展道路上的里程碑。它以“商业化搜寻、专业化测评、职业化服务”的运营模式，赋予了猎头全新的内涵和外延，摆脱了人与人之间的、类似手工作坊的交易模式，架构了自由选择、自由流动和自由就业的市场网络，为国际高级人才市场提供了商业操作的可能性和现实性，使得猎头成为一种更加广泛、普遍而深刻的社会现象。

国际猎头协会（AESC）

“二战”以后，美国实施了各种诱人的移民政策，吸引世界各国的人才涌入，尤其是通过战略调整和立法手段，倾斜于智能型、技术型和资本型移民。这为猎头行业的快速起步提供了坚实基础和宽松环境。

一、司凯龙公司

20 世纪 40 年代末，美国经济开始转型、调整与发展，产业市场不断扩大，产业细分日益明显。成立于 50 年代、总部设在美国康涅狄格州的司凯龙猎头顾问公司（Hunt-Scanlon）就是现代猎头公司成立的典型标志之一。公司按照现代企业制度，形成了权责明确、政企分开、管理科学的经营管理模式，提供高级人才搜寻、职业经理人培训、网络招聘、人力资源解决方案以及多元化经营的信息产品和服务。

司凯龙公司率先确立了猎头公司与客户方的法人亲自签订委托合同的制度，即行业尊崇的“不见法人、不签合同”原则。如今的司凯龙公司业务稳定、人才辈出，分支机构和办事处遍及世界各地，定期出版国际猎头行业分析报告，系当今世界上著名的猎头公司之一。

1955 年 12 月，美国劳工联合会和产业工会联合会合并，标志着劳工运动进入了全盛时期。在工会强有力的推动下，美国通过了一系列保护劳工的法律，大幅度提高了工人的工资、福利和待遇。然而，由于劳工组织势力强劲，雇员权利被过分放大，雇主已经不能与雇员进行正常的薪资谈判，雇员则依仗工会势力与雇主讨价还价。大量的经营管理、专业技术岗位空缺，却无法招聘到合适人选。

面对这种情况，猎头公司趁机而入，为雇主寻找各种各样的候选人，并从中收取双方的费用。在候选人与雇主见面之前，猎头公司已经先行同雇主签订了委托合同，即猎头合同；猎头公司搜寻的候选人，也与猎头公司签订了代理合同；雇主与候选人签订录用合同时，猎头公司作为第三方见证人参与。猎头公司分别收取双方的订金，并承诺无论什么情况下都不退还，以确保雇主和候选人真实的合作意愿。当时，猎头公司采取“三方契约、双向收费”的运营方式，与普通的人才中介公司相差无几。

二、国际猎头协会

1959 年，美国主管招募顾问协会（AERC）成立。从 1965 年起，协会开始制定并逐渐完善了《职业化品德标准》、《作业程序》、《候选人测评及背景调查程序》、《候选人的权益及客户公司的全程监控和最终选择权益》等，根据实践效果进行监控，定期修猎头行业的经营管理行为。

1982 年，主管招募顾问协会更名为国际猎头协会（AESC），借以突出其高级人才服务性质。同时，将全球猎头公司进行分等、分级，推行协会会员准入、订金不退、投标资格和佣金底限等行业制度，力求先入为主、构筑壁垒，通过制定和推行游戏规则，几乎侵吞了全球猎头市场。2008 年底，协会会员遍布世界 70 多个国家，总数超过 50 000 名。

20 世纪 60 年代末期，猎头行业开始推广，最终全面实行了单向收费制度，也称“三方签约、单向收费”，即在雇主和候选人签订聘用合同后，退还候选人的订金，只收取雇主的佣金。其后，又取消了候选人订金制度。实行单向收费的好处之一，在于猎头公司将行业利润主动接近雇主自行招聘的成本控制线，以获取雇主稳定而长期的猎头合同，从而能够占据更加广泛的招聘市场；取消向候选人收费，减少了候选人的经济负担，淡化了高级人才流动的商业色彩，提高了候选人主动配合的积极性。

猎头实行单向收费制度后，与当时的人才中介公司、人才派遣就有了明显的区分。与此同时，一些猎头公司并不满足于日常的招聘工作，而是充分利用公司的技术和人员优势，主动向雇主提供相关服务，如法律咨询、企业诊断、人才保护、协调劳资冲突等，依据双方约定条款收取一定的费用。许多猎头公司逐渐转为专业化的咨询管理服务公司，以局部或者整体承包人力资源服务领域的方式，成为雇主公司的“贴身保镖”。这是源于猎头公司大型化、集团化和专业协作化发展态势决定的，也是猎头公司灵活应对市场格局、主动调整经营战略的必然选择。

三、上市浪潮

20 世纪 70 年代，公司合并与重组浪潮席卷欧美大陆，中小型企业纷纷倒闭、合并或转向。一些猎头公司主动或者被动地联合，组建了大型的猎头公司和企业集团。如 1953 年成立、总部位于亚特兰大市的斯宾塞·斯图亚特咨询公司（Spencer Stuart，又译史宾沙）；1956 年成立、总部设在芝加哥市的海德思哲咨询公司（Heidrick & Struggles）；1969 年成立、总部设在洛杉矶市的科恩·费里公司（Korn/Ferry）等。大型猎头公司和企业集团通过规模化和集约化经营，有力地整合了猎头市场的目标和存量资源，提升了行业规范和整体竞争力，汇集成一个相对独立的猎头产业。

20 世纪 80 年代，人力资本学说盛行，经济全球化浪潮高涨，跨国猎头得以迅速发展。为了解决企业规模快速扩张、开拓国际市场的资金问题，上市融资成为跨国猎头公司的主流选择。

一石激起千层浪。1999 年，海德思哲公司在纳斯达克上市，很快成为最受欢迎的人力咨询服务公司；次年，全球营业总收入就达到惊人的 5.94 亿美元。时遇次贷危机的 2008 财年，总收入仍然达到了 4.34 亿美元，拥有 65 个分部和 1 400 名专业顾问，号称“世界上最大的企业领袖搜寻公司”。海德思哲公司将经营对象固定于企业领袖的做法，代表了猎头公司在人力资源服务领域的市场定位，使得猎头逐渐脱胎于人力资源服务领域，成为一个独立的新兴产业。

1999 年，光辉国际咨询公司在纽约证券交易所上市。2008 财年，全球总收入高达 7.91 亿美元，股价最高达 27.13 美元，营业收入和市值均排名全球猎头行业第一。

欧斯特·杨公司合伙人迈耶在《未来财富》撰文指出，未来社会就像公司在股票交易所出售股票和债券一样，杰出人才也能够在市场上公开售卖技能和成果，新型的经纪人和分析家会对个人的技能进行“包装”和担保。从长远获益角度上看，人力资源部将成为杰出人才的代理人和投资人，人力资本市场将更加开放，就像股票市场一样，会存在一个更有效的人才市场，将对如何奖酬人的智力工作产生重大影响。1997 年，在美国猎头公司的策划及推动下，娱乐界筹划并发行 15 年债券，筹资 5 500 万美元，购买摇滚乐明星齐格·斯塔达斯特的全部作品。同时，以其录制的 300 多首歌曲的未来专利费和音乐会演出费作为抵押担保。此举迅速开辟了以个人名义进行公开筹资的先河，轰动一时、大获成功。

震惊全球

猎头行业向来崇尚秘密交易、低调做事。多年以来，外界对猎头行业知之甚少。猎头和猎头行业曾经被政府和企业界认为是“阳光下的秘密”。

1978—2005 年，世界上发生了几起重大的猎头事件，波及面广、影响深远。当然，事件的台前主角和幕后英雄的名字，至今已经十分响亮。

一、彼得·尤伯罗斯

1978 年 11 月，美国加利福尼亚州的洛杉矶市取得了 1984 年夏季奥运会主办权后，就面临着严重的经费难题。鉴于前几届举办奥运会的巨额赤字纪录，美国政府拒绝了国家财政补贴的提案，加州法律则明文禁止发行体育彩票募集资金。

万般无奈的洛杉矶组委会，决定公开招聘一名主席，全权负责解决这个难题。科恩·费里猎头公司向组委会推荐了美国人彼得·尤伯罗斯。不久，猎手诺姆·罗伯茨走进了生意红火的第一旅游公司。他找到了副董事长尤伯罗斯的办公室，还不及问清由来，尤伯罗斯便说了一句“对不起，我没有兴趣!”就起身送客。猎头公司转而找到了他的妻子，由于深知尤伯罗斯的为人，妻子支持和鼓励他放弃现有的优越生活，迎接新的人生挑战，并最终说服了尤伯罗斯。

1979 年初，尤伯罗斯以 1 060 万美元的低廉价格，果断卖掉了自己的公司股权，全身心地投入到奥运会筹备工作之中。现实是残酷的。他就任组委会主席时，除了 11 个年轻的志愿者以外，只有一个 1 美元的组委会银行账户。

“有志者，事竟成”。在尤伯罗斯的主持下，洛杉矶奥运会实行改革，按照商业化模式运作，大量征集志愿者参与服务。运动会办完后，不仅没有亏损，反而赢得 2.25 亿美元的收入。“地球上最精明的人”、“奥运经营之神”和“奥林匹克商业之父”等荣誉都给了曾经千辛万苦的尤伯罗斯；《时代》杂志评选他为 1984 年的年度名人；国际奥委会授予他奥林匹克金质勋章；许多奥林匹克成员国授予他“荣誉国民”称号，纷纷邀请他前去指导奥运会申报工作。那年，中国代表团实现了金牌“零突破”，一举夺得 15 枚金牌，名列榜单第 4。

科恩·费里公司一战成名。许多公司高层人物在第一次接触猎头公司时，总会听到公司的猎手彬彬有礼地介绍：“我们是科恩·费里猎头公司。就是我们，发现了一个名叫尤伯罗斯的天才。您有兴趣和我们谈谈吗?”2001 年 11 月，科恩·费里公司在进入中国市场之前，征取了一个非常灿烂的中国名字：光辉国际。

二、路易斯·郭士纳

1992 年，“蓝色巨人”IBM 公司经营不善，陷入困境。1993 年 1 月，IBM 董事会宣布成立一个搜猎委员会，聘请当时世界上最大的猎头公司——海德思哲国际咨询公司，为其寻找新的 CEO。

然而，搜罗工作启动初期并不顺利。通用电气公司的首席执行官杰克·韦尔奇就不愿考虑；太阳公司首席执行官麦克尼里，也公开表态拒绝接受邀请；而苹果公司总裁斯卡利提出的拯救 IBM 的工作构想，又令 IBM 的董事会和大股东们无法忍受。

海德思哲公司推荐了 RJR 食品烟草公司总裁——有着“扭亏为盈魔术师”

美誉的路易斯·郭士纳。起初，IBM 公司董事会坚决不同意。理由非常简单，就是这个有着“花花公子”绰号的老头子根本不懂电脑，甚至连什么是 IT 都不知道。那时，猎手杰拉德·罗谢说了一段在今天看来仍然是经典的猎头公司答辩词：“真正杰出的商业领导人，并不受此条件（行业从业背景）的限制。最重要的是，这个人必须经过实践证明，他是一个通才和能驾驭变革的人。”IBM 公司最终同意了这项提名，并把和海德思哲公司的猎头合同命名为“头号交易”。

郭士纳如期履新。掌舵 9 年后，IBM 公司的股票价格上涨了 10 倍，市值达到史无前例的 1 650 亿美元。公司保险柜里重新塞满了现金，股票被人们疯狂抢购，世界各国的政府要员频频前来参观……“蓝色巨人”再次站了起来，重新成为全球最赚钱的公司之一。

事实再次证明，郭士纳的确是一个通才。光荣退休后，他出版了自传《谁说大象不能跳舞?》，畅销全球，赚得一大笔钱。当年的“头号交易”，作为行业经典案例，进入了猎头教程；猎手杰拉德·罗谢退休后，出任了海德思哲公司的董事会主席，被尊称为“当代最伟大的猎手”。

三、卡莉·菲奥里纳

卡莉·菲奥里纳，1954 年 9 月出生。在斯坦福大学就读期间，专业是哲学和中世纪史。本科毕业后，她考入加州大学洛杉矶分校法学院，在那里完成了研究生学业。之后，又进入马里兰大学攻读 MBA。初到美国电信电报公司（AT&T）时，她仅仅是一名项目主管。后来，先后在公司担任过不同的高层管理职务。

1996 年，AT&T 旗下的通讯设备制造部门和贝尔实验室分离出去，成立了朗讯。菲奥里纳随之进入朗讯，担任该公司全球服务供应部门的总裁。朗讯一度经营不善。可是，在菲奥里纳的领导之下居然起死回生，成为美国最优秀的上市公司之一。从此，菲奥里纳的名声迅速传开了。

1997、1998 连续两年，号称“闪亮灵魂”的惠普公司，营业收入远远落后于市场预期，公司面临着前所未有的困境。首席执行官路·普莱特力不从心，宣布准备提前退休。董事会遂决定启用猎头公司，为公司物色新的首席执行官。

1999 年 7 月，菲奥里纳从朗讯公司“空降”到惠普公司，出任总裁兼首席执行官，彻底颠覆了惠普公司高层主管一直由男性当家的传统，其营销而非技术的职业背景也格外引人注目。上任不到两个月，菲奥里纳就把全球分公司和办事处走了一遍，到市场最前线宣扬她的新想法，使惠普公司朝着全面整合的方向前进。公司内部自负盈亏的80多个生产部门被整合成了10多个事业部门，统一调配研发经费，重点投资于未来的新兴领域和市场。

面对戴尔、IBM这些行业领先者，菲奥里纳决定贯彻惠普在互联网络时代的新愿景，即扭转电脑硬件厂商的形象，转变成以服务为导向的公司。一年不到，惠普的新风貌和创新措施受到市场认同，重新被分析专家们列为成长型的跨国公司。2000年5月，惠普公司财政报表显示，第二季度净收入增长了15%，达到120亿美元，比上年同期增长了30%。

1998年，《财富》杂志把菲奥里纳作为最有权力的妇女放在封面时，而在此之前她还鲜为人知。1999年，《财富》再次评选她为美国前20家最大的公司中唯一的女企业家时，如日中天、炙手可热。而这一切，都是猎头公司的杰作。

2005年2月，美国惠普公司董事会突然宣布，免去卡莉·菲奥里纳的总裁兼首席执行官职务，决定立即生效。然而，菲奥里纳在6年内对惠普公司进行了一系列结构调整，包括对康柏公司的兼并，使惠普由一家打印机生产商，发展成世界最大的综合性信息技术产品和服务提供商之一，却是不可改变的客观事实。她的离任，被全球企业界认为是“精彩谢幕”。

更有意思的是，一向以保守著称的惠普公司董事会，似乎开始对猎头方式情有独钟。他们在解除菲奥里纳职务的第二大，就马上宣布聘请一家纽约的猎头公司，再次搜寻新的接班人，委托费用高达300万美元。

离职18个月后，沉默许久的菲奥里纳出版了个人回忆录《勇敢抉择》，书中讲述了自己和惠普公司之间鲜为人知的许多内幕。一时间，洛阳纸贵。2008年3月，她被共和党全国委员会任命为“胜利08”基金会主席，负责为总统候选人麦凯恩的竞选活动筹款，参与组织、策划一系列的竞选活动。菲奥里纳再次华丽转身，涉足政坛。

四、徐立之

2002年5月，香港大学校长职位空缺。港大前身为创立于1887年的香港西医书院，于1911年正式成立，是香港地区历史最悠久的大学之一。光辉国际猎头公司接受香港政府委托后，将重点对象锁定于全球华人精英领域，立即号召公司各级单位和人员，动用一切现有的和可能的搜罗手段，很快圈定了一个包括50多名候选人在内的猎头清单。

光辉国际有限公司大中华区负责这一项目。他们认为，“我们这次选人，就是根据客户的要求和条件，首先进行跨国市场调查。重点是对居住在世界各地、华裔出身的学者或科学家进行排查。因为香港大学的前身是医学研究院，如果是学医的候选人则更为理想。根据香港政府的意愿，华人学者将会出任下一轮香港大学校长职务”。公司总部接受了这一提议，派人远赴美国、澳大利亚、加拿大的华人集居地挑选合适对象，终于在加拿大的多伦多市找到了徐立之先生。

徐立之生于中国上海，长于香港。1972—1974 年，在香港中文大学先后取得学士及硕士学位。1979 年，获得美国匹兹堡大学博士学位。后在多伦多大学执教，任多伦多市病童医院研究所遗传系主任及首席遗传学家。1989 年，他成功断定导致囊状纤维症的缺陷基因，被认为是人类遗传学上的重要突破。2000—2002 年，担任人类基因组织（HUGO）的会长。他拥有加拿大医学研究局杰出科学家、加拿大皇家学院院士、伦敦皇家学院院士、台湾中央研究院院士、世界创新基金会院士以及美国国家科学院外籍院士等头衔，还是加拿大勋章、安大略省勋章奖、加拿大国会 Killam 奖的得主。

然而，徐立之没有什么行政管理经验，甚至性格还比较内向。出人意料的是，猎头公司看中他，原因却非常简单：徐立之是一个有着强烈的爱国情结的学者；对于他来说，没有什么比祖国的召唤更加重要的了。

于是，光辉国际亚洲区负责人亲赴加拿大，与徐立之多次面谈。经过半年的接触及联系，终于说服这位国际基因学权威放弃了在加拿大舒适的工作环境和生活条件，出任香港大学第 14 任校长。

2005 年，领导有方、成绩卓著的徐立之，被香港市民评为当年“最佳大学校长”。是役，光辉国际公司在中国市场声名鹊起，订单纷至沓来。

抢滩中国

跨国猎头早已瞄准了中国。1965 年，美国猎头公司在香港开设了当地第一家猎头公司。从那时起，仅一河之隔的大陆腹地，就成了跨国猎头们朝思暮想的新目标。1997 年，英国雷文公司在内地失手。但是，跨国猎头仍然挖空心思、跃跃欲试，始终盯着这个世界上最后，也是最大的猎头市场。

一、芝麻开门

2001 年 11 月 10 日，在卡塔尔多哈举行的世界贸易组织（WTO）第四届部长级会议上，通过了中国加入世贸组织的法律文件。伴随 WTO 协议的签订，中国政府开始有计划、有条件和有步骤地开放了大陆人才市场（含高级人才市场）。蓄谋已久的跨国猎头，终于可以进军中国市场了。

2001 年 12 月 1 日起，劳动和社会保障部、国家工商行政管理总局联合颁布的《中外合资中外合作职业介绍机构设立管理暂行规定》正式实施，人力资源市场对外资开始谨慎开放。但是，外资获准参与中国人才服务的同时，受到了必要的限制，其中之一就是不得设立独资公司。

2002年7月20日起，《北京市鼓励设立中外合营人才中介服务机构暂行办法》施行，直接刺激了国际猎头公司入驻北京市场。

2003年10月10日，根据人事部、商务部、国家工商行政管理总局等三个部门联合出台的《中外合资人才中介机构管理暂行规定》，符合条件的外资人才中介机构，可与中方人才中介机构依法成立中外合资机构，开展人才中介服务。这意味着人才中介市场正式向“洋猎头”开放。等待已久的国外猎头巨子们立时精神焕发、兴高采烈。

二、蜂拥登陆

随着中国加入WTO，全球经济一体化、高级人才的持续短缺、法律保障和市场服务体系逐渐完善，客观上为跨国猎头公司进入中国提供了绝佳机会。

2001年11月25日，也就是中国加入世贸组织15天后，美国光辉国际公司，如愿拿到了营业执照，成为第一家正式而体面地进入中国人才中介市场的外国公司。11月26日，日本最大的猎头公司——仕达富公司（Staff Service），也取得了第258号人才中介许可证，随之进入了内地市场。

2006年底，在国际猎头市场上排名前20位的跨国猎头公司，多数已经在中国成立了合资公司，或直接收购了一些成立较早、质地较好的本土猎头公司的股权。光辉国际、China Team、Job Bank、TMP、Monster等国际巨子，先后在北京、上海、深圳等地设置了中国办事处，其后又升格为分公司。

2008年底，排名世界猎头行业前10强的光辉国际公司、海德思哲公司、斯宾塞·斯图亚特公司、亿康先达公司等6家公司都已经落户中国，办事处超过20个。向来雷厉风行、做事果断的光辉国际公司，索性把亚太总部从香港迁到了上海。

三、收购狂潮

外资收购来势凶猛、寒气袭人。2002—2006年的短短4年间内，从北京到上海、从上海到广州、再从广州到成都，跨国猎头公司在中国内地画出了一个优雅而闪亮的“弯刀”图案：

2002年5月，总部设在香港、亚太地区最大的招聘网站JobsDB，在广州宣布购入中国人才热线40%的股权。

2002年10月8日，号称年营业额达6亿美元的猎头公司MRI，收购了以中国为主要市场的睿特管理顾问（北京）有限公司。

2002年10月，海德思哲公司与北京恒先人力资源咨询有限责任公司成功“联姻”，设立了合资的北京海德思哲国际咨询有限公司，把IT领域、金融领域和国有制造业作为公司发展的重点。

2002年10月底，光辉国际公司与中国国际经济咨询公司（CIEC）合作成立了光辉国际咨询（北京）有限公司。

2002年12月，欧洲著名的人力资源管理咨询公司MPS与上海伟业人力资源开发有限公司签订了合作协议，共同开展中国业务。

2004年12月底，MPO与成都英联管理顾问公司签订合作协议，开始进军西部猎头市场，主攻方向是银行业、金融业、精细化工和制造业。

2005年4月，美国最大的网络猎头公司巨兽（Monster）斥资5 000万美元，收购著名招聘网站——中华英才网40%的股份。根据当时的协议，巨兽公司将在3年后持有超过中华英才网51%的股份，成为实际控股股东。

到2006年底，日本Recruit公司、荷兰任仕高（Randstad）公司、澳大利亚在线招聘公司、英国Robert Walters公司，分别收购了前程无忧（51job）公司15%、上海人才47%、智联招聘公司25%的股权及上海点才公司（Talent Spotter）。

基于中国政府的严格管制和政策调控，跨国猎头公司尚不能全面入侵，整体收购或兼并本土猎头公司。但是，外资能够在短期内迅速建立商业桥头堡，轻松进入产业支柱领域，仍然出人意料、防不胜防。

第三节　内涵、分类及效能

关于猎头的内涵、分类和效能，中国学术理论界尚没有权威版本。但是，现阶段也达成了一定的理论共识。

内涵和分类

一、内涵

现代意义上的猎头，系指搜寻、甄别和网罗高级人才的行为，即全面搜寻、评价、甄别、游说和网罗高级人才的行为过程。它包括三个方面内容：猎头是一种行为或者行为过程；猎头的对象是高级人才；猎头主要从事高级人才的搜索、评估和重新配置的工作等。

猎头还有广义和狭义之分。广义的猎头，包括单向的猎头和逆向的反猎头，这是因为猎头为客户提供的服务是双重性质，一方面帮助客户搜寻和配置合适的候选人；另一方面，也向客户提供重点人才保护服务，即反猎头。狭义的猎头，只提供搜猎服务。

二、目标对象

在《现代汉语词典》上，人才系指德才兼备、具有某种特长的人。1982年，中国政府首次提出“具有中专以上学历和初级以上职称的人员”的人才标准，一直沿用了20多年。2003年12月，在建国后第一次全国人才工作会议中，重新提出了人才的标准，即人才系指“有知识、有能力；能够进行创造性劳动；能够在政治、精神、物质三个文明建设中作出贡献”的人。会议在人才大范围内，重新界定的“专门人才”，系指获得中级以上职称、大学本科以上学历的人才。

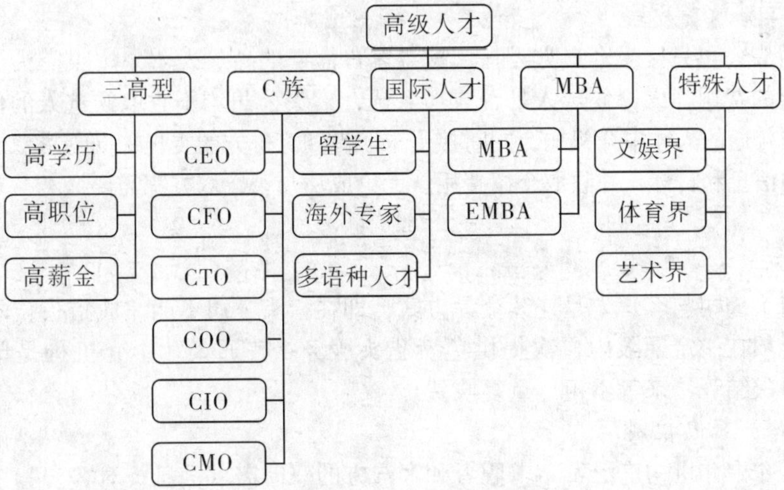

猎头行业把高级人才简单定义为：具有较高的情商、智力和健康心理，能够合理使用和支配一定社会资源的人才（如上图所示）。在行业实践中，猎头公司一般采取两种方法：一种是职位标准，如“三副”起点标准，即具有副高级职称、行政级别副处级和公司职务副总经理及以上的人才；另外一种是年薪标准，如广东省的一些猎头公司，将建筑和IT行业中、年薪超过50万元人

民币（2009年标准）的投资总监、高级建筑工程师、营销总监、物业管理总监、融资总监、财务总监、高级项目经理、人力资源总监、品牌公关总监等高层经营管理人员，都列为猎头对象。

三、界定

人才市场可划分成三个次级市场，即低级人才市场（蓝领）：技术工人、一线基层技术人员；中级人才市场（白领）：大中专毕业生、公务员、中级专业技术人员；高级人才市场（金领）：高级专业技术人才、高级经营管理人才。

猎头公司与普通的人才中介公司、职业中介机构和人才派遣机构有着明显的区别，具体表现为以下四个方面：

（一）委托责任

猎头公司接受客户的订单后，必须签订猎头合同，对候选人条件、猎取时间、基本程序等作出明确限制，否则将承担违约责任。而一般的人才中介机构，只是收取客户方和个人的双方介绍费用，双方商谈结果则与人才中介机构无关。

（二）收费方式

猎头公司只接受客户方委托，搜寻客户需要的高级人才，按照猎头合同收取一定的费用。无论候选人是否成功入选，猎头公司均不收取候选人的任何费用。而普通的人才中介机构，同时接受求职者和客户方的委托，向需求双方提供一定的信息和目标，并收取介绍费用。无论成功与否，双方都需要缴纳一定的手续费。

（三）交易形式

猎头公司与客户方是连续交易方式，即在猎头公司不能完成猎头合同的情况下，须在一定期限内再次提供免费猎头服务。普通人才中介机构是单次交易、单次结算，来者不拒、重复收费。

（四）信息控制

人才中介机构广泛发布求职者和客户方的双向需求信息，对客户和求职者都是开放的；而猎头公司只提供定向、定点和定项服务，单独交易，避讳曝光。

效能分析

效能是猎头生存和发展的关键要素所在。从客户的角度而言，它包括以下三个基本方面：

一、必要性

客户委托猎头搜寻高级人才，与自行搜寻相比，成本较高、约束力强。通过个人介绍、朋友牵线和公开招聘，在一定程度上完全可以实现猎头的中介功能。

然而，客户是否采取猎头方式，是有多种复杂原因的，既有客户的自身判断和价值观念，也有猎头公司的实力和形象，还有一定程度上的政策和市场导向。

猎头公司提供的专业服务、技术服务和完整服务，却为其他人才中介掮客和机构所不及。同时，猎头还提供增值服务，如规范的跨国猎头公司在评估客户职位时，能够比较客观地提供市场参考价格，指导客户合理估价，以减少不必要的成本支出。

二、适用性

猎头是市场经济成熟条件下的产物。2006 年，据国际高级人才顾问协会不完全统计，70% 的全球 500 强企业高级人才搜寻和配置是由猎头公司完成或协助的。但是，中小型企业采纳猎头方式的比例，却不足 15% 。

猎头具有相当的适用性。在广大发展中国家，客户提前享受和使用猎头服务，自身必须担负相应的市场责任与风险，与猎头服务本身并不相关。同时，猎头的市场价格，既取决于猎头的搜寻渠道、专业技术水平、行业服务水平等因素，也取决于市场接纳和认同程度，更取决于客户与猎头合作的协同度、紧密度和沟通度。从某种意义上来说，与其说是客户错误地选择了猎头，不如说是客户的观念、意识和综合实力还不适合采取猎头方式。

三、有效性

Rakesh Khurana（1999）对 1980—1996 年间 85 家最大的美国公司首席执行官（CEO）的流动和继任数据，以及对相关当事人（包括流动的 CEO 和猎头顾问）和猎头机构长达两年的扎根研究，得出结论：猎头公司通过发挥调整（Coordinating）、调停（Mediating）和合理化（Legitimating）三大功能来实现有效招聘，在诸如买卖双方数量小、参与者高风险、双方存在制度性风险等市场特征下，猎头作为第三方找寻 CEO 是有效率的；在达到成功的过程中获得利益，也是在交易成本最小化原则下的合理状态。

W. Finlay 和 J. E. Coverdill（1998，2001）通过长期的公司研究，如对猎头的客户（风险）管理，识别、评估和驱动候选人，基于技能与工作的匹配性（Hot Buttons）促成双方的有机融合，印象管理和促成签约等，论证了猎头有效匹配的实践意义。同时，他们指出了最佳“匹配”的实现是一个社会性的过程，需要三方之间形成有机的互动关系。而猎头作为弱势的第三方，客户对其往往是缺乏信任的，可以低成本地、同时委托多家猎头公司完成一次寻访，导致猎头公司之间存在着隐性竞争，这也对猎头自身的能力建设提出了更高的要求。他们还对逐步流行起来的网络招聘和猎头进行了比较，指出由于网络信息不能生动、准确地体现出候选人的胜任特征，且主要受众群体并非是高端人才，因此，猎头角色的重要性不会因商业网站的发展而降低。

David N 和 Ammons（1988）分析和探讨了猎头在政府领域所发挥的高级管理人才寻访作用。Josefina E. Pastor（1997）对猎头在不同国家和地区的运行情况，进行了一些探索性的对比分析，指出越来越多的猎头开始通过国际化战略来寻找“空间经济”。一些对猎头运营实践的总结性报告指出，不少猎头公司开始拓宽业务面，从高级人才寻访拓展到职业规划、职业咨询、管理咨询等方面；较高的猎头顾问素质、丰富的人才资源库和社会网络、专业化的服务流程等，则在大多数的案例分析中都被认为是猎头业务成功的关键。

另一项研究也表明，由于真正被需要的抢手人才，通常是不会主动寻找工作的，而主动前来的人才往往不是客户最需要的，猎头的双向沟通功能恰好可以规避“逆向选择风险”。同时，研究报告还指出，无论是从提高效率的角度，还是从资源依赖理论中的减少权力依赖角度，猎头的有效性都可以进行理论解释。

周禹、贾金玉（2008）的《中国猎头匹配实践的有效性研究》表明，从企业、经理人和猎头公司三方视角进行的有效性检验，发现猎头的各项匹配实践对三方的匹配效果产生了不同程度的影响。其中，猎头在“资源与能力建设”、“理解需求提供信息”等专业性方面的“基本功”和“硬本领”产生的积极影响最为显著；而在“保密和政治协调”、“促成谈判达成协定”等方面的“软技巧”，其积极效果是有限的。

程贤文（2009）认为，猎头中介是人力资本运营与配置的一种有效制度安排，是人力资源市场重要的交易机制。猎头公司促成人力资本的市场化售卖，通过猎头佣金与候选人年薪之间的联系机制获取收益，又通过特殊的行业规则合理地规避了经营风险。猎头具有双重代理人身份，拥有“中间人控制”优势，容易产生机会主义倾向。研究进一步表明，在 Kristof 整合模型的基础上，加入猎头“中介匹配者”角色，根据对猎头公司匹配实践、作业流程和操作特点的考察，检验了战略、资源、信息、技术和能力等五种作用力，共同决定了猎头公司匹配实践的有效性。

第二章 猎头公司、行业及产业

猎头公司、猎头行业和猎头产业的陆续出现、不断健全和逐渐完善，最终形成并建立了国际化的高级人才市场。

第一节 公司运营

猎头公司系指以营利为目的，接收客户委托或者授权，通过合法信息渠道、专业技术手段和职业测评途径，搜寻、甄别和获取各类高级人才的商业组织。

公司注册

世界各国对于申请成立的猎头公司，有着不同的注册要求。英、美、法等国家依据《公司法》的规定，注册公司几乎没有最低限额（即“一元公司”）。香港地区则与美国的公司注册制度完全一致。法国等大陆法系国家，相继取消了对于普通猎头公司注册最低限额的规定。但是，不少国家对于注册经营范围较大的猎头公司，都规定了必须依据一定的经营年限和注册资金，单独甄别、层层筛选后，才能予以核准。

2006 年 1 月 1 日起，中国的新《公司法》全面降低了有限公司的法定资本最低限额，由原有的、根据公司类型不同而设置的 5 ~ 50 万元标准统一降低至 3 万元。猎头公司的注册标准，仍然参考和沿用了人才中介公司的标准，明确规定“有与开展人才中介业务相适应的场所、设施，注册资本（金）不得少于10万元；且有5名以上大专以上学历、取得人才中介服务资格证书的专职工作人员”等条件。对于猎头公司的注册要求则没有明文规定，也没有将猎头市场从人才中介市场中单独区分出来，导致所有的人才中介公司都享有经营猎头业务的权利。

流程模版

猎头公司的收费标准与服务流程，是猎头公司运作的核心竞争力所在，也是猎头公司树立品牌的基础，更是猎头服务能否取得高级人才认可和公众信任的关键因素。

一、基本流程

（一）搜寻阶段

根据客户要求，通过公众媒体、公司情报系统和授权使用的人才资源库，进行搜索、寻找和筛选，初步确定较为广泛的目标人选。

（二）甄别阶段

在与客户充分协商的基础上，评估客户职位价值及市场成本，判断和识别初定人选名单，并评估背景的真实性和胜任力，完成性格测试、面试考核和人职匹配等工作，拟定目标岗位的入围名单。

（三）网罗阶段

在客户确定目标人选后，游说目标人选及时履新，促使客户与目标人选签订聘用或录用合同。

二、标准流程

猎头公司规范的流程化服务，关系到能否取得商业领域的成功，还关系到能否形成自身风格和传统。而标准流程模式（五步流程）的出现，减少了猎头服务的随意性，确保了服务质量和水平。

（一）接受委托

研究了解客户的背景情况、职位情况、市场状况及其竞争者，初步制定搜寻策略。

（二）职位评估

制订详细的职位描述，勾画出候选人的大概轮廓；同客户在搜寻策略上达成一致；讨论职位薪酬情况。

（三）搜寻

通过一定的渠道和途径，进行候选人的搜索、识别和复核；圈定潜在的候选人，实施深度考查；与候选人联系，确定候选人的适宜性、可行性及其职位兴趣；同客户复核搜寻策略并形成候选人的简略清单。

（四）人职匹配

通过候选人的面试和引见，对列入简略清单的候选人进行面试，对面试通过者进行评估；安排非正式证明人调查和候选人资格审查；为每个候选人准备详细的档案资料并提交给客户；安排客户对候选人的面试，与双方进行详尽的商讨。

听取客户和被挑选出来的候选人关于雇佣条款和薪金达成的意见；同客户复核资格证明情况及其他补充事项；特殊情况下，还需要客户发出挑选和聘任函，以利于协助调查和核实。

（五）事后监督

同客户和最终候选人举行聘任后的会议，确保候选人与客户磨合成功；完整地听取客户的报告，对整个磨合过程进行监督。

三、国际流程

在跨国猎头公司实际操作过程中，最为通行的是“九步流程”，即海德思哲公司的运营模式。

（一）需求评估

猎头公司与客户一起分析其用人需求，了解组织关系，商定待聘人员应该具备的技能和工作经验，以及其他为物色合适候选人所需要了解的具体要求。

（二）职位详细说明

仔细评估客户需求后，公司将准备一份书面的职位详细说明，列述该职位的工作职责、理想人选的能力要求和搜寻标准。该详细说明将成为公司完成人才搜寻的行动指南。

（三）搜寻

猎头公司的行业顾问提交职位详细说明，明确合适人选的搜寻条件。同时，公司也在储备了丰富的个人、企业和其他资源的数据库中搜寻。

（四）候选人甄别

猎头顾问通过电话寻访符合基本条件的人才，了解他们对相关职位的兴趣和意向。在此期间，任何进展情况都将及时报告给客户。

（五）候选人面试和评估

猎头顾问对有希望入选的对象安排面试，并对其经验、技能以及对客户文化的适应潜力进行评估。

（六）候选人陈述

预约3～5位、达到职位详细说明要求的候选人，详细听取并记录候选人的陈述。陈述内容则以保密的书面报告形式，及时提交给客户。

（七）客户对候选人的面试

猎头顾问为客户和人选计划双方提供彼此都适合的面试时间和地点，并安排旅程、离职费用偿还等具体事宜。每次面试结束后，顾问将分别联系客户和候选人以收集反馈意见。

（八）提供候选人的参考材料

一旦客户选定最终的候选人，公司将联系能够为获选人提供推荐和参考材料的个人。客户将阅读、参考推荐人对最终人选的猎头报告书或评语。

（九）项目完成

搜寻工作接近结束时，如客户需要，公司可以协助其进行薪资安排。公司将代表客户向所有在搜寻中提供帮助的人员表示感谢，并支付必要的协作费用。人选到任后，公司还将提供帮助，使候选人尽快融入客户团队。

经营管理

与其他服务型行业相似，猎头公司的经营管理大体相同。但是，它仍然有自身的独特之处：

一、基础建设

猎头公司注册成功后，都需要进行基础建设。如必要的办公场所、办公设备、办公用品和流动资金等。一些美国的猎头公司，在经营的初期阶段，只需要提供必要的税收登记，而对于基础建设的硬件方面，都没有过多要求和规定。

许多大型跨国猎头公司的海外办事处，大多选择租借闹市区的商业办公区，除了公司标志做工考究以外，办公设施都比较简单，很少提供交通车辆、会客厅、员工住房等；但是，分支机构和办事处都必须配备专用电脑和专用系统，以随时保持与总部进行及时的信息交换。

二、人员配置

欧美发达国家猎头公司的专职员工数目很少，兼职人员较多，且不提供专门的办公室，以有效节约经营和管理成本。2005 年，全球总收入排名第一的美国光辉国际公司，在全球设有 74 个办事机构（分公司），全球专职猎头顾问总数仅 562 人，一个办事处的员工数量平均不到 8 人。而一些网络招聘公司，专职员工更是少得出奇，一般在 5 人以下。但是，猎头公司的兼职顾问数量较多，大致是专职顾问的 5 ~ 10 倍，甚至更高。

三、财务管理

猎头公司按照世界各国的公司法律规定，普遍采取独立核算、自负盈亏的财务管理体制。跨国猎头公司的子公司、办事处也不例外。

四、经营策略

猎头公司的经营方向，取决于经营管理者自身或可以依托的优势领域。许多著名的跨国猎头公司，主营业务都集中于几个重点优势领域，鲜有全方位、多元化经营的。这是基于以下因素的现实选择：现代社会的行业细分日益明显，行业差距不断扩大；高级人才的测试和评估技术差异较大，而技术升级的成本又很高；行业技术的不断发展和更新，难以准确定位专业技术人才的具体要求和标准；公司多元化经营必然带来的综合成本上升等。

经营方向的选择，不但会影响到猎头公司的人员配置和资源利用，而且也会对其销售方式和推广渠道产生深远影响。如中国的 51Job 网站，最初只限于国内普通高校大中专毕业生校园招聘领域，广告投入方式、经营规模和从业人员的年龄，都被严格控制和规定。

五、人脉网络

人脉资源是猎头公司赖以生存的基石。公司成立后，最重要的事情之一就是尽快建立属于公司的人脉资源网络，包括经营领域的高级人才、人事机构、客户方资料库，开始接收和搜寻公众资源，登记高级人才目录。对于一些特殊行业，还需要到大专院校、科研机构等人才储备单位进行联络、登记和预约，组建所需要的高级人才数据库，以增强自身的经营能力和营利水平。

六、品牌建设

品牌建设是猎头公司发展中的重要环节。在法国，新近成立的猎头公司需要在经营场所醒目处悬挂公司标志和经营等级，强化公众对于公司的熟知度和认同感。特别是取得法国人才协会注册资格的大中型猎头公司，对于公司标志安放的尺寸、位置等，都有着严格的规定。而在日本，即使是小型猎头公司，招牌也会做工精致、考究，不时发布媒体广告进行宣传；同时，通过社会公益活动、慈善活动等，不断扩大自身的知名度和社会影响。

第二节　跨国猎头

跨国猎头的出现和发展，既是猎头行业发展的必经阶段，也是经济全球化浪潮的必然趋势。

海外巨子

一、海德思哲

1953 年，Gardner Heidrick 和 John Struggles 合伙成立了美国第一家企业领袖搜寻公司——海德思哲（Heidrick & Struggles），总部设在芝加哥。运营伊始，公司就定位于企业最高层职业经理人（企业领袖）的招聘领域。

1957 年，公司开始在美国中西部以外的区域设置办公室。一年以后，就在英国成立了分公司。1983 年，海德思哲拓展了欧洲的所有业务。1998 年，公司整合成国际企业集团。经股东们一致表决，形成了统一的领导层、管理层和公司战略。1992 年，海德思哲为 IBM 公司猎取了新总裁路易斯 · 郭士纳，从此浮出水面、名声大振，成为猎头行业的“美国英雄”。

1999 年，海德思哲在纳斯达克上市，股票代号 HSII。2000 财年，《华尔街日报》指出，Heidrick 和 Struggles 先生的公司成为世界上“美国人合办的、最大的搜寻公司”。在公众眼中，海德思哲的搜寻业务总是和世界财富 500 强联系在一起，被认为是全球最著名的幕后英雄之一。不仅如此，公司每年成功完成的上千个搜寻案例，使海德思哲在猎头行业中处于名符其实的领袖地位。

2002 年 10 月，海德思哲成为第一批进入中国、成立合资公司的外资企业。海德思哲（中国）全面引进了海德思哲的服务体系和服务理念，凭借母公司强大的全球资源和服务网络，主要为在华的跨国企业提供服务。

2008 年底，老牌劲旅海德思哲构建了由 65 个分部和 1 400 名顾问组成的全球业务网络，极力倡导并维护着公司创立时所倡导的价值观和合作精神。由于公司现代而独特的价值观念，海德思哲的资深主席被尊称为“世纪招聘人”，欧洲分部也成了“欧洲领先的搜寻公司”。

海德思哲声称，他们期望成为所有人力资本管理者的先知，为所有使领导者们彻夜不眠的问题寻找创造性的解决方案。这些问题包括招聘、培训、职员留任、薪资、评估、过渡期管理和董事会管理等。同时，公司也要为猎头行业“创造一个新的游戏规则”。为此，公司建立并完善了全面的领导资本管理策略，为全球客户提供了从首席执行官 CEO、董事会成员到公司高级管理人才的搜索咨询服务。客户群逐渐覆盖了全球财富 1 000 强的跨国公司、中等规模的公司、高速发展的新兴中小企业、非营利机构、教育机构、基金组织和政府部门。

海德思哲矩阵式的组织结构，可按不同业务和不同地理区域进行划分，能够更好地理解客户的运作、商业策略和竞争态势，并因此提高了服务能力。严格而科学的专业划分，使他们能集中精力发展关键行业和领域的业务。多年积淀的行业经验，使他们能够物色到高素质的企业领袖。

在全球猎头行业中，海德思哲并不是规模最大的，却是最有名的。它的最显著特色，就是极其专注。“因为专注，所以成功”。这句话在它身上可以得到最有力的诠释。在它看来，最为顶级的高级人才，市场价格和猎头价值也最大。特别是企业领袖级的高层人才，是海德思哲唯一关注的对象。为此，公司对猎头顾问的挑选极其严格，猎头顾问多数是富有专业经验和知识的行业专家和学者，甚至是退休的政府要员和商业界的杰出人物。海德思哲在猎头市场的无声语言可以总结成：“因为，我是最优秀的猎头公司；所以，我只找最优秀的企业、最优秀的高级人才。”许多跨国公司和高级人才，纷纷选择海德思哲或以被它关注为荣耀，以此体现出自身的市场身价和品位。凡此种种，都是海德思哲公司的独到和过人之处。

二、亿康先达

1964 年，瑞士人、哈佛商学院工商管理硕士 Egon Zehnder 创立了亿康先达国际咨询公司（又译艺珂集团）。2005 财年，公司收入高达 215.56 亿美元。2007 年，在《财富》杂志 500 强中排名第 261 位。中国猎头行业调研报告（2007）表明，亿康先达在国际著名猎头公司综合实力榜单上排名第 4 位，前 3 位分别是光辉国际、海德思哲和斯宾塞·斯图亚特咨询公司。

2008 年的《世界管理评论》指出，这个由瑞士人创办的猎头巨子，已有

6 700 多家分公司遍布于世界上的 70 个主要国家及地区，全球员工超过 33 000 名，每天更有超过 70 万名的派遣雇员为公司客户提供服务。它先后在纽约、巴黎和苏黎世证券交易所公开上市，系世界上最著名的猎头公司之一。

亿康先达的合伙人管理体制独步天下、别具一格。如在 2005 年，分布在全球 37 个国家 62 个独资办事处的 350 名顾问，就通过实行“单一利润中心”的合伙人体制紧密联系在一起。这样的组织架构旨在避免不必要的内部竞争，实现公司全球各办事处之间天衣无缝的密切合作。现实生活中，能够真正按照合伙人机制运作的公司并不多。多数情况下，并不是所有合伙人都有权利对重大问题发表意见。而在公司，任何人只要有任何认为关系重大的提议，都要经过全体合伙人投票表决。公司文化可以保证即使任何员工提出最尖锐的批评，也不用担心任何形式的报复。

亿康先达公司利润分配体制极其独特。公司每年利润的10% ~20%，会重新投入到经营领域。因此，公司股份每年都会升值。如果一位合伙人在公司工作 5 年，其持有股份的价格大概可以翻一番。当合伙人退休或离开公司时，公司要买回他的股份，他就拥有他离开时和提升为合伙人时中间的差价。公司每年利润的 80% ~90%，按两种方式分配给每一个合伙人：其中的 60%，将在所有合伙人中均分；而另外的 40%，将依据合伙人的资历程度进行分配。入伙 1 年获得 1 年的资历值，入伙 2 年获得 2 年的资历值，以此类推，直至 15 年的资历值上限。公司把所有合伙人的资历值加起来，得到一个总资历值，然后将上述 40% 的利润去除以这个总资历值，得到一个基数，每个合伙人将得到资历值乘以该基数所得到的金额。如此说来，一个入伙 15 年的合伙人在资历值的利润池中的所得，数额相当于入伙 1 年的合伙人收入的 15 倍。

亿康先达公司的合伙人选拔制度规范、考核严密。在公司组织的员工招聘面试过程中，每个候选人都要面对 25 ~ 30 个合伙人，他们会仔细地观察每个候选人，如果其中任何一个人表达了对候选人的强烈保留（反对）意见，公司就不会再考虑录用了。合伙人在公司雇员中产生。每年都会有 10 ~ 20 个员工被提升为合伙人，最后提升谁为合伙人，由合伙人评估委员会决定。这个团体是由每 3 年从公司各个部门抽调出来的合伙人组成的，一般有 6 个人。这个评估委员会有权拜访每一个与合伙候选人有着工作联系的人，包括同一部门及相关部门的同事，甚至候选人曾经服务过的客户。显而易见，这样挑选合伙人很不容易，而且费用不菲。但是，公司认为这么做对于员工和公司都是有益的，足以回报当初的投资。因为，合伙人一般都会毕生从事这一行业。在全球猎头行业，员工平均流动率是 30%；而在亿康先达公司，这个数字只有 2%。

三、光辉国际

1969 年，光辉国际公司成立，总部设在美国洛杉矶。1973 年，光辉国际在日本东京成立了亚太地区第一家办事处，开始拓展亚洲业务。2008 财年，亚太地区分支机构达 17 个，猎头顾问 88 人，猎头订单超过 2 000 项，主营业务收入 9 590 万美元，约占全球猎头高端市场总收入的 14%。

1999 年，光辉国际在纽约股票交易市场上市。2000 年，它与美国著名的《华尔街日报》合资，共同推出了网上招聘系统“未来之步”（Future Step），旨在为客户提供快捷可靠的网上招聘服务。借助于遍及全球的办事机构和领先的高新技术，“未来之步”可以迅速为客户在全球范围内快速、准确地寻找合格的高级管理人才。

2008 年，光辉国际在全球 39 个国家的 73 个城市开设 89 处办事机构，营业总面积超过 75 万平方米。其中，猎头业务机构 76 个，猎头顾问总数 684 人，人才库在册储量达 390 万人。在全球完成了 11 106 个招聘项目，50% 以上是 CEO、CFO、COO、董事会成员或其他企业高层的职位。公司与 50% 的世界 500 强企业关系密切或者曾经合作，号称是世界上规模最大、营业收入最高的高级管理人才顾问公司。

光辉国际十分重视中国市场。早在 1978 年，为适应未来大中国区经济的发展，光辉国际就在香港成立了分公司，逐渐发展成为亚洲区域最具影响力的高级人才顾问公司。1995、1997 年，光辉国际公司分别开设了北京和上海办事处。公司高层政治敏锐、头脑清醒，充分意识到发展中的中国企业对跨国型高级人才的需求，能够预测政府意图和倾向，主动与各级政府紧密合作。2002 年 10 月，光辉国际获得北京市中外合营人才中介服务许可证书，北京办事处也因此升格为北京分公司；2003 年 12 月，上海分公司成立；2005 年 3 月，亚太总部迁移到上海；2007 年，广州办事处成立。至此，大中国区形成北京、上海、广州和香港 4 大办事处的运营格局，员工 150 余人。2003—2009 年，光辉国际大中国区的业务量持续剧增，年均增长率都超过了 30%。

光辉国际的全球业务包括三个领域：一是高层管理人员搜寻业务（ER），也是主营业务，集中于董事会成员、企业界 C 族和政府部门高级技术专家等，职位起点年薪为 15 万美元，猎头收费起点 4.5 万美元/单；二是外包和中层招聘（OMR），即“未来之步”网络招聘，职位起点年薪 10 万美元，猎头收费起点 3 万美元/单；三是领导力发展项目（LDS），为企业提供人才测评、继任计划、团队发展、培训专家、文化变革、领导团队评估、高层管理人员薪资咨询等。公司涉及行业包括高科技产业、金融服务业、保险业、工业制造业、消费品行业、医疗卫生行业、教育文化娱乐及政府和公益事业等。鉴于信息技术对招聘业务产生的深远影响，光辉国际将科学研究成果和实践经验相结合，投资建设了先进的运营技术及设施，自主开发了高管搜寻软件、候选人数据库、领导类型描述系统、全球猎头业务系统等，建立和改善了“未来之步”网上招聘和 LDS 战略管理评估技术。

光辉国际的内部运营和管理极具特色。在接受客户委托后，公司会立即成立专家搜寻顾问团队，针对候选人的甄选、评估、签约上岗等事宜，与客户紧密合作。公司主要从硬件和软件两方面对候选人进行综合甄选。硬件指个人的学历、经历、业绩等指标，而软件则是性格倾向、性格特点、内在驱动力、团队精神、领导才能、情商，甚至包括人才拥有的社会资源等指标。经过几十年的实践摸索，光辉国际形成了一套比较成熟的 ICCJ（Initiative，Competence，Compatibility，Judgment）人才评估方案，能够对人才的内在驱动力、职业能力、团队管理能力、判断能力等进行有效评估。大致包括：①人才的内在驱动力。人才要具有进取心和面对挫折百折不挠的精神，精力充沛地执行计划、任务的力量或能力。②人才的职业能力。如对数字的处理能力、对突发情况的应变能力、对信息的分辨能力、把握全局方向并及时调整的能力等。③人才的团队管理能力。如管理风格、领袖才能、个人魅力、沟通能力以及对团队的综合管理能力等。④人才的判断能力。光辉国际公司认为，作为一个领导者，没有人会告诉你该怎么走、如何做。事情的本来面目需要自己作出判断，一部分依靠经验，另一部分根据分析并独立作出准确的判断。⑤考察人才的文化取向、价值取向，看他们是否能和公司战略、企业文化相吻合。在猎头顾问看来，真正的高级人才要充满激情，有强烈的责任感和使命感，善于迎接挑战，富于创新。

光辉国际开发出针对团队管理的 6S（Structure、System、Strategy、Staff、Skill、Style）评估工具，为客户提供战略咨询和人力资源咨询。战略咨询关注的是如何搭建企业的结构、系统，而人力资源咨询关注实施战略的团队的技能、风格。当一个公司发生改组或者新的 CEO 上台，公司的战略决策开始转变的时候，光辉国际可以帮助企业来评估现任的管理团队，考察这个团队能否满足公司今后发展的需要。

2008 年底，光辉国际是全球唯一能够对全体员工进行 360°考评的猎头公司。考评系统涉及业绩表现，员工对公司价值观、企业文化的认同程度，以及品格与诚信、团队精神与合作性、开放及坦诚的沟通、个人责任感的融入度等。同时，还为员工提供“领导型人才的科学与艺术之道”的培训发展计划。

四、跨国巨鳄

2008 年底，伴随海德思哲、亿康先达和光辉国际的巨大身影，先后进入中国的大型跨国猎头公司，还有斯宾塞·斯图亚特咨询公司（Spencer Stuart）、罗兰贝格尔国际有限公司（Roland Berger）、尼科尔森国际有限公司（Nicholson）、德勤咨询公司（Deloitte Touche）、翰威特咨询公司（Hewitt）、阿托兹顾问有限公司（ATOZ）、优异人力资源顾问公司（Sterling Human Resource）、杰迈晶雅人力资源公司（J. M. Gemini Personal）、丹尼尔森人才顾问公司（Danielson）、安拓国际顾问公司（Antal）、优瑞集团（Euro Group）、安立国际（Amrop）、天普国际顾问公司（Templar）、摩根柏客顾问公司（Morgan & Banks）、哈德森环球资源顾问公司（Hudson Global Resource）、万宝盛华（Man Power）等。

全球鹰战略

全球鹰战略系指跨国猎头公司的现代运营管理机制，因为它有着相当的高科技含量，且视野开阔、功能强大，犹如美国空军的“全球鹰”侦察机，故而得名。

一、企业理念

企业理念是在企业持续经营和长期发展过程中，由企业家积极倡导，全体员工自觉实践，不断继承优良传统、适应时代要求，形成的代表企业信念、激发企业活力、推动企业生产经营的团体精神和行为规范。它是公司内部管理的基本特色，也是公司形象的典型特征，更是公司经营战略的重要指引。

跨国猎头公司理念鲜明。著名的斯宾塞·斯图亚特咨询公司的核心经营理念始终是“服务质量、长期关系、创造性和全球化”。海德思哲公司宣称：“我们之所以成功，是因为我们拥有的知识和对人的价值的肯定。”相比之下，一些猎头公司所崇尚的理念则显得急功近利。如有的猎头公司崇尚“找到人、找准人”；有的奉“全天候搜索、全球内物色”为宗旨；还有的公司承诺：“只要客户能够付得起足够的钱，我们一定能够找到他所需要的候选人；条件只有一个，就是他还活着。”

一些欧美发达国家的企业理念，往往值得观赏，但是无法效仿。如可口可乐的“使员工快乐、振奋而有价值”、惠普的“你就是公司”之类的企业思想，绝对不是每个中小企业都能够做到的。况且，这些理念会随着跨国公司进入国家的不同而发生更换和改变，从而带有强烈而鲜明的地域、国家和民族差异化色彩。如一个著名的跨国猎头公司，在美国大力倡导西点军校的校训——“责任、荣誉、国家”；而到了发展中国家，反复鼓吹和强调的企业理念，却是“友好合作、先进技术和共同快乐”。

二、智能系统

一般来说，跨国猎头公司的分支机构和全球办事处肩负着日常经营、开拓市场和情报搜索三项职能。猎头行业运营的订单模式，决定了公司经营管理的不连贯性和季节性。普通公司大多随遇而安，有了订单就做，没有订单就放假。而真正一流的猎头公司，却是一年四季忙碌的。他们并不是以订单为核心来确定经营计划和方向，而是为一个极其庞大、十分复杂的系统工作。这项工作的中心，就是智能信息检索、分类和更新系统，如同“鹰脑”一样，储存、整理和更新来自每个猎头顾问的汇报、邮件和会议记录。

智能系统一般由智能检索、信息导入、数据集成、加工处理和后台管理五个部分组成。智能检索是通过网络，定点、定向锁定猎头关注的领域和范围，采取关键文字、声音和图像的自动检索，生成条块式的信息样品，统一输进系统入口。信息导入是通过专业分类，如所在国别、行业领域、薪酬水平、学历职称等，对信息进行初步登记、筛选和标识。系统主机依据公司的既定程序，整合各系统的入口数据，实时或定期集成，形成猎头数据服务层。服务层数据经加工处理后，成为纵横分布的、网格型的应用数据库。使用者依据所需要的基本要素，输入调出指令，系统就会自动生成简化的、多级差的候选人名单。公司决策层、管理层则按照不同的级别和权责进行调用、后台维护和监督管理。

智能系统专门开发了候选人的新闻媒体数据统计功能。跨国猎头公司非常重视候选人的公众形象和知名度，他们十分重视，甚至沉迷于收集候选人在各种媒体的新闻曝光率、被采访率等，借以确认候选人的优先举荐等级。在猎头公司看来，候选人持续而稳定的媒体曝光率和上镜次数，不仅是候选人事业成功的标志，也是个人资源社会化的重要表现，更是社会地位、身份和权势的评估依据。

三、职业道德

根据国际猎头协会（AESC）的职业道德准则，猎头公司必须遵守所在国的法律法规，符合基本的商业道德和职业道德。因此，许多跨国猎头公司并非外界想象的那样，行为诡秘、不择手段地攫取人才资源、商业秘密乃至国家机密，而是通过合法的商业渠道、规范的商业运作，拟订、制订并完成猎头计划。

猎头公司最终都是以营利为目的，无一例外。但是，职业操守是衡量猎头公司优劣的重要标准。能否坚持行业标准和公司标准，是区分优秀猎头公司和普通猎头公司的重要界限。如在中国市场，跨国猎头公司始终坚持订单起点标准制度，年薪不得低于5万美元（1999年标准）；而在美国市场，专属型猎头公司的接单底线是年薪10万美元（2008年标准）。在他们看来，底线以下的市场，归属于普通的人才中介市场。与此相反的是，很多发展中国家的本土猎头公司不谈底线、大小通吃。这类猎头公司发出的市场信号显然是："我什么都能够做；无论是大单还是小单，我都行。"市场以理智而现实的姿态，对此作出了判断和考量。仅以2005年的中国猎头市场为例，本土势力凭借95%的绝对数量优势，却只拥有不足5%的市场份额。事实证明，发展中国家猎头行业在市场开放初期，采取"群狼围虎"的战略战术，多会出现相互压价、彼此拆台和恶性竞争等内耗，根本无法争取到应有的市场份额，更不用谈什么同心协力抵抗海外巨鳄了。

职业道德与国家调控、产业规制和行业自律等诸多因素密切相关。如美国利用市场经济体制和全球化市场，将猎头市场有效地划分成两个独立的区域：较为高级的专属区和普通的兼营区。各个区域有着特定的经营目标、道德底线和管理流程，且在政府的财政扶持力度、税收征收尺度等方面，都有着比较明显的区别。

四、专业测评

跨国猎头公司的专业测评主要包括：职位评估、候选人初试、综合（联合）测试和人职匹配等。

职位评估是猎头行动的第一步。以政府部门为例，如果是原有的岗位，政府会邀请一定数量的专家学者或者委托猎头公司进行必要的探讨和分析，如岗位空缺或人选替换的原因、离职者的真实动机、岗位权责是否合理及政府的替换成本等；如果是新设的岗位，则偏重于考察新岗位的重要性和必要性，如是否涉嫌重复设岗，新岗位的权限范围及任职资格，可参考的年薪标准等。也就是说，职位评估必须解决三个问题：为什么空缺或增加这个职位；直接招聘和聘用猎头的成本各是多少；谁是最合适的人选。

在多个候选人入围后，客户和猎头公司将联合起来对其进行综合测试，如笔试、人机对话（如测谎仪）、结构化面试、领导力测试、无领导小组讨论等。依据综合评分，列出候选人的入选名单和排名顺序。

经过跨国猎头公司的不断改良和改进，人职匹配测评已经取得了比较高的信度和效度。它主要检验猎头效果，评估猎头计划是否达到了预期目的。同时，它也为客户如何合理聘用或任用候选人提供了一定的科学依据。重要的是，始终推崇功绩制度的美国联邦政府，通常还利用测评结果，验证针对雇员老龄化趋势、优秀人才外流、新进人员补充不足等体制性症结所采取的政策和措施的实际效果。

第三节　行业惯例

猎头行业是由众多猎头公司和企业组成的、市场利益高度一致的个体集群。猎头行业在生存和发展过程中，逐渐总结、反省和沉淀了行业规范和惯例，如行业行为规范、从业人员道德和行为规范、专业实践指南、行业规则、国际惯例等。

猎手圣经

20 世纪 50 年代，美国猎头公司在成立之初，由于其特有的经营理念、运作方式和技术路线，并不被政府和企业界所接受和认同，一度官司缠身、麻烦不断。1959 年，一些猎头公司联合成立了行业协会，负责协调和统一行业的基本规则和规范，旨在维护这个新兴而幼小的行业正常而健康地成长。

2000 年以来，在欧美发达国家和发展中国家的猎头公司网站上，多会出现以下的公司简介，即一般意义上的猎头行业的从业行为规范，内容大致如下：

一、行为规范

（1）在提供猎头服务之前，必须向委托人宣布任何可能发生的利益冲突。

（2）注重委托人或候选人相关信息的保密性。在面试阶段，在获得明确的许可之前，不泄露委托人的名称。

（3）在与某一候选人取得联系并征得同意之前，不将有关该候选人的任何具体材料送交或告知委托人。

(4) 如果事先已经收取了某一客户的费用，则在任何情况下，都不劝说受雇于客户的候选人离开。

(5) 不隐瞒任何影响另一方作出决定的、关于委托人或候选人的信息。

(6) 一旦双方确定了合作意向，形成共同利益，即以客观的、专业的态度推荐求职者。但是，在与委托人签订合同之前，为候选人保密。

(7) 在接受委托人面谈之后，候选人将得到客观的、专业的反馈，他们将始终得到尊重的对待，并在适当的时候得到建设性的咨询。

二、猎手圣经

1977 年，美国猎头协会组织制定了《美国猎头协会行为规范》。1984 年，制定了《专业实践指南》。1996 年，该文件又被重新修订，从而更臻完善。其中规定的从业人员道德和行为规范，也逐渐被认同，成为猎手们的“圣经”：

敬业精神：善始善终，树立专业人士的良好形象。

诚实笃信：保持诚实的态度，避免欺骗或误导他人的行为。

称职胜任：不断学习，审慎行事而又能反应迅速，胜任工作。

客观评价：平等应聘，公平竞争，客观地评估候选人的一切资质。

社会利益：在开展猎头业务的过程中要尊重社会利益。

实事求是：客观而全面地考虑问题，避免一切主观判断。

准确无误：准确无误地进行沟通，交流一切相关的真实信息。

消除冲突：通过主动申明和弃权来消除利益冲突的发生。

忠于客户：要忠于并保护所服务的客户利益。

《专业实践指南》宣扬猎头协会所认定的、现代猎头业内的行事原则与最佳做法。他们认为，这些原则与做法能够有效地弘扬专业精神，使猎头顾问无愧于社会和时代所赋予的使命。内容大致包括：序言；猎头协会，会员与客户之间的关系；接受客户的猎头项目；实施猎头项目；保守客户的机密；避免利益冲突；猎头协会会员与面试人选的关系；猎头协会会员与分包商的关系；猎头协会会员与社会的关系，等等。

行业规则和特性

一、行业规则

猎头行业在“圣经”的基础上，确立了基本的行业游戏规则，指导各公司的竞争和合作，避免与其他行业发生激烈的冲突和矛盾，即著名的猎头行业“七大原则”：

（一）保密原则

保守秘密是猎头最基本的行业准则，也是从业人员最基本的职业道德。客户通过猎头公司寻找高级人才，是纯粹的商业活动。猎头公司必须严格保守客户的猎取计划和其他相关商业秘密。核心的秘密主要包括：客户的搜猎计划、候选人资料和猎头协议等。搜寻计划涉及的其他秘密资料，如客户的产品名称、公司名称、职位要求、经营状况、人员配置、薪酬福利等，除非得到客户许可，一律不得擅自透露。有的猎头公司为了显示自己的实力，会向另外的客户介绍自己以前服务过的客户，或者曾经推荐成功的最高职位、最显赫的人选等。但是，决不会透露猎头交易的核心秘密。

猎头公司通过制定保密制度、设计保密程序来避免信息泄密，具体是做到"三不"：第一，"不说"，不需要别人了解、知道的，永远不告诉别人；第二，"不写"，凡是在书面中不许别人看到的，全部采用代号进行屏蔽；第三，"不露"，人才信息库要设定加密程序，并由专人把握和控制。因猎头行动缺乏保密性而带来破坏性影响的如著名的"可口可乐事件"。2004 年 2 月，总部位于亚特兰大的可口可乐首席执行官道格拉斯·达夫特，年龄到期、即将离任，公司需要找寻合适的继任者。一家猎头公司接受了委托，并签订了猎头合同。吉列公司首席执行官吉姆·基尔茨，被双方一致确定为理想人选。然而，这个秘密很快见之于报端。可口可乐公司和吉列公司高层顿时炸开了锅，人们议论纷纷，公司股价剧烈波动，新闻评论扑天盖地。众目睽睽之下，基尔茨拒绝出任这个"烫手"的职位。于是，可口可乐公司不得不劝说已经退休多年的内维尔·艾斯戴尔重新执掌公司大权。可以预料的是，这家猎头公司也为此付出了惨重的代价。这是因为"那次猎头行动缺乏保密性，带来了破坏性影响"。

保密原则直接推动了猎头公司的"代号"做法。神秘的猎头"代号"，大多由公司核心领导层制定，随机编排、内部掌握，几乎没有什么规律可言，很难被外界理解和破译。如"08Q200A"，可能表示"2008 年 Q 房地产公司委托搜寻年薪 200 万元、工作地点在 A 城市的总经理职位"；而"08Q200A21J"中的"21J"，则可能是候选人的随机编号。"代号"做法切实保护了猎头公司、客户、候选人三方的利益关系，也有效防止了候选人不经过猎头公司、直接找到客户单独商议的可能性。一些猎头公司在保密制度、"代号"做法以外，还制定了电脑资料保密程序、分解工作流程、重大计划共同保密等方法，极力避免猎头行动相关信息的泄露。

（二）协议原则

协议原则是指各项猎头业务，都必须建立在与客户协商一致并签订有关正式合同或协议书的基础上，主要包括：委托合同、保密协议、竞业禁止、免责条款及其他协议。

在猎头服务中，客户对人才的资质、素质和能力要求，猎头服务的标准和条件，猎聘期限和佣金的支付，双方的保密义务等，都要求以书面文字的形式表现出来。口说无凭，立字为证。因此，在猎头界素有“不签协议，不做业务”的说法。猎头公司大多会主动要求客户的法人代表亲自到场签订有关协议。因此，还有“不见法人，不签协议”一说。此项原则无疑表露了猎头行业寻求法律支持、法律保护的真实意图，也是猎头行业严格推崇的“铁律”之一。

（三）专卖原则

专卖原则，也称“保护原则”。猎头公司在向其客户提供候选人资料时，只能向一个客户推荐，即人才资料专送，而不能把一个候选人的资料同时向多家客户推荐，以体现猎头公司对客户的尊重与负责。

专卖原则的附加条件是，不挖已经推荐成功的候选人。有时，一家猎头公司把一个候选人推荐成功以后，没过多久，猎头公司又动了推荐该候选人的念头，把这个刚刚在客户那里工作了不久的候选人，重新推荐给另外的新客户，反过来挖了先前客户的“墙角”，从而多赚了一笔钱。在现实利益的驱使下，这种行为存在着相当的可行性。为此，早在美国主管招募顾问协会（AERC）成立之初，就规定一家猎头公司替客户完成招募工作的两年之内，不能再接受其他客户的委托，重新去猎取同一个人。

（四）包换原则

包换原则，也称“满意原则”或者“保证原则”，即猎头公司为维护自己的声誉，必须提供让客户满意的猎头服务。

一些猎头公司在与客户签订协议时，都明确规定了“保证期”，即猎头公司对于被录用的候选人有着3个月的保证期。在保证期内，如果候选人由于正常原因离职或被辞退，猎头公司就要迅速地、免费推荐新的合适人选直至成功；若3个月内仍未推荐到合适人选，除非客户要求继续寻访和推荐，否则，猎头公司将按照协议返还猎头订金以外的服务费给客户。

（五）价格原则

高级人才是稀缺“商品”，他们的市场价值也是通过价格（年薪）来体现的。价格原则，也称“价格底线原则”，它从市场的角度，划分并确立猎头市场和普通人才市场的界限。

候选人的年薪是猎头公司生存和发展的基础。欧美国家的猎头佣金通常是候选人上岗后第一年年薪的25%～35%。在签订合同后，首先要及时支付总额的1/3，即猎头订金；在接近完成招募工作期限的30天左右，再支付总额的1/3，即中期佣金；最后的总额的1/3，即佣金尾款，在招聘工作完成的60天内支付。如有特殊要求及相关费用，可由双方协商确定。猎头公司对于政府和大型国有企业等重要客户，有时也会实行全方位免费服务。这也是欧美猎头公司得以成功经营的秘诀之一。

根据猎头公司制定的价格原则，特别是价格底线原则，固化了以年薪为依据的高级人才市场价格标准。以中国为例，按2000年、2005年、2010年的年薪起点计算，大致如下：

猎头公司界定的高级人才年薪起点标准

	2000年	2005年	2010年
现有年薪	12万元	15万元	20万元
客户许诺年薪	15万元	20万元	25万元
市场评估年薪	13万元	18万元	30万元

其中，地区/行业差异率为10%～20%。考虑到实际操作的需要，猎头公司多以“现有年薪”为基本标准，同时参考“客户许诺年薪”或“市场评估年薪”。不过，在猎头公司看来，只有“客户许诺年薪”是最为可靠的，它恰恰是执行猎头协议和合同的最终依据。

海内外猎头公司收费的起点标准，至今仍然没有统一，也缺乏参考系数。这与不同国家高级人才市场的起点定价差异有关。2005年，美国猎头协会确认猎头佣金下限为6万美元/单，香港地区最低为6万港元/单，中国内地的猎头行业约定的佣金下限为4万元人民币/单。2008年1月的市场调查发现，内地中小型猎头公司的佣金标准起点，普遍在2万元/单以上，也有的低至1.5万元/单。由于职位要求不一，猎头公司知名度不同，实际收取的佣金大都比起点标准要高。

（六）取舍原则

猎头公司接受客户委托、收取订金后，在4～6周内会给出一个初选名单。在做出最终取舍之前，还有一项很重要的制约因素，就是候选人的雇主可能会出更高的工资标准留住现有雇员。如果猎头公司事先没有这方面的准备，很可能导致猎头工作的流产。所以，猎头公司的分析和筛选工作，通常会提前做足、做全。

猎头公司对候选人进行一系列的测评后，将推荐3名左右的合格候选人给客户，后者将在约定时间内，单独面试决定候选人的最终取舍。

（七）合法原则

合法原则，系指猎头公司必须遵守所在国的法律法规，依法从事各种经营活动。

一些国家和政府针对猎头行业，有着特殊的规定。如2002年10月，《深圳经济特区人才市场条例》率先提出人才可以租赁、转让、允许设立猎头公司，认可中介机构评估人才的价值等。该条例同时规定：猎头服务应当保护委托单位的商业机密，并为高级人才的求职意愿保密；猎头公司不得公开招聘信息，不能损害高级人才所属单位的知识产权、商业机密及其他合法权益；对于承担国家、省、市重点工程或科研项目的人员，不经原单位同意不得猎取；对于涉及国家安全或机密工作的人员也不得猎取等。

二、行业特性

猎头公司的自然属性和社会属性，决定了行业的基本特征。而行业规则的普遍推行和遵守，更使得猎头的行业特性内生化和质地化。

（一）隐蔽性

猎头公司提供的产品是高级人才服务。这种特殊产品及其运作过程，存在着隐蔽性和不可见性。客户决定购买猎头服务时，不能直接看到、听到、感受到整个猎头过程，也没有直接感知候选人的音容笑貌、风度气质等，甚至在与猎头公司达成协议之前，客户自己也都没有一个完整的招聘计划。因此，客户希望通过一些信息渠道来确定服务质量，以减少不确定性。在这种情况下，有形的环境条件诸如办公环境、工作人员、接触方式便成为客户选取猎头公司的重要参考和判断依据。对于一般客户来说，猎头公司还需要向客户生动、形象而且感性地说明所提供的服务以及可能的结果。

隐蔽性在整个服务过程中也会产生以下不利影响：客户不容易识别服务；服务质量难以考核和控制；无形的服务常常会庇护猎头顾问的行为过失；服务投诉或纠纷较难处理；服务广告、商业展览较难施展。猎头公司为消除无形性的不利影响，需要对猎头服务进行“有形化”处理，如经营品牌、标志、标价、设施等。

（二）同步性

同步性是指服务的生产过程与消费过程同时进行。也就是说，猎头公司给客户提供服务的同时，客户也正在消费服务，二者时间同步、过程同一。猎头服务本身不是一个具体的物品，而是一系列的活动或者过程。所以，在猎头服务的过程中消费者和生产者必须直接发生联系，导致生产过程本身也成为消费过程。客户委托猎头公司搜寻人才，从人选初定、面试到候选人的最终确定等诸多环节，双方均会共同参与，直到推荐成功，候选人顺利上岗，搜寻业务才能宣告基本结束；客户向猎头公司支付猎头费用，以结束搜寻消费。

同步服务特性表明，客户只有而且必须加入到服务的生产过程中，才能最终消费猎头服务。同步性这种“一对一”的方式，容易限制客户流量的增长，出现排队或等候现象，这就削弱了猎头服务营销的吸引力。而在服务的“关键时刻”，也容易招致“一招不慎，全盘皆输”。同时，服务质量客观上需要猎头公司内部整体配合和协调，客户的参与也使服务过程变得更加复杂，如果参与服务过程的客户不能在运行、操作上配合服务规程的要求，就难以保证猎头服务的顺利进行。

（三）差异性

差异性是指猎头服务的构成部分、工作质量和管理水平经常变化，难以统一界定和预测。由于个性化的存在，难以采用统一标准检验服务质量。一方面，由于猎头顾问的心理状态、精神状态等自身因素的影响，同一猎头顾问在不同时期和状态下所提供的服务，也可能会有不同的水准；另一方面，由于客户直接参与猎头服务的生产和消费过程，客户本身的知识水平、兴趣爱好等因素，也会直接影响服务的质量和效果。差异性使服务不易标准化、规范化，服务质量不易稳定，导致客户认同度低，猎头服务品牌难以树立，以及服务规范难以严格执行等问题。

规范服务就是要强调猎头公司的理念规范、行为规范、质量标准和监督规范等。而差异性则促使猎头公司更多地关心客户或市场的差异，并针对不同的客户采取不同的定向服务和推广手段，体现出个性化服务的优势，促使猎头公司更多地关心客户或高级人才市场的变化，提高应变能力。同时，猎头公司必须更加重视对一线人员的授权、激励和培训等，以期保证猎头服务的效率、质量及其稳定性。

（四）垄断性

服务态度、服务质量、工作流程、专业程度等因素，结合品牌效应、独有的运营模式及一定的行业领域优势，共同构成了猎头公司的无形资产。在市场运行中，无形资产不仅能够稳定老的客户资源，而且还能够不断扩大新的客户来源；同时，它有效地阻挡了潜在进入者，构成一定的竞争壁垒，形成一定程度上的自然垄断地位。特别是对于一些规模经济形式的猎头公司，如网络公司等，其垄断地位和优势更加明显。固定的客户关系已经形成了人力资源领域自然而然的垄断格局，除非有新的替代公司出现，并能够确保在短期内迅速予以取代。产品供应商的市场占有率较高且市场形象较好时，新的产品替代商几乎无法进入同样市场，运用同样模式进行经营，并取而代之。这是因为市场资源占有数量和经营规模，迫使新进入者将付出更多的成本，从而望难止步、放弃企图。如此而言，猎头行业客观上存在着一定程度的政府管制需求。这种管制需求，不仅仅体现于抑制垄断行为，更要体现在保护广大消费者利益、破除市场垄断、实现公平竞争等方面。

（五）外部性

外部性即经济外部性。它是指经济主体（包括组织及个人）的经济活动对社会或他人造成的非市场化的影响。根据王俊豪（1998，2005）关于自然垄断产业的研究表明，可分成正外部性和负外部性两类。正外部性，即行为人实施的行为对他人或公共的环境利益存在着溢出效应；负外部性，则是指行为人实施的行为对他人或公共的环境利益有着减损的效应。

猎头行业的外部性，主要表现为负外部性，即溢价评估。猎头公司为了获取更高的利润，会在客户容忍的界限内，刻意提高候选人的市场评估价格。因此，猎头职位的评估工资水平往往高于实际价位。多数的猎头公司只是从高级人才的年薪中获取报酬，并不会过多考虑客户的整体薪酬结构和工资水平。猎头公司有着促成客户整体工资水平偏高的主观意愿。因此，客户可能选择以猎头公司的评估为依据，以更多的额外成本，来支付其他员工的平均工资水平，以防止内部工资水平差距过大，防范和制止新的员工流失；或者是通过部门工资总体控制的办法，以降低和牺牲其他员工的工资水平来维持总体工资成本，致使其他员工的既得利益受到损害。即使是高级人才工资水平直接由董事会确定，与其他员工的工资水平不发生关联，也将影响董事会成员的平均薪金水平，客户利益受到间接损害。这都是猎头公司溢价评估的必然结果。

（六）破坏性

只要有着可能的市场和操作空间，始终以营利为目标的猎头公司就会果断出击。它的隐蔽性、合法性，往往会打破高级人才流动领域的思维定式和市场常规，不动如山、侵掠如火。而市场或多或少的无序竞争和潜在规则，在某种程度上也促成了猎头行动的非规范化实现。

猎头行动必然在局部领域和行业引起波及面比较广泛的连锁反应、人才空挡和势力反转。特别在商界，整体跳槽、空降兵团、联袂出走等令人触目惊心的猎头行动，不时引起轰动和争议。已经痛失人才的客户，多数在短期内不能恢复元气；即使是临时补充高层经营管理人员，也导致其他同行的利益受到损害。究其原因，仍然是人才流动规律和市场经济规律起着决定性的作用，支配和主导了猎头公司“不破不立、边破边立”的技术线路畅通无阻。

调查研究表明，被猎客户的短期损失与受益客户同期的预期收益的比例高达3：1。也就是说，被猎客户若要恢复到高层经营管理人员跳槽前的竞争态势和平衡格局，需要支付三倍于先前的人才成本和时间。这也是猎头领域所谓的“标准三”原则的依据所在，即猎头对象的标准薪资价值相当于先前的三倍。

国际惯例

一、通行惯例

跨国猎头公司在实际运营过程中，逐渐形成了一些通行惯例；而本土猎头公司在势单力薄、艰难生存过程中，多会根据自身需要，放大或者缩小，乃至于重新创造出新的、区域化的通行惯例。常见的大致有以下几种：

（一）年薪溢价

一般而论，客户方以市场平均薪资水平为依据，参照同行业的现行标准，极力压低职位所需要的高级人才年薪，以降低猎头成本。而猎头公司则相反，它采取各种分析渠道和途径，以高级人才的边际效益、工作能力和市场影响力等要素，千方百计地提升猎头职位的年薪水平，借以获取更多的佣金。

（二）预付订金

猎头公司与客户签订委托合同后，如在规定时间内（通常为 15 个工作日）未收到订金，无论客户拿出什么拖延理由，猎头公司都将放弃订单。除非客户增加合同总额或订金数额并及时支付；否则猎头公司都将不再理会。

（三）订金不退

猎头公司收取的客户预付款（即猎头订金）后，无论最后是否成功，都不再退回。

订金不同于定金。定金是在合同订立或在履行之前支付的、一定数额的金钱作为担保的担保方式。订金不具有定金的性质。根据中国现行法律的有关规定，交付订金的一方主张定金权利的，人民法院不予支持。

（四）随行就市

很多时候，客户所需的职位有了合适的候选人，却受到各种各样的政策和条件限制，而不能直接采取行动。猎头公司在委托商谈时，会主动要求客户单独增加一笔额外的费用，即“特别委托费”。如政府、政府直属或者监管企业所急需的国际级顶尖人才，猎头公司经常会开出市场天价。

（五）接单抽头

猎头公司在与客户正式签订猎头合同后，对于猎头订单的接单人、介绍人或者中间人，都要按照猎头订金的 15% ~20% 支付酬金。除非明确猎头订单属于公司而不是介绍人促成的正常业务，否则都须在订金支付后予以抽头。如果介绍人是猎头公司的内部员工，比例会依据员工级别的不同来提取，最高可占订金总额的30%。

在一些欧美国家，政府要员、商界精英或资深学者退休后，多凭借自身广泛的社会影响力、深刻的行业洞察力和厚实的人脉资源优势，受聘为猎头公司的秘密顾问；他们表面上赋闲在家，却能够轻松地从猎头公司领取高额佣金。而猎头公司在定期送达酬金时，一定会安全、稳妥地将个人税金缴纳单一并附上，以显示公司应有的商业诚信。

二、利润构成

猎头公司没有厂房、设备和高新技术，却有着超乎人们想象的高额利润空间，且在短期内能够获得难以想象的暴利。从根本上来说，它受益于人力资本的再次市场化，即猎头公司将高级人才的显现和潜在价值完全市场化，将高级人才的知识结构、能力、社会贡献、人际关系等诸多要素商品化，重新评估高级人才的现实和潜在价值，再以商品标价的形式，直接进入高级人才市场进行交易。同时，猎头公司通过产业规则和行业规则加以严格限制和规定，迫使其他行业予以消化和承担自身的经营风险，这也是猎头行业利润居高不下的重要原因所在。

猎头公司的利润构成一直是行业秘密。根据欧美发达国家的公开信息和情报资料显示，大致包括候选人现有年薪的30%、候选人现有年薪评估溢价的30%、客户许诺年薪溢价的30%和客户特别委托费等4项利润来源。

（一）候选人现有年薪

高级人才的现有市场价格是由个体价值和人才市场共同决定的。当高级人才作为候选人进入猎头市场时，猎头公司的佣金通常按照高级人才现有年薪的30%计算。可是，猎头公司并没有支付任何培养和扶植候选人的原始成本，却享受了候选人价值市场化的利润。

（二）候选人现有年薪评估溢价

评估溢价是猎头公司对高级人才市场定价的再次调整，即在进行人才的市场评估后，可简单地按照高级人才原有年薪的130%计算得出。

许多猎头公司在签订委托搜寻合同时都会对客户说，年薪溢价符合候选人的利益，否则候选人没有兴趣；而对候选人则说，这是客户的承诺补偿，否则你不必更换岗位；对媒体和公众却说，这是猎头公司遵守国际惯例的结果，没有什么值得质疑的。这种善于钻营、左右逢源的风气一度盛行于早期的欧美猎头市场，并扩散蔓延到全世界，一发不可收拾。

（三）客户许诺年薪溢价

客户为吸引高级人才，时常会以利润提成、期权、年终奖励等许诺激励候选人，以期候选人进入公司后能够有所作为。在高级人才不参与客户利益分配的情况下，客户许诺年薪溢价事实上是高级人才自身创造、由客户从高级人才创造的利润中变相支付给候选人的。猎头公司对于客户许诺给候选人年薪以外的报酬和应得福利，同样按30%的标准提取。但是，仅限于候选人上岗后的第一年，其后不再提取。

（四）客户特别委托费

在竞争激烈的IT行业、保险业和快速消费品行业，一些客户为了尽快超越对手，抢占市场份额，都会不惜代价地“悬赏”猎头公司，物色顶级人才和商业领袖。

相比之下，猎头公司的成本支出包括：基本开支，如日常办公和管理成本，运行开支（调研成本、人际交往、交通旅行、数据库建设等），市场评估和测量成本，交易开支（交易手续、交易成本费用等）及其他开支（联络和通讯成本等）。高额的利润和低廉的成本，一度使得欧美国家“三个合伙人、两根电话线、一台旧电脑”式的“321”型猎头公司遍地开花。

较为规范的欧美发达国家的猎头公司，即便在支付了介绍人或者中间人酬金（抽头）后，净利润率仍然高达30%以上；而在一些发展中国家，净利润率更会超过50%。如此推算，世界猎头行业的平均利润率都会在30%以上，俨然成为一个新兴的暴利行业。

第四节　产业规制

产业规制系指政府或社会为实现社会经济目标，对市场经济中的经济主体作出的，各种具有法律约束力或准法律约束力的限制、约束、规范，以及由此引出的督促产业经济主体活动的行动和措施。

发达国家模式

依据政府介入和干预方式及程度，世界猎头产业规制模式可以划分成四种基本类型。

一、美国：市场主导型

市场主导型的猎头产业，以美国为代表。加拿大、澳大利亚、荷兰等国家，也可划入此类。

美国是现代世界猎头产业的发端国，也是当今世界上猎头产业最发达的国家，实行市场经济体制。但是，这种体制并不意味着联邦政府对于猎头市场的放任自流，而是通过多种途径规制猎头产业的发展、壮大和扩张。经过 80 多年的公司化、产业化发展，美国猎头产业呈现以下几个重要的发展特征：

（一）政策环境宽松

宽松的移民政策提供了猎头产业发展的必要基础。“二战”以后，美国实施了各种诱人的移民政策，吸引世界各国人才涌入。1965 年通过“移民和国籍法修正案”，规定给予专业人才、专门技术人才移民优先权，导致各国大量优秀人才纷纷涌入美国。20 世纪 40 年代，每年的移民人数为 8 万多人；到了 80 年代，则超过了 100 万。1990 年 11 月，新《移民法》颁布后，降低了普通移民的比例，进一步向智能型移民倾斜，使得那些受过良好教育的智能型移民的比例大幅上升，由过去每年接纳 5.4 万人增至 14 万人。其中，面向教授、研究员和跨国公司经理的，大约有 4 万个名额；高学位专业人员和有特殊技能者的名额，大体也相当。还为世界著名的运动员、艺术家和科学家特设了 O 签证和 P 签证，签证的有效期都很长。

在此背景下，美国猎头公司的商业运作空间极其巨大，且与政府的移民政策彼此呼应、相互补充，加上行业门槛低、利润率又高，猎头公司的数量多如过江之鲫。

（二）配套法律完善

完善的配套法律提供了猎头产业发展所必需的市场基础。1935 年，美国政府颁布了《社会保障法》、《联邦雇员赔偿法》等；1962 年，国会通过了《人力资源开发培训法》；1964、1971 年颁布了《经济机会法》和《紧急就业法案》，并于 1973 年在几个单项法律修改的基础上形成了《综合就业与培训法》。这些法律对劳工的工资雇佣、安全培训等方面作出了规定，保证了人力资本在市场流动中的合法利益。

（三）信息网络发达

美国有着遍布全国及世界各地的人才流动服务机构，以及与之相对应的、高度发达的信息网络，为人力资源的高效配置提供了有利条件。政府部门设立的人才服务机构专门储存各部门、各单位需要的各种人才，汇集各地、各单位寻求新职业的各种人员的背景资料，形成了巨大的人才供需信息网络。同时，人才服务机构还能够提供就业培训服务，使求职者能够尽快适应新工作岗位的要求。一些非营利的人才交流服务机构也记录各种人才特长、成果、著作、发明、求职的希望和要求，保留各单位所需人才的基本条件、待遇等资料。

2008 年初，美国人才服务机构高达 18 000 多个，且有较为广泛的信息采集和搜罗系统，并由此衍生成一个独立行业。这种遍布全国各地的人才交流机构，每年接受1 500 万人次的人才流动申请，可解决近 4 万个工作岗位的缺额。2000 年以后，美国政府为了解决高级人才闲置问题，还利用现有的科技实力和信息网络，指导猎头公司和非营利组织兴办了人才租赁行业，营业额高达 100 亿美元/年，每年促成约 70 万人次的临时雇佣。

（四）市场高度繁荣

美国积极鼓励和支持跨国型猎头公司的发展和壮大。政府将人才中介机构划分为猎头机构和猎头公司两大类。前者是提供非营利性服务的社会公益性单位，如博物馆、大学、基金会等；后者是营利性公司，主要帮助各类企业引进较高层次的人才。很多科研机构、研发设计中心、咨询顾问公司也都带有猎头公司性质，有着一定程度的市场行为。美国科研机构众多，且 80% 的科研人员就职于私营企业，而多数的欧洲国家只有 50%。主要原因之一，就是科研机构能够从全世界广泛吸纳人才，得益于政府向科研领域提供的巨大支持、私营企业无与伦比的实力以及灵活的政策体制。

美国的猎头公司非常活跃，行业十分繁荣。2000 年，国内前 10 大猎头公司的国内总收入为 14.25 亿美元，平均收入为 1.42 亿美元。国内收入最多的是光辉国际，为 3.85 亿美元，排名第 10 位的为 Ray & Berndtson 为 0.40 亿美元；顾问人数最多的是光辉国际，达到 305 人，最少的是 Ray & Berndtson，为 40 人；机构最多的是排名第六的 DHR International，为 48 个，最少的则是 Ray & Berndtson，为 8 个；分公司（办事处）总计 179 个，猎头顾问总数 1 209 人。2000 年，在世界跨国猎头公司排名前 10 位的榜单中，美国占据 6 席（2006 年上升为 7 席），国际猎头市场份额始终稳定在 60% 以上。

二、法国：行业协会型

行业协会型系指政府倚重行业指导协会、行业联盟等民间组织，在法律框架下对猎头行业予以规范和治理。其中，以法国为典型代表，且在西欧国家较为盛行。

与美国相比，同样是市场经济体制下的法国猎头公司，却受到来自不同方式和手段的产业规制。美国侧重于政府的政策主导，辅以非营利性猎头组织的补充和调剂，促进猎头产业的发展。而法国一方面通过法律法规进行制约，以企业标准约束猎头公司的经营行为和方式，促使猎头公司正当经营、合法营利；另一方面，通过行业协会强大的指导和协调功能，规范和支配猎头公司的市场行为，促进猎头市场的健康发展。

（一）准入门槛较低

法国猎头行业较为成熟。2005 年底，共有 700 多家人才中介机构，其中猎头公司约占 30%，几乎分布在所有的大中型城市。从公司性质看，法国猎头公司都是私有制企业，且市场准入的门槛比较低。申办的手续和程序比较简单。和成立其他私有公司一样，根据法国《公司法》，向商业法庭递交申请，商业法庭批准公司的工商登记号，在新闻媒体上公布后，就可以开张营业。同时，对组成人员没有执业资格要求，也没有另外的行业从业经历要求。即使是外国人在法国成立猎头公司，也和本国人一样对待。只要符合《公司法》的规定，便一视同仁。

（二）产业分工协作

从政府与猎头公司的关系看，政府行政部门不直接管理猎头公司。如法国劳动部、劳动就业署和猎头公司之间没有领导与被领导关系。政府行政部门和人才中介机构工作界限清晰，分工明确。政府和人事部门对猎头公司实行不直接领导、不直接指导、不直接管理的“三不政策”。但是，双方都从不同的角度，为客户提供招聘服务，为人才提供就业服务。

法国政府在制定猎头产业政策时，充分意识到少数大型猎头公司对于市场的高度垄断，致使中小企业无法通过必要的商业网络平台接收客户订单的现实。因此，通过政府非营利机构建设网络平台，冲减大型猎头公司对于市场的垄断程度，增加中小型猎头公司的业务量，借以解决整个猎头市场运营成本过高的问题。政府主导的猎头协会通过协会协同和分级经营的方式，鼓励大型猎头公司将部分业务分拆给一些特色化和专业化的小型猎头公司完成，分享行业链带来的丰厚利润，拉平行业内的员工收入差距，从而提高行业的平均利润率。

（三）分类分级管理

从行业协会与猎头公司关系看，行业协会对猎头公司在业务上进行指导。当猎头公司有纠纷和矛盾时，协会也会主动进行协调；当猎头公司的合法权益受到侵犯时，协会也会出面维护。在法国，成立一家猎头公司非常容易。但是，要加入行业协会却很难。国际猎头协会（AESC）在法国的影响和地位，较在美国本土更为强劲，入会要求也更加严格。比如，申请者必须是成立两年以上的猎头公司，同时要达到入会需要的办公场所、雇员数量、年收入等条件，并经协会考核合格。2007 年，700 多家人才公司和猎头公司，能够加入协会的仅有160家。资质优良的猎头公司，在接受和参与政府及国有企业猎头订单时，往往享有一定的优先权和特权。这在无形中又造成了猎头行业分类、分级的市场格局。猎头公司加入协会是一种无形资产，是一种品牌效应。非AESC协会成员单位和客户发生纠纷时，一般也会参照协会的有关规定和办法解决纠纷。

行业协会支持猎头公司上市融资、跨国经营。1967年，雅高企业服务公司成立，随后在巴黎证券交易所上市。2005财年，总收入超过76．20亿欧元。2008年，公司雇员超过15万人。雅高主要从事企业服务，成功的市场运作及新品牌的推出，令其品牌价值大增。它在中国的上海、北京分别设立了办事处。1926年成立的法国企顾司公司，雇员1 200多人，主要从事人力资源培训，同时兼营猎头业务。2004财年，总收入超过1．43亿欧元，号称是当时欧洲最大、世界第二的高级管理培训公司。

（四）依靠法规治理

在猎头公司的运营管理领域，主要是依靠法律法规进行监管和规范。猎头公司的成立依据是《公司法》；协会成立的依据是《协会法》；协会内部的自律由协会章程进行规范；工作绩效则由专门的中介机构予以评估；财务情况由审计法院审计；发生争议先由行业协会协调解决，协调未果的，上交商业法庭或行政法庭裁决。

但是，如果政府部门发现猎头公司有着不良行为或者弄虚作假，将依据相关法律法规严惩不贷，并记录在案。对于这些公司而言，再想得到来源稳定、利润较高的政府猎头订单，已经不可能了。

（五）积极吸纳留学生

自2000年起，法国每年向外国留学人员提供大约2万份政府奖学金，总金额约为1亿欧元。2006年，外国留学生总数为26．5万人，位居世界第三，仅次于美国和英国。

2007年3月，法国设置新的政府机构——法兰西校园管理局，负责实施吸引外国留学生的各种政策，统一管理外国留学人员事务，改善对外国留学人员的接待水平，提升高等教育在全球的影响力，争夺更多外国优秀人才到法国求学。管理局同时接受外交部和教育部的双重领导，统一协调择校、注册、签证、住房和升学等所有与外国留学人员有关的工作，结束了多部门管理时期存在的相互推诿、责任不清的弊病，增强了法国接待世界各地精英的能力。

三、日本：政府管制型

政府管制型的典型代表是日本，泰国、新加坡等国家与之类似。除美国之外，日本是全球人力资源最大的消费国和受益国。这与地域狭小、人口密集、资源匮乏等现实国情息息相关。为此，政府实施“两手硬”政策，即实施留住人才、吸引海外人才的平行战略。

日本猎头产业的管制，是亚细亚生产方式在人力资源领域的生动写照和再现。猎头公司严格按国家政策执行，按国家规定标准收取中介费用，并按照国家提供的方向和渠道，依法开展各种猎头行动。而对于猎头公司来说，经常从事一些非营利性的猎头行动，才能获取政府的认同，才能得到更多的经营权限，才能争夺更多的商业利润。

猎头公司是日本政府手中的“一条枪”。即使是单独在海外招募人才，或者是跨国公司的海外招募和聘用领域，都能够符合人才政策、政府利益和国家安全的需要。值得一提的是，猎头公司对政府向来是言听计从、步调一致。

（一）政府主导市场配置

首先，推行人才招聘制。即由客户直接向社会招聘人才。人才招聘一般由媒体招聘、直接招聘、委托招聘等三种形式构成。人才招聘的主要对象为应届大学毕业生与中途录用者。许多招聘企业大都出于节约成本的考虑，委托猎头公司进行必要的甄别和测评工作。

其次，建立国家人才银行。猎头公司多以“人才介绍中心”、“人力流动中心”和“人才银行”的名义，从事商业中介活动。在政府的指导下，公司将所有申请求职者的档案入库管理，统计筛选简历和求职要求，适时向客户推荐。1977 年，全日本约有人才银行 20 家。到 1991 年底，就猛增到 300 多家。它们的服务面很广，如东京都港区的“人力流动中心”，就与 2 000 多家企业建立了日常业务联系，登记在册的高级人才超过 25 000 人。

再次，发展人才派遣业。人才派遣，亦称人才租赁、劳务派遣，系指把掌握通用技术的雇佣者派遣到需要他们，却不与他们建立雇佣关系的企业中进行劳动的一种特殊业务。1984 年，日本拥有 5 000 人以上规模的大型企业中，79.4% 的企业使用了派遣人员。1985 年，日本政府颁布了《人才派遣法》，遂成为猎头行业的重要法律规范。1992 年，从事自由登记型一般劳动者派遣事业的机构或者企业就有 2 065 家，与派遣劳动者建立起雇佣关系的常用型企业有 8 万多家。猎头公司积极参与其中，负责双方协议的达成，从中收取少量的手续费用。2000 年，人才派遣行业总收入高达 30 多亿美元。

最后，倡导免费猎头服务。为了更好地管制猎头市场，政府实行劳动者供给事业制度，就业劳动者供给事业主都是专业经营，向临时需要劳动力的需求方提供劳动服务。作为供给劳动者，与劳动者供给业主之间存在着事实上的支配关系，接受需求方的指挥命令。需求方向劳动者供给事业主支付报酬，供给劳动者从劳动者供给业主领取工资。日本的技术士协会、人才介绍事业协会、TIS株式会社、海外贸易振兴协会、花甲协会、人才协会、年长者协会等社团组织是猎头行业发展中的重要力量，也是公益猎头的主力军。2008年底，日本的58个行业工会均提供免费猎头服务，以满足企业业务量暂时扩大时所需的各类人才，使闲置的高级人才得到充分利用。

（二）支持海外拓展

首先，支持和壮大本土猎头公司，占领国内猎头市场。政府大力扶植本土猎头公司做大、做强和全球扩张，主动占领国内猎头市场。如1981年成立的仕达富咨询顾问公司，总部设于东京，在全日本37个行政区域都设有办事处，拥有4 000多名雇员，从事人才招聘、薪资管理、人事测评等。2004年，营业额超过32亿美元，成为规模最大的人才服务机构，逐渐发展为世界领先的雇员招聘和人力资源管理公司之一。又如1985年在东京成立的沃德博猎头公司（WDB株式会社），从事人才派遣、人才中介领域，并在中国上海设有办事处；2005财年，总收入达到82亿日元，派遣员工达35 000名，关系客户4 700家，是著名的人才派遣服务公司。在政府支持下，这些大型的猎头公司（集团）占据了日本国内70%以上的市场份额，确保本土猎头公司在国际竞争中占据优势地位，完全有能力与日本国内的海外猎头公司抗衡，牢牢掌握国内猎头市场份额和行业利润。

其次，通过猎头公司大量邀请外国科学家到日本参观、旅游、讲学，从中汲取外国的科研成果。日本政府认为，从国外聘请一位外国专家，效果相当于派遣20名本国研究人员出国进修。2005年，日本以其雄厚的经济实力，以25万美元的年薪，在全球范围内广招贤才，目标是使外籍科研人员占到总数的30%。2006年12月，为了加强本国的信息技术竞争力，解决因老龄化引起的制造业、IT类企业的技术人员不足等问题，政府开始实施旨在再次腾飞成为IT强国的“E-Japan”二期工程，人才派遣公司纷纷盯准中国、印度、韩国的技术人员，想方设法增加引进人数。日本的猎头公司甚至出现了“IT韩流”，对吸引韩国人才特别积极。

最后，鼓励猎头公司紧随跨国公司，在国外兴办企业或并购外国企业，就地雇佣当地人才。2005年，日本跨国公司雇佣外国科技和管理人才5万多名，其中在远东和东南亚地区招聘的高级人才数量，以每年20%的速度递增。政府鼓励大型公司投资建设海外实验室和研究所，就地取材、异国用人。如在美国建立的NEC研究实验室，每年经费高达2 000万美元，用高薪聘用美国科技专家进行高科技开发和研究。政府还支持猎头公司和跨国公司通过主办国际性学术会议，在本土或第三国进行双边或多边学术交流，开辟“科学旅游”路线等，吸引国际精英人才到日本作短期的双边学术交流。

（三）实施反猎头战略

日本政府实行的海外留学生爱国主义强化教育、普遍推行终身雇佣制度和近乎强制性的雇员借调制度等措施，思维独特、方法古板，却能够取得许多欧美发达国家难以想象的、良好的反猎头效果，的确令人深思。

首先，高度重视海外留学。在公元7～9世纪的200多年间，日本为了学习中国文化，先后向唐朝派出10多批遣唐使团。次数之多、规模之大、时间之久，可谓中日交流史上的空前盛举。

明治维新时期，日本政府大量向海外派遣留学生。1870年，日本制定了《海外留学生规则》，把留学生工作法制化。日本政府十分注重留学生的爱国主义教育，不仅极力促成留学生回国效力，还为他们回国工作创造良好条件。

其次，独特的终身雇佣制度。终身雇佣制度、年功序列制和企业内劳动组合是日本企业极具本土特色的劳动用工制度，被认为是经济腾飞的“三种神器”。日本人才市场流动率较低，企业人才年流动率大约为5%～8%。但是，它通过企业内部的人才交流机制，力求达到人才的一专多能、合理配置。很多企业规定，每一职工必须在同一层次不同性质的岗位上流动3次以上，方能提升一次，而且各下属部门间可以互相招聘人才，员工本人也可以要求调换到更为合适的工作岗位。

第三，推行政府雇员借调制度。日本的政府机关、事业单位、企业之间普遍实行借调制度。政府各部门经常选派有培养前途的工作人员到其他部门、地方政府、企业、事业单位、驻外机构、国际组织去工作两年，期满后回原单位工作。借调制度改良了人才的知识结构和技能，提升了人才的复合含金量，成为政府手中一张隐形的“王牌”。这也是政府通过有效管制和激活人才市场，扩大高级人才储备的重要手段之一。

四、韩国：财团运营型

韩国是著名的亚洲“四小龙”之一。它在较落后的基础上奋起直追、迅猛成长，迅速跨进了发达国家行列。韩国的财团运营型猎头模式，特色鲜明、为其独有。

（一）主导人才研究

韩国政府主导培养高级人才的各种项目，鼓励建立优秀研究中心项目，把国内大学中的研究人才组织起来，加强基础研究，培养高级人才，提高大学的技术开发能力。

政府实施的21世纪韩国智囊团（Brain Korea 21）项目，宗旨是重点培养尖端科技领域的核心人才。由企业、大学和研究所合作开展的产、学、研合作项目，旨在共同开展企业和研究所的技术研究工作，并开设相关讲座或硕士和博士课程。1991 年，仅有 2 所大学和 3 个研究所参与项目；到 1998 年，已有 35 所大学和 27 个研究所参加，一共培养出 732 名硕士生，476 名博士生。

从 20 世纪 90 年代开始，韩国政府引进竞争体制，公开征集、筛选优秀的科研课题，按承担人的主次顺序提供不同的研究费，以此提高大学的研究水平。如大韩民国学术院的研究费、国家津贴和退休费，均由政府直接提供。

民间财团也积极资助科研工作。名列全球前 25 家大公司之列的工业巨子——三星财团，早在 20 世纪末就建立了 26 家研究机构，从遗传工程、食品、药物，到高技术的声像元件、半导体和计算机，几乎都有涉及。为了促进国内的产学合作和应用，韩国产学合作财团大力扶持著名大学的各类研究课题。仅在 2003 年，就资助了 56 项研究课题，参与研究的教授达 76 人，资助总金额超过 200 万美元。

（二）猎头公司财团化

韩国的猎头公司有着一张重要的“护身符”——财团。韩国财团堪称是世界上公司背景、内部结构、组织形式和运作渠道最复杂、最神秘的商业组织。

能够主导和经营猎头业务的财团，林林总总、各式各样。其中，既有政府的官方财团，如科学财团、学术振兴财团、高等教育财团等，又有大型的跨国公司，如三星财团、现代集团、现代汽车公司、LG 集团、鲜京集团和现代重工等，还有名目繁多的科研机构、学术机构等。在这样商学互通、官学合作和官商经营的局势下，已经形成了“猎头公司 = 政府 + 财团 + 科研机构”式的官、商、学（研）三合一的模式。

大型财团通过猎头服务，重视使用本土高级人才。从 2000 年起，三星电子公司就积极响应政府号召，陆续雇用了 200 多名在美国获得博士学位的韩裔研究人员。著名的跨国财团金星公司，就建成了 18 个研究中心。1988—1990 年间，雇用了 90 名在国外获得博士学位的回国人员，研究范围涉及电子技术、新材料、通讯系统、计算机、精细化工、半导体和超导体等。

（三）高度重视人才外派

韩国政府偏爱向发达国家派遣人才。1977 年起，开始实行公费留学制度。1981 年，再次放宽赴国外留学的政策限制。1991 年底，海外留学生总人数达 74 000多名，分布在全球 54 个国家和地区。其中 80% 是理工科类学生，大多在美国、日本、加拿大等发达国家。

为了培养引领高科技的杰出人才，从 1982 年起由韩国科学财团主管，资助博士后到国外从事研究。韩国科技部统计，仅1982—2001年，受到资助的博士后共有3 744名，其中到大学进修的占86.4%，到研究所进修的占12.3%，到企业进修的占1.3%。从派遣的目的国来看，美国、日本分别占68%和12%。

财团也是设置各种奖学金的主力。1974年成立的韩国高等教育财团，每年派遣优秀学生到国外著名大学攻读博士学位。仅在2000年，就已经培养了290名博士。2001年起，高等教育财团遴选160名留学生，提供了每年40 000美元的全额奖学金。这些奖学金大都有一个附加条件：受资助者学成后必须回到韩国，效忠国家、服务人民。

（四）实施金卡工程

韩国长期实施追赶战略。1982年起，政府根据需要制定了一系列引进和使用高级人才的制度，主动吸纳国外专业技术人才及科技专家、国内急需的电子商务人才、IT界高级人才等。

1992年建成的、被誉为韩国科学技术的“硅谷”——大德研究城，仅在20世纪90年代初，城内48家机构的工作人员就达到14 000多名，大部分是研究人员，其中归国博士就有2 500多名。

2004年，韩国首先在IT行业实施“金卡工程”，允许外国工程师和电脑编程人员居留10年，希望以此吸引20万名外国高科技人才。其后的2005年，“金卡工程”覆盖面逐渐延伸到创意产业、动漫产业和清洁能源等领域，总体上实施效果还比较显著。

借鉴与启示

发达国家的猎头产业规制，总体而言已经比较成熟和完整，具有如下的共同特征和做法：

一、高度重视产业立法

发达国家推进人才市场立法规范，强调政府宏观管理。人才市场基本上由社会供需自发调节，政府部门很少干预市场的微观运行，更不会插手人才需求的取舍及其流向，而是将主要精力放在了强化立法约束、政策引导和行业管理等领域。

欧美发达国家的政府在制定各种法律后，会紧接着出台一系列的配套措施，设立专门的反馈监督机构进行监控和定期修正。同时，运用财政、税收及其他政策，对高级人才的奖金和工资加以控制，以此作为宏观疏导人才流向、调节市场行情的杠杆。

一些欧美发达国家也不排拆政府间接介入猎头市场的模式。如在德国，《劳动促进法》、《劳工法》等法律，构成了人才市场的制度基础。联邦劳动局与社会秩序部是政府的市场管理组织，负责有关政策法规的制定和监督管理。联邦劳动局是政府开办的职业介绍机构，既是人才市场的主体，又具体承担向私人中介机构颁发许可证和向外国人到德国就业颁发许可证等市场管理职能。

发展中国家完全可以发挥产业后进优势，从产业组织、产业结构和产业发展政策领域入手，建立健全必要而齐整的宏观调控政策。

在产业组织政策上，首先要构建合理的市场结构。大力降低猎头市场的集中度，建立猎头公司合并预审制度，依法保护和支持中小型猎头公司，强化行业协会的推动作用等。其次，严格规范市场行为。禁止和限制竞争者的共谋、卡特尔及不正当的价格歧视，约定统一猎头行业的行业标准体系，实行价格上限制度，倡导公众监督，增加透明度。再次，政府直接干预市场绩效。由于跨国猎头公司的强势进入、国内猎头公司的先天性劣势，各类猎头公司在资源占有和分配方面并不平衡，存在着比较严重的市场缺陷。通过政府的直接干预，期以弥补市场机制的缺陷，实现产业资源合理化配置。最后，大力推动和促进猎头公司的兼并、收购，优化猎头产业资源配置。为了改善 WTO 框架下业已存在、不合理的猎头产业组织结构，要通过鼓励企业间的兼并和重组、促进企业联合、组建利益集团等手段，优化产业结构、提升产业效益。

在产业结构政策上，首先要在观念和政策上，必须明确猎头产业已经具有国民经济战略产业的基本要素。其次，实施产业结构高度化政策。重视对猎头产业的培育，扶植和培养新的经济增长点，促使猎头行业采用先进的经营模式和方法。在政府产业政策的指导下，迅速形成自身的创新能力、产业集聚效应和"强关联"效应，融汇成强大的产业结构转换力，加速产业结构的转换，提高其他产业的技术创新能力，带动其他产业的发展。再次，猎头产业还是一个幼小产业。正如斯蒂格勒在《产业组织和政府管制》中指出的那样，幼小企业需要自行设计、自己解决技术问题。但是，想要快速促进幼小企业的发展，就需要政策的支持和帮助。发展中国家对于猎头产业的保护，就是一定程度上对民族战略产业的保护。最后，也要抵制海外势力以国际惯例为名，对民族产业实施歧视、遏制和剿灭策略，提高猎头产业在外来势力冲击下的生存能力、竞争能力，努力改变猎头产业在经营规模和经营资源上的劣势，为尚处在幼小阶段的民族产业营造良好的成长环境。

在产业发展政策上，要制定中长期产业发展规划，促进产业人力资源开发进程，引导产业布局合理化；实施适当的税收政策和适度的财政优惠政策；鼓励跨国猎头公司出口创汇等。基于高级人才分布现状和人才流动要素，在产业布局上可以用采取梯度推移战略。从经济技术水平看，中国客观上存在着东、中、西部三级梯度差。因此，在地区经济分工的基础上，战略重点可以逐步由东向西梯度推移，即按照东、中、西部的顺序实施布局，推行投资和建设项目的地区倾斜政策。猎头行业已经在经济发达的东部地带形成气候，行业重点将向中西部地带延伸。中部是能源、原材料的主要基地，也是制约中国经济发展的“瓶颈”之一，更是重要的人才培养基地和人才匮乏地区。因此，果断实施中部突破，带动东、西部两地发展是完全可能的。在市场经济和高科技时代条件下，资源丰富、地广人稀的西部地区也能够充分利用人才梯度规律，大胆创新人才政策的调整和配置，实行跨越式、跳跃式的发展。

二、市场管制松紧适度

发达国家拥有成熟的市场体系，重视人才市场供给的动态平衡，梳理行业与行业之间的关联。同时，采取多种竞争渠道和补充机制，如保留人才市场中介、非营利组织等，降低整个猎头市场的交易成本，实现人才市场资源的优化配置。

尊重国情、因地制宜，始终是发达国家市场管制的要义。如美国政府建立了较为齐备的社会保障制度，保证居民迁徙自由，促进了人才流动。英国建立了开放的人才市场和人才信息库，人才流动自由频繁、手续简单，人才交流和职业介绍服务已经成为新兴产业。德国拥有高度发达的人才市场和人才服务机构，实现了人才信息的全国互通并在国际互联网上招聘人才，人才流动实现了双向选择、合同管理、公平竞争、优胜劣汰，涌现了一批高档次的人才中介和测试中心。日本、韩国等亚洲发达国家，也建立了政府引导和市场调节相结合的人力资源开发和配置机制。

市场管制的重要内容是市场规范管制。为了确保猎头行业的服务质量，一些国家制定了严格的行业管理政策，约束和控制猎头行业的规范运作。商业信用管制趋于科学规范，迫使猎头公司更加重视商业信誉，力图与客户建立长久友谊关系。许多知名的猎头公司都十分清楚，它的服务记录及其业内口碑，对于今后的生存和发展是极为重要的。

三、大力支持产业创新

欧美发达国家的猎头产业，创新方式层出不穷，创新浪潮方兴未艾。

首先，人力资本与风险资本市场（VC）有机结合。欧美猎头公司能够取得惊人的迅猛发展，与发达国家市场经济中最活跃、最主动的资本——风险投资，有着密不可分的关系。勇于探索、敢于创新的风险投资，是猎头产业最为重要的筹资渠道，也是迅猛发展的强劲推手。

其次，人才测评系统日新月异。包括能力倾向评估和人格测验两部分。通过测评，可以准确地考察出受测者的综合能力、语言能力、数学能力、类比推理能力、心理承受能力、敬业精神、创造力、管理能力等多种基本能力，罗列出候选人适合从事的工作，为政府部门（企业）在岗位合理配置、甄别干部、员工培训等方面提供科学依据。欧美猎头公司的人才资质考核评价工具日益科学、准确，且十分注重引进和培养该类技术的开发人才，促成人才资质评价体系更趋科学，质量不断提高。

最后，高度重视增值服务。进入21世纪以来，欧美发达国家猎头公司的经营模式呈现出“一业为主，多种经营”的态势。一方面，各猎头公司在主业实务方面，专业性都很强。以美国为例，有专门为华尔街等金融机构推荐人才的；有专门为高科技公司服务并提供专家人才信息的；也有专门为大公司物色首席执行官（CEO）的。另一方面，各猎头公司在保证猎头业务总量稳定的同时，都着力提高公司人事薪酬设计、个人生涯设计、人才研究及信息服务的业务量。实践证明，公司能否取胜，不仅仅要看业务量的多寡，还要看公司为客户提供了多少、什么质量的增值服务，正是这些增值服务，往往成为竞争中取胜的重要筹码。

四、强化信息网络建设

1994年，全球第一家商业性招聘网站成立。1995年，较为知名的人才网站已发展到500家。2000年以后，人才网站呈现爆炸性的增长。2008年底，90%以上的世界500强公司通过网络进行人才招聘，而在一些从事高科技的公司，网络招聘比例更高。美国IDC调查表明，2001—2006年，全球网络招聘市场年平均增长率超过8.9%，市场总额持续上升到157亿美元。

跨国猎头公司纷纷投资网络招聘领域。一方面，在强大的资金实力和技术实力的支持下，他们在极短的时间内可以把科技发展的新成果应用到客户服务和经营管理领域，大规模并购发展中国家的本土猎头公司，收购所在国的高级人才库，迅速建立自己的品牌优势。另一方面，在高度发达的网络技术支持下，能以极快的速度、超高的效率，迅速在世界各地建立区域总部和分支机构，占有全球高级人才资源和需求信息，参与国际人才市场竞争。

第三章 猎头在中国

猎头在中国的发展历程，就是发展中国家的民族产业努力生存、积极成长和不断壮大的缩影。

第一节 风雨兼程

现代意义上的中国猎头，虽然起步较晚，却是在艰难中不断破浪前行的。

冰雪消融

新中国成立后，中国实行计划经济体制下的传统劳动人事管理体制。在管理内容上，传统管理以事为中心，主要是管理档案、人员调配、职务职称变动、工资调整等；在管理形式上，员工被安排到一定的岗位后，被动性地开展工作，甚至是一次安排定终身，由其自然发展；在管理策略上，侧重于近期或眼前工作，就事论事，缺乏长远规划；在管理技巧上，传统管理照章办事，机械呆板，手段单一，以人工为主；在管理层次上，传统管理往往只是上级的执行部门。在这种体制下，人才归属于单位或者部门所有，自身是没有所有权的，无法支配自己的流动权。许多员工从开始工作的那天起，便被动地分配到某个岗位，直至退休。进来不容易，想出去也比较难。个人的流动必须依靠政府、企业的行政调配命令，基于严格的户口管制政策，高级人才连主动辞职这样的行为，都不得不考虑户口、家庭、子女上学等连带因素。有关部门人事管理中的招聘、录用、工资管理、奖惩、退休等环节的工作被人为地分开，由各部门孤立地进行管理，各单位、各部门只重视本单位本部门拥有的人力资源数量，而不管是否有效利用，更谈不上对人力资源的开发。

计划经济后期，人才政策领域已经出现了新萌芽和新动向。1977 年，邓小平同志首先提出了“尊重知识、尊重人才”的科学论断，指出“我们要实现现代化，关键是科学技术要能上去。发展科学技术，不抓教育不行。靠空讲不能实现现代化，必须有知识，有人才”。在 1978 年召开的全国科学大会上，邓小平同志发表了重要讲话，提出了“科学技术是生产力”、“知识分子是工人阶级的一部分”等科学论断。

恢复高考是这一阶段的典型标志。1977 年 8 月，一批老教授和老专家急切呼吁改革高校招生制度。邓小平同志当即表态，“既然大家要求，那就改过来”。当年，570 多万名考生从无数的街道、工厂、农场中，重新走进关闭了 10 年的高考考场，仅北京市的报考人数就超过 15 万人。在考试成绩合格后，各级地方政府还组织了严格的政治审查。那年，共有 27 万多人被全国各高校录取。

七·八谈话

1978 年12 月18 日，北京即将迎来冬至，天气异常寒冷。但是，这丝毫无法抵挡中国共产党十一届三中全会开启改革开放的大门，带来春天的芬芳气息。

1983 年7 月8 日，邓小平同志约见国务院副总理万里、姚依林及国家科委主任方毅和国家计委主任宋平，作了一次题为《利用外国智力和扩大对外开放》的谈话，即著名的“七·八谈话”。他指出：“要利用外国智力，请一些外国人来参加我们的重点建设以及各方面的建设。对这个问题，我们认识不足，决心不大。搞现代化建设，我们既缺少经验，又缺少知识。不要怕请外国人多花了几个钱。他们长期来也好，短期来也好，专门为一个题目来也好。请来之后，应该很好地发挥他们的作用。过去我们是宴会多、客气多，向人家请教少，让他们帮助工作少。他们是愿意帮助我们工作的。要扩大对外开放，现在开放得不够。要抓住西欧国家经济困难的时机，同他们搞技术合作，使我们的技术改造能够快一些搞上去。同东欧国家合作，也有文章可做。他们有一些技术比我们好，我们的一些东西他们也需要。中国是一个大的市场，许多国家都想同我们搞点合作、做点买卖，我们要很好利用。这是一个战略问题。”远见卓识、可见一斑。

1983 年8 月24 日和9 月3 日，中共中央、国务院根据邓小平的谈话精神，相继发出《关于引进国外智力以利四化建设的决定》和《关于加强利用外资工作的指示》的通知。9月7日，中共中央决定成立中央引进国外智力领导小组，姚依林任组长。由此，引进国外智力工作开始成为中国对外开放的一个重要组成部分，发挥了不可替代的推手作用。

人才市场

1992年10月，党的十四大明确提出，经济体制改革的目标是建立社会主义市场经济。同年，国务院颁布的《全国人才市场管理条例》，是发展和规范人才市场的第一部国家行政法规。人才市场的培育和发展工作被提上了各级人事部门的议事日程。全国人才市场和区域人才市场先后投入建设。

1993年，人事部明确提出人事制度改革的主要任务，就是要建立包括人才市场体系在内的“三个制度、三个体系”，要求在2000年前初步建成全国人才市场体系框架。1994年8月，中共中央组织部、国家人事部下发了《加快培育和发展我国人才市场的意见》，把培育和发展人才市场，充分开发和利用中国的人才资源，提升为国家战略任务。

1993—1997年，人才市场得以迅速发展。国家人事部在天津、上海、沈阳、郑州、武汉、广州、西安建立了7个国家级区域性人才市场；各级政府人事部门的人才市场达1 956个；行业性和民办人才中介机构迅猛发展，超过1 800家。以政府人事部门所属人才交流机构为主渠道、以行业人才市场为辅助、以民办人才中介组织为补充的人才市场网络体系初步形成。据不完全统计，1993—1996年，全国各类人才市场共举办人才交流会、洽谈会等5 000多场次，进场招聘单位近70万家，进场应聘人员近2 000万人次，约300万人通过人才市场实现流动。

人才市场的建立和扩大，客观上为猎头行业的产生和发展形成了政策和市场双重层面上的温床，加速了猎头的萌芽和生长。

维用猎头服务部

改革开放后，国外资本开始陆续进入中国内地。在人才市场化的大背景、大气候下，已经在香港地区、东南亚地区发展起来的海外猎头公司，把目光瞄准了中国内地。

经过1989—1992年连续3年的治理整顿，中国克服了通货膨胀、分配不合理等主要问题，全面整顿了国民经济秩序，经济体制改革初见成效。

1992年6月18日，新加坡一家集团公司在新中国工业"长子"、东北地区的沈阳，成立了第一家以猎头命名的机构——"维用猎头服务部"，其最初的业务是负责外资企业在当地招募公司职员。它被视为中国猎头行业的萌芽。

1993年3月，纪云的北京泰来猎头咨询事务所成立。它是最早具备独立法人资格的猎头服务机构，也是第一家公司化的内地猎头公司。8月，赛思管理咨询公司成立，是北京市的第二家猎头公司。在成立不到一年的时间里，它就完成了100多家国内外客户的委托。涉及的行业包括石化、机电、外贸、商业、医疗、通讯等。美国的惠普、通用公司以及德国、韩国、日本等国的一些大公司成为该公司的重要客户。10月底，号称"华南第一家"的天马猎头公司，也在广州挂牌。

与欧美发达国家相比，本土猎头公司起步整整晚了50多年。因此，猎头公司在进行公司登记注册时，不得不多花费时间进行必要的解释，至少总要解释一下什么是"猎头"；新鲜出炉的猎头公司，却受到了一些曾经接受过猎头服务的外资企业的大力欢迎，一度车水马龙、生意红火。那时，本土猎头公司既缺乏必要的理论基础，又没有什么经验可以借鉴，只有一边学习、一边实践，在摸索中前进、在思考中熟悉。泰来、赛思、天马等公司的早期骨干和员工们，后来陆续成为许多中小型猎头公司的创办人。

低迷与复活

1994、1995年，中国政府重点整顿人才市场和人才中介行业。在那个连"猎头"的意思都还比较陌生的年代，多数猎头公司因为"乱收费"和"不退订金"，被列入重点打击范围，生意冷落、损失惨重。

尽管如此，1995年的北京市政府还是审批成立了3家具有独立法人资格的国内猎头公司和两家兼做猎头业务的国家级人才机构。同年，中华英才网的前身E-Channel顾问公司，也正式挂牌成立。

1996年，猎头公司迎来了产业发展的"小阳春"。公司总量猛增到300多家，仅北京市就有30多家猎头公司。各地猎头公司雨后春笋般地涌现出来，如博思猎头、北京城市猎头咨询有限公司、泽恩企业管理咨询有限公司、东方赛博猎头机构、广州锦田顾问公司、科锐国际咨询等。1996年底，台湾104人力银行创建，旋即发展成为最有名气的一座人才库；岛内40%具有专科以上学历的人，将自己的履历存入了这个"银行"。

1997年，亚洲金融危机爆发，迅速波及和蔓延到全球。许多大中型跨国公司纷纷收缩业务、裁减人员。猎头公司受到冲击，业务订单大幅下降。与此同时，中国政府加大了继续治理整顿人才中介行业的力度。恰恰就在这个风口浪尖上，发生了著名的英国雷文公司失手事件。当时，雷文公司中国办事处接受了一家法国水泥厂的委托，猎取了北京市一家国有企业的业务骨干。没有想到的是，那家国有企业的人事部门反应迅速，马上将雷文公司告上法庭，并提出了索赔要求。在政府部门的直接介入和干预下，雷文公司败诉，黯淡收场。在雷文公司撤离中国的送别宴会上，猎头同行们大多默默无语，哽咽失声。

内地猎头行业虽备受“雷文事件”的影响，却没有停止探索、前进和发展。1997 年，智联公司在北京成立了招聘网事业部，尝试通过互联网开展猎头业务；同期，隶属上海申才择业信息中心的申才猎头公司也正式开张；1998 年，朱光辉的武汉光辉人才顾问服务有限公司成立，这是华中地区第一家经政府批准注册的，具有提供高级人才猎头服务及从事人力资源开发、企业管理研究资格的专业公司。湖北德邦人才经纪有限公司、杨希宏的广州锐旗猎头公司，也迎着凌厉的行业寒风宣告正式运营，确是当年为数不多的行业亮点。

1998 年底，几乎所有的猎头公司，都认为那一年的春节是最为艰难、最为苦闷的。多数猎头公司的总经理们或聚会打牌，或外出躲债，或干脆蒙头睡觉。仅北京、天津地区的猎头公司倒闭比例就高达 50% 以上，剩余的公司也大都门庭冷落、生意惨淡。

1999 年的春天姗姗来迟。盛行中国市场的网络热潮，猛然唤醒了沉睡的猎头行业。在一个普通的清晨，濒临破产的猎头公司老总们，突然发现来自通讯、网络、医疗、电子等行业的订单，如同冬天满天飞舞的雪花一样，纷纷扬扬掉到了头上。一年不到，猎头公司神奇地复活，也迎来了产业发展的新高潮。

2000 年，各地成立猎头公司的热情空前高涨，注册的猎头公司数量超过 1 100家，如浩竹猎头、深圳西部猎头、尤里克猎头、展动力猎头等。猎聘（北京）管理咨询有限公司旗下的猎头网也获得了巨额风险投资，开始涉及 IT、房地产、保险、通信、制药、能源等行业。2000 年 5 月，前程无忧网在引入 800 万美元的国际风险投资后，注册用户达到 150 万多人，每天浏览量多达 200 多万人次，集“报纸招聘广告、招聘网站、猎头公司、人力资源软件开发”四项经营服务于一身。当年的营业总收入就高达 800 万美元，利润率超过 15%。风险投资的进入，开辟了大陆猎头行业市场融资的新渠道。但是，伴随猎头公司的业务扩大，区域性、行业性和专业性要求日益突出。

2006 年，中国人力资源开发网和中华英才网相继推出“网上猎头”服务，将隐蔽的猎头行业与公开化的网络招聘相联系起来。这又引起了人们对猎头行业现状、未来定位和发展道路的思考。

2008年初，在上海、杭州等经济发达地区，出现了“追逐猎头”的现象。一些企业界高层经营管理人员，主动联络猎头公司，投放个人简历，寻求职位机遇，目的之一就是为了防止突如其来的公司裁员。

而2009年11月在广州高校出现的，猎头公司举着牌子、为“富二代公子”找“靓女”的所谓“婚姻猎头”，更是引起了新闻舆论的广泛关注和议论。

风云再起

21世纪以来，政府猎头浪潮扑面而来。它首先从中央监管企业（央企）开始，迅速波及各级地方人民政府和一、二线城市的直属或者监管企业，逐渐深入到科研机构和普通高校领域，直指政府部门（企业）的核心地带——高级公务员和高级经营管理者。

中央监管企业的率先行动，揭开了新世纪政府猎头的序幕。2003年9月，中共中央组织部、国务院国有资产监督管理委员会宣布，首次公开在全球范围招聘7名中国联通、中国铝业等监管企业的高级经营管理者。到2008年，82家中央监管企业完成了103个高管职位的公开招聘，先后录用了91人。许多中外猎头公司参与其中，积极争取订单。

2003年12月，上海市劳动保障局宣布，将提供首批总额20万元的“求职中介补贴”，以500元/人的标准补贴区域内的猎头公司。

2004年3月22日，人事部成立了全国高级人才寻访中心，为国内优秀企业提供高速优质的猎头服务，领域涉及IT、制造、医药、快速消费品等行业。全国高级人才寻访中心拥有了自己的专业网站（中国国家人才网）和超过40 000名用户的中高级人才库，目标是全力打造猎头服务的强势品牌，提供国家级的猎头服务。

2004年5月16日，长沙市公开选拔10名县（处）级领导干部和2名企业经营管理者。此前，湖南投资集团股份有限公司和长沙市商业银行就已经各自将选拔高层经营管理人才的委托书，送到了长沙市委组织部公选办的案头，委托市委组织部选拔人才。据《潇湘晨报》报道，市委、市政府只敲定拟任人选，不参与最后的任命决策；最后的任命是用人企业董事会根据市委、市政府提名，再对候选人进行任命。

2004年9月，深圳市政府明确提出，在坚持党管干部的前提下，要把30%以上的国有企业的高级经理委托猎头公司进行物色。凡选择激励机制试点改革的企业，必须首先实现干部选聘市场化。对于市政府监管的3大资产经营公司和4家授权经营公司管理的干部，除了一、二把手备案外，其他经理人才的选拔也都要走市场化的路子。

2006年3月，国家外国专家局发言人明确表示："培育国际人才市场，离不开猎头公司。"黑龙江、湖北、浙江等多个省份积极响应、先后表态，主动邀请国内外猎头公司参与高级人才招募。

2006年10月，山东济宁市市中区政府为推行电子政务，面向社会公开招聘信息技术类专业设计人员，招聘人员将被纳入事业编制，并将招聘事宜交由一家猎头机构全权负责。作为全权委托的第三方，济南旗帜猎头机构接到了政府招聘外包的第一笔订单。总经理王志勇说，招聘过程将由当地监察部门全程监督，形成了监察、猎头和政府部门的三方制约机制。

2007年5月，苏州市政府公开招聘高层次人才。同时，市政府向18家猎头公司颁发了人才合作聘书，着力启动"姑苏创新领军人才和重点创业团队人才"计划，加大引进创新创业领军人才的力度。

2008年7月，重庆市政府宣布，为打造国际软件城，急需5 000名软件高级人才，鼓励猎头公司在全球招揽软件人才。

2009年5月，山东潍坊市政府宣布，它在美国、日本等国家设立的海外"猎头站"初显成效，成功签约多人和多个项目。

2009年7月，中组部和科技部召开依托国家科技重大专项引进海外高层次人才工作会议，要求"加大力度、加快进度、加紧实施"，计划在未来5~10年内吸引1 000名左右的海外高层次人才（包括外籍人才）入华，进驻国家级的科技系统、金融部门、创业园区及国资委监管的大型国有企业等。

2009年9月10日，中国科学院院士、原中国科学技术大学校长、63岁的朱清时，从200多名候选人中最终胜出，成为南方科技大学第一任校长，聘期五年。《深圳晚报》报道说，这是中国内地第一位通过国际猎头公司全球选聘的大学校长。与先前高校的校长由组织人事部门直接任命的方式不同，深圳市这次采取聘请猎头公司搜猎、校长遴选委员会遴选，市委组织部审定、组织人事部门任命的方式，首开了大陆高校猎头的先河。据传，获取政府订单的罗盛咨询猎头公司，有着一定的华尔街背景，曾经为霍普金斯大学、欧洲商学院等高校搜寻校长，并与哈佛、耶鲁大学及牛津大学有过成功招聘及合作经验。

第二节　发展现状

在计划经济体制向市场经济体制转变过程中，中国政府实施的深化国有企业改革和对外开放政策，特别是高级技术和管理人才流动政策，极大地刺激了高级人才市场的孕育和成熟。

产业发展

21 世纪初，中国的猎头行业仍然处于追赶阶段。与很多发展中国家一样，带有浓重的民族企业色彩。

一、产业规模不断扩大

1993—2008 年，本土猎头公司数量从不到 10 家起步，持续增至 5 000 多家。外资公司（办事处）、合资公司和中国猎头公司数量分别占到 1%、9% 和 90%，本土猎头公司在数量上占有绝对优势。

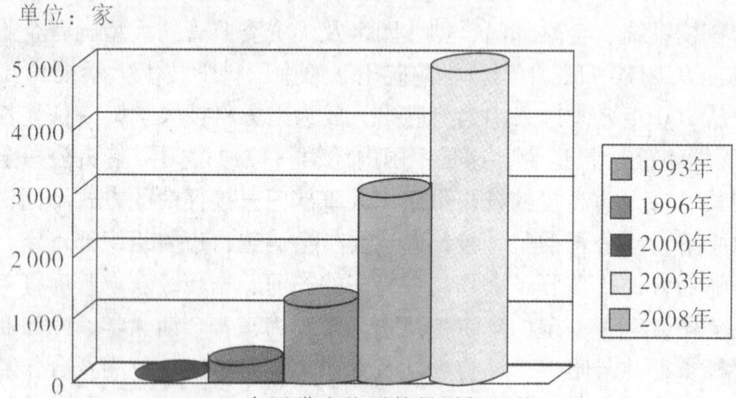

中国猎头公司数量增长趋势

2008 年底，中外猎头公司数量比例是 19：1，中方占绝对优势；但是，国外猎头公司却垄断了猎头市场总份额的 20%，高端市场的 95%。统计数据表明，任何一家本土猎头公司的国内市场份额都不足 1%。

2006年，中国猎头行业中已经出现一些大型公司，涉及人才派遣、人力资源外包、高端招聘、测评培训等业务。其中，规模较大的几家公司如下：

公司	成立时间	总部	雇员数	涉及领域	上市情况
上海外服	1984	上海	100 000	人才引进、人才派遣、培训	
四达	1986	北京	15 000	外企服务、培训、顾问咨询	
中智	1987	北京		人力资源外包、咨询、培训	
中华英才	1997	北京	1 000	人才招聘、人力资源培训	
智联招聘	1997	北京		招聘、培训、外包、测评	
前程无忧	1999	上海	2 900	猎头、培训测评、人事外包	纳斯达克
中企人力	2001	上海		人事外包、人力资源培训	上海交易所

2008年，中国最大的劳务派遣公司、人力资源服务业综合实力第一位的中智公司，主营人力资源外包服务、管理咨询服务、出国服务、投资服务、国际贸易服务等业务，有20个办事机构（境外3个）。主要服务对象是外企和合资企业，专门为外国公司驻中国办事处、合资企业及香港企业寻找高级人才。基于官方背景和经营性质，公司拥有自己的人才库，还能够使用国家科学技术委员会的高级人才库。2002—2008年，中智公司已经向72个国家的2 700多家企业，物色和推荐了8 000多名专业人才。

2006年，《世界管理评论》根据公开的财务收据（截止到当年3月1日），在大中华区（中国内地、香港、澳门、台湾）设立有分支机构，业务领域涉及人力资源相关业务（人才中介、人力资源培训、人力资源外包、人力资源咨询、人力资源信息化等）企业中，评选出“人力资源服务机构100强”。前60位的中国公司包括：上海外服（第26位，下同）、北京外企服务集团（28）、东软集团有限公司（30）、中国国际技术智力合作公司（36）、CDC公司（41）、中国四达国际经济技术合作公司（46）、用友软件（46，2004年收入7.26亿人民币）、前程无忧（49）、上海中企人力资源咨询有限公司（50）、金蝶软件（52，2004年收入4.46亿元人民币）、求职广场（53）、科联系统集团（58，2004年收入3 200万美元）。创库系统有限公司、AsiaWorks、施特伟科技、明基逐鹿、汉普管理咨询、众行管理顾问、泛微软件、北大纵横管理咨询、人众人教育、卓博人才网、竞越顾问、CDP集团、晋兴人力资源系统、金益康、英格玛、共好集团、奇正软件系统、汇思软件、八方人才（job88.com）和科锐咨询等公司也进入了100强榜单。

猎头公司层次分化日益明显。2006年初，根据客户定位、收费标准、运营特点，内地猎头公司可划分为四大阵营：

第一阵营：跨国猎头巨子。这类公司专做高端客户，如总监以上级别直至公司总裁，操作规范、收费极高、信誉不错。最低收费标准为2万美元/单，在候选人上岗3个月以内必须付清。其订单往往来自境外跨国公司总部，然后在中国本土搜猎。

第二阵营：中型外资猎头公司，它们主攻中高端客户（如外企国内总监、大区经理等），最低收费1万美元/单，分3次付清费用。

第三阵营：本土大型猎头公司，善于做中层职位，兼顾高层领域。最低收费6 000美元/单，分两次付清。

第四阵营：中小型猎头公司，专做小型企业和民营企业的低端职位。最低收费人民币1万元人民币，不收订金。

2009年初，从区域分布的数量上来看，猎头公司主要集中在经济发达地区，如京津地区、长江三角洲地区和珠江三角洲地区等。

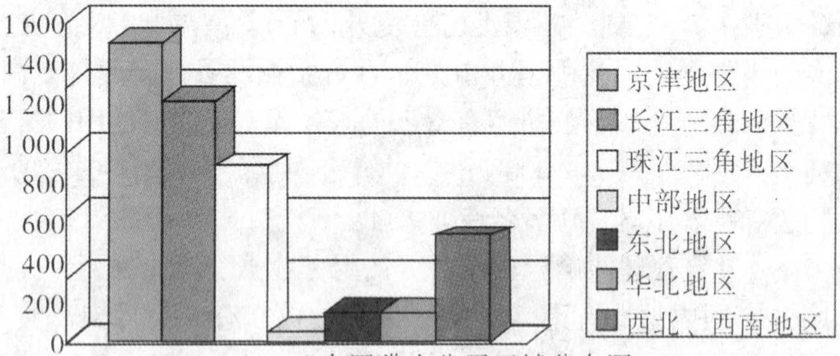

中国猎头公司区域分布图

网络招聘开始萌芽，不断发展壮大。1999年盛行的网络热，更是推动了网络招聘公司的迅猛发展。互联网技术具有的结构化、个性化、智能化、交互性、无地域性等特征，使得信息交换受众面广、速度快且互动性强。同时，大大降低了经营管理的费用和难度，特别适合猎头公司的低成本控制要求。2002—2004年，网络招聘的用户数量从119万猛增到410万，2007年则高达865万，每年的增长率都超过了28%。其中，2006年，使用网络招聘的企业突破200万，比2005年净增长62.12%。

2006年在香港举行的“Red Herring Asia 2006”会议预测，2026年全球的互联网用户数量将达25亿人，其中将有13亿网民来自亚洲。但是，亚洲互联网的普及率仅有30%，市场发展空间极其广阔。而暗流涌动的重组并购热潮，更将促成大型猎头公司迅猛扩张、脱颖而出。

二、产业结构逐步优化

首先，猎头公司开始进驻行业上游。为了维持经营活动，降低经营成本，一部分猎头行业开始进入初级人才、中级技术人员和应届大学毕业生等上游市场。2002 年，中华英才网为 IBM 招聘了 200 名应届大学生，已经延伸到招聘信息投放、简历筛选、第一轮面试等前期准备环节。一些产业技能或职业技能培训领域，业已成为新的发展热点。如浩竹猎头公司建立起 3 万人的高级经理人才库，涉及跨国公司及国内公司的总裁（副总裁）、总经理（副总经理）、人事总监、财务总监、市场总监等 10 多个职位，横跨 IT、医药等 6 个行业，努力寻求上游资源，争取市场主动权。

其次，技术型高级人才受到重视。在珠江三角洲地区，高级技工成为猎头公司的主营业务。如 2003 年成立的广东省东莞市汇安人力资源公司，一直专注于中小制造企业领域，特别是技工、工程师、技师领域，通过免费培训、双周讲座、上门服务等方式，为遍布东莞市区及周边地区的 20 000 多家工厂、外资企业提供人力资源服务。该公司还与广州的 140 多家猎头公司进行业务联营。正如广州锐旗公司资深猎头顾问金凯分析的那样，猎头公司日益区域化、专业化，既是自身生存和发展的内在需要，也是应对国际市场竞争的有效策略。

再次，形成区域化的自然垄断优势。一些中小型猎头公司，通过熟悉的地域优势和人文环境，集中力量抢占一个或者几个区域化高级人才市场，无形中提高了行业的进入门槛，有力地消除了潜在竞争对手，形成了局部地区、局部行业的自然垄断地位，依靠大批量的小额服务和中介服务收费获利，凝成了比较稳定的营利模式。如 2002 年组建的成都天虎猎头公司，牢牢扎根于成都及其周边地区，以低端猎头服务为主，逐步建立起以 5 000 多份本地人才为主的人才数据库和 30 多万份专业人才资料库，通过提供企业管理咨询、企业法律咨询、培训等相关服务，以增加企业利润、巩固市场地位。

最后，人才市场开始转型。1992 年，武汉人才市场在当地政府的支持下，先后成立了江南、江北两大人才市场。江南市场瞄准武昌区及其周边 40 多所高校的大中专毕业生；江北市场主要是依托汉口商业发达的优势，从事零售、流通、物业、运输等领域的人才搜索与配置。伴随着政企分开，人才市场开始独立发展，实施了相对完整的经营管理体制，组建了高校猎头事业部，专注于武汉 40 多家高校的博士、硕士等高层次人才。1992—2008 年，人才市场共接待各类求职人员 60 多万人次，招聘单位达 15 000 多家，人事代理企业超过

1 200家，50 000 多名高校毕业生实现就业或流动，成为华中地区规模最大的人才市场。

跨国猎头公司进入中国不仅仅带来了先进的理念、充足的资本和国际化运作的手段，还取得了高端人才市场配置的主动权。世界500 强中的前100 强的跨国公司中，大多已经进入了上海。20 世纪90 年代初，跨国公司的管理人员90% 以上是从国外派来的；而到了2007 年，这些公司90% 以上的人才都来自本土。而他们挖掘本土人才主要是通过跨国猎头公司来实现的。也就是说，本土猎头公司很难掌握这部分优秀的、高层次人才的市场配置权。

三、产业发展潜力巨大

首先，公司数量远远不够。哈佛大学对人力资源方面的研究显示，当一个国家的国民生产总值连续5 年接近或者超过10% 时，人才的需要就会激增。1978—2008 年，中国GDP 持续强劲增长，几乎每年都超过了8%。2009 年6 月底，国家工商总局的统计表明，实有私营企业692. 35 万户，注册资本12. 81 万亿元，从业人员8 212 万人。研究表明，在比较成熟的市场经济环境中，猎头公司与其他企业的适当比例为1：200。仅仅从公司数量来看，合理的猎头公司总量规模应当超过3 万家；而2008 年的大陆猎头公司仅5 000 多家，不到目标总量的15%。

其次，人才市场存量十分丰富。这成为猎头公司壮大发展的丰沃土壤。2003 年，中国37 个人才市场登记用人需求864 多万个，登记求职人数为2 021 多万人，职位需求比例为1：2. 34。2005 年，中国人才市场的在册企业超过600 万家，拥有超过3 亿的劳动大军，包括5 000 万名大学毕业生，1 000 万名白领。2006 年，中国社会事务所对500 家大型国有企业的调查显示，国有企业中技术人员流失率71%，在经济发达城市这一比例高达89%，而流失人员中40 岁以下的业务骨干占80%。一个正常运营的企业，平均要为每位跳槽者付出相当于其年薪1. 5 ~2. 5 倍的替换成本。在这些人员中，绝大多数人是通过中介机构和人才市场流动的。

再次，猎头市场发展后劲十足。一些政府部门和大型公司，认同和使用猎头公司的概率并不高。在2004 年举行的对于“倾向合作猎头公司类型”的调查中，63% 的企业人力资源部门的负责人还是选择了国外跨国猎头公司。“企业不看重猎头公司性质”的说法，体现出企业在理想与实际操作中的脱节。这意味着在相同条件下，他们还是会选择“洋猎头”。同时，超过56% 的负责人倾向于选择专门从事某个行业的猎头公司，说明猎头公司的细分将是一个大趋势。此外，只有11% 的人选择收费便宜或不收订金的公司，由此可以看出企业客户对价格敏感度并不高，更看重服务质量和水平。

最后，市场总量增长迅猛。进入21世纪以来，全球猎头市场增速较快、市场迅速扩大。据司凯龙猎头顾问公司统计，1993年全球猎头市场（不含中国）收入仅为30亿美元。2000年，英国《经济学家杂志》分析指出，全球人才市场行业总收入超过了100亿美元，其中猎头行业超过80亿美元。IMP公司调查认为，2002年全球用于招聘和雇佣的费用大约是1 570亿美元，猎头行业约占200亿美元。2005年，整个中国内地猎头行业的市场总量约为25亿美元；到了2008年，总收入（含境外交易）高达200多亿美元，相当于三年前的8倍。

行业管理

21世纪的中国猎头行业，正处于一个全新的时代，飞速发展、激浊扬清。猎头公司必须缩短摸索和转型的时间，应该在内部管理领域多下工夫。最为重要的，就是要培养具有本土特色的、高素质的猎头队伍，扩充人才库资源，适应人才全球化的要求。本土猎头公司与“洋猎头”各有各的市场定位、目标客户、搜猎之道和优劣势。猎头服务行业作为一个知识性产业和智力产业，人的因素显得特别重要和关键。如在美国，猎头经理一般要求具备大学本科学历，并要求具备销售和电话营销经历、优秀的交际能力、能忍受职业环境的压力、有成功的从业经历、有一定的电脑知识和理论、科研经历等条件。

中国加入世贸组织后，面对着强大竞争对手的冲击和压力，要想进一步发展自己的高级人才配置服务市场，首先就必须催生市场需求，即推动客户把人力资源的开发和管理提升到战略高度，包括推进海外人才本土化战略、在全球范围内搜寻高层次人才等，这是高级人才搜寻服务赖以生存和发展的前提。同时，猎头公司要主动发现和培养专业人员队伍，使其不仅拥有专业背景，而且还应具有信息学、社会学、心理学和市场学等相关人文知识及实际操作能力，能够与国际接轨并共同合作。最后，猎头行业要融自身的考核评估体系和市场化的考核标准为一体，真正实现高投入、高产出和高回报。

2004年4月，为改变“猎手”素质不高、恶意价格竞争、诚信度不高、泄露客户资料等不良现状，上海市人才中介协会与上海市人事局紧缺人才办公室合作，在人才中介行业的从业人员中挑选出50人进行培训，传授规范化的猎手经验。然后，这些“猎头主管”将以实战案例向各公司猎手展示如何进行跨国合作，如何引进优秀的国际化人才等。同时，他们还将把人才派遣、培训以及网络招聘的正规化操作引入上海的人才中介公司。

行业协会初具规模。2002 年 4 月成立的上海人才中介行业协会，成员达 134 家。该协会制定了《行业公约》、《执业守则》、《服务价格》，并发布《上海人才中介行业协会倡议书》。一些地方建立了行业指导协会，制定出行业惯例和国际通行的工作规范，建立自我约束机制和行业自律机制，借以提高行业整体运作平台，保证行业基本的经营水准。

行规不断完善。2006 年 2 月，上海人才中介行业协会针对猎头行业的价格之争和禁猎范围，通过《上海高级人才中介服务行约行规（试行办法）》明确规定，正在承担国家、省级重点工程、科研项目的技术和管理人员，由国家统一派出而又未满轮换年限的支援西部开发人员等五类人才不可“猎”，即著名的“五类人才禁猎规定”。同时，约定猎头行业内部不得采取对高级人才中介项目进行虚假宣传，捏造、散布虚假人才需求信息，损害、贬低业内其他企业的形象、商誉，向客户提供虚假材料，参与伪造档案和其他个人证明材料，向被猎者提供虚假的企业资料等不正当竞争或违规行为等。

行业联盟开始启动。2006 年《北京青年报》报道，泰来、科锐、赛思卓越、浩竹等 20 家知名度较高的猎头（顾问）公司，联合成立了“中国猎头联盟”，旨在打破一直以来猎头公司彼此之间“老死不相往来”的经营格局，实现异地合作、网络运营。2007 年 12 月，首届中华猎头联盟大会在北京举行。科锐、浩竹、泰来、厂长经理、泽恩、申才、展动力、斯科等 100 多家公司出席。大会确认联盟宗旨为“交流、协作、共进、发展”，即：建立联盟平台服务会员企业；通过宣传行业发展、规范行业运作规则、承办各类大型活动，借以提升会员品牌知名度；通过会员内部定期或不定期的相互学习、相互交流、相互合作，最终实现共同成长、共同提高、共同进步、共同发展等。

第四章　全球雇员危机

全球化的雇员危机，犹如一场不断蔓延的瘟疫，给世界各国政府造成的巨大心理恐慌，远远超出了危机本身。

第一节　共同危机

真正一流的政府和企业，既是高级人才施展才华、提升技能和知识输出的基地，又是高级人才甘心付出、乐于报效和无私奉献的场所，更是高级人才自我体现、自我价值实现和自我超越的支点。

人才流失

一、娜拉出走

挪威剧作家易卜生《玩偶之家》中的女主人公娜拉，为了摆脱被丈夫当作“玩偶”的命运，为了寻找独立的人格，毅然离家出走，去寻找生命的蓝天。娜拉的出走，被很多人视作妇女自我醒悟、自我解放的范例。

在猎头产业中，“娜拉”常用来形容那些选择流动的人才。人才流动恰如娜拉出走，背后皆有成因。

影响人才职业变动的基本因素包括：个人和家庭的职业满足度；行业的平均流动率；专业技术的通用率；职业变动的成本支出；预期职位的总收入与现有收入的比率及其他影响现有职业稳定的特殊因素等。

一般来说，在工资水平相对稳定的环境下，流动成本越低，流动的可能性越大。流动成本低的行业，主要集中在专业技术要求不高、技能通行度比较高的行业，如零售业、加工行业、保险业等；而在职业成本和流动成本相对稳定的情况下，新职位的预期年薪越高，流动的可能性越大。

没有绝对糟糕的危机，只有绝对糟糕的危机管理。《留住雇员心：21 世纪人才战略》的作者罗杰·E. 赫尔曼说过："那些不去了解为什么员工离去的公司，很可能出现人才的大量流失。我们要随时关注组织内和行业里出现的新动向。"固定资产的投资，并不能产生剩余价值；只有人力资本，才能真正生产出剩余价值或者利润。企业的危机，绝大多数来自于企业自身。不论是企业内部原因，还是外部原因引发的危机，最终都会涉及企业的人力资源，人力资源要么成为企业危机产生的原因，要么成为危机的关联因素。从人力资源的角度来说，人力资源领域的危机多表现为人才利用效率危机。

人才利用效率是人力资本最直接的表现形式之一，它是企业投资人力资本的投入产出比，与企业的效益成正比例关系。正常情况下，企业在支付完人力资本成本之后，通过一定的形式，能够让人力资本再次参与企业的利润分配。必要的前提之一，就是人力资本的投资收入必须高于其成本投入，否则直接影响企业再生产和再投资。通常可简单分成三种类型：人力资本收入大于人才成本相等时，企业经营正常，且有利润；人力资本收入与人才成本相等时，企业处于维持，基本持平；人力资本收入低于人才成本相等时，企业经营亏损，入不敷出。其中，当人力资本收入与人才成本相等时，企业态势处于维持状态，投资和成本基本持平。此时，企业进入盈亏临界点。这就是企业真正的危机。换言之，企业的人才随时将和娜拉一样，即使一无所有，也会选择离家出走。

二、高级人才流动

究竟是什么原因最终促使高级人才毫不犹豫、下定决心，放弃已有的职位、财富和荣誉，转而选择新的工作环境、生活环境和职业生涯呢？这样的冒险，究竟是对生活的反叛，还是对未来怀有更高的期盼？究竟是寻找人生的刺激，还是基于对职业安全感的追求？

根据马斯洛的"需要层次"和"自我实现"理论，高级人才应当是某些领域的成功人士，是正在和努力追求自我实现的特殊群体，对于他们来讲，稳定和安全的职业保障是重要的基础和支撑；而根据猎头的观念，他们必须通过更高级别、更高职位、更高报酬的市场价格，才能实现自我价值，提升个人的需求层次。这就是说，高级人才的职业变动，实际上成了"最不值得冒险的人，却选择了冒险；最不需要流动的人，却选择了流动"。这是高级人才流动领域的悖论之一。

依据猎头行业调查，结合高级人才流动的基本趋势，大致可以将高级人才出走的主要动机，归纳如下：直接针对现有利益的安全威胁；职业和生活满意度的下降；预期职位的诱惑；健康、技能、适应力的恶化；婚姻、家庭、子女等外部压力；种族、文化、情趣、环境等。有的学者认为，企业高级人才出走的六个最直接的理由是：非正常化的经营现状；增长放缓，开始丧失前进的动力；公司政治日益激化，人际关系趋于紧张；企业控制人和领导层的人员、政策异动；新兴竞争对手的出现和壮大；外部因素的干扰、入侵和阻止等。

以中国的国有企业为例，国有企业人才流失的原因是多方面的（沈荣华，2005，2008）。其中，既有国有企业自身的原因，又有员工个人的原因，还有外部环境的原因。可简单归纳如下：

首先，市场经济需要流动，人才流动不可避免地带来人才流失。中国经济体制改革的目标是建立社会主义市场经济体制，所有经济改革的举措都是围绕这一目标展开的。市场经济需要人才流动，而人才流动不可避免地会带来人才流失。经济体制转型的改革，逐渐深入、势在必行。因此，在现行经营管理体制下，人才流动和人才流失现象将会日益严重，积痈成疾。

其次，国企改革以稳定为主，进展缓慢，竞争力展现不可能在短期内实现。中国国有企业是计划经济的产物。在计划经济体制下，国有企业不能算是“企业”，它兼有生产、社会保障、社会福利和社会管理多种职能。在建立社会主义市场经济体制后，需要对国企进行卸负、松绑式的改革，最终达到把国有企业塑造为面向国内外市场的独立法人实体和市场竞争主体。然而，由于国有企业面广、量大、战线长，大量的管理、科技人员和劳动者安置在其内部，如果改革力度较大就会引发不安定因素。因此，国企改革只能选择渐进式的改革，这就使体制和机制原本落后的国有企业进步缓慢、活力难现，一直缺乏竞争力，使得人才不断流失的局面难以扭转。

最后，国有企业的优势发挥不出来。国有企业本来具有与其性质和地位相应的优势，比如管理优势、技术优势、资金优势、市场优势等。改革开放后，有息贷款取代了财政拨款，贸易保护取消，而国有企业的非生产性支出占企业成本比例过高，这一切都导致了资金紧张。资金紧张，技术开发的投入就得不到保障，技术开发环节薄弱，产品市场竞争力就不强。再加上国有企业人员过多，工资标准和增长率也无法具有市场竞争力。因此，国有企业的优势并没能发挥出来，人才流失在所难免。

三、共同危机

进入 21 世纪以来，全世界有了一个共同的话题：高级人才的紧缺危机。

在某种程度上，它比失业更令世界各国政府头痛不已。

世界性的人才匮乏现象，原因很多。首先，世纪之交和千年转换时期，恰逢人才的世界性“低谷区”，供应量不足。其次，世界各国高科技发展迅猛、高级人才青黄不接，造成智力的横向转移，且在新学科、新技术的孕育期，一时难以搜寻合适的人才群体。再次，世界范围内出现了久治不愈的“教育危机”，导致高水平的科技人才培养的质量和数量都受到严重影响。最后，经济社会的周期性波动，制导了国际人才的合理流向与流量。而人才的“马太效应”更是表明，凡是人才聚集成堆的地方，对人才就越有吸引力；凡是稀有的杰出人才，也会越来越少见。

研究表明，2000 年的美国 80% 的工作岗位人员，本质上是脑力劳动者。1995—2010 年期间，每年缺少 9 600 名博士水平的科学家。仅 2000 年，经济生产和科研部门需要增加 25% 的工程师、76% 以上的生物学家和 50% 的电脑专家。到 2006 年，这个数字已经上升到缺少 67. 5 万科学家和工程师，且今后每年的电脑专家缺口都在 9. 5 万以上，而国内培养的人才，只能满足这种需求趋势的 30% 左右。2008 年，世界著名信息产业人才集中地——硅谷，也发生了人才危机，人才短缺比例高达 10% 。

2000 年，欧盟国家的失业率高达 10% 。专业人才却严重供不应求。仅仅西欧地区的信息技术人才，缺员高达 123 万。其中，德国的计算机和电信部门有 7. 5 万岗位空缺；法国信息产业领域缺少 1 万名工程师；英国对高级专门人才的需求达 24 万人，而其国内每年只能培养 1. 6 万人。而在日本，2000 年就缺少 200 万甚至更多的科技人才，信息工程方面的熟练技术人员缺口更是高达 20 万人。

四、两个世界第一

当今的中国拥有人才流失最为严重、人才需求缺口最为巨大的“两个世界第一”。

高级人才绝对数量十分庞大。2005 年，中国具有大学程度（指大专及以上）的人口为 6 764 万人（远远超过法国 2005 年底的总人口 6 290 万人）；专业技术人员和科技人员总量规模为 3 877 万人，相当于英国总人口的 65% 。

中国的人才形势，特别是高级人才的国际地位和形势，极其严峻、不容乐观。全球性的新型人才危机已经拉响警报，中国正处于这场危机的核心地带。研究表明，中国 1980—1995 年的 GDP 年均增长率为 10. 3% ，同期就业增长率为 6. 18% ，就业弹性系数平均为 0. 6；1995—2005 年的 GDP 年均增长率为 9. 1% ，同期就业增长率为 2. 55% ，就业弹性系数下降为 0. 28。经济高增长与失业高增长几乎同步，导致劳动力供求矛盾十分突出。

首先，高级人才比重比较低。1998 年底，专业技术人员总数为 3 877 万人，仅占从业人口的 5.5%，相当于发达国家的 25% ~30%。具有大学本科及以上学历的仅占专业技术人员总数的 17.5%，中专以下的人员占 50% 以上，高级人才仅占 5.5%。

其次，高级人才缺口很大。人才专家指出，在 21 世纪的前 20 年，高级科研人才将出现退休高峰，42% 的正副教授和 50% 的研究员、高级工程师和农艺师退休，退休人数接近 15 万，形成了巨大的高级人才缺口。《中国人才报告》指出，2010 年中国专业技术人才供应总量为 4 000 万人，而需求总量为 6 000万人。其中，第二产业人才缺口数字最大，将达到 1 220 万人。作为服务业的第三产业将是扩大就业岗位最多的部门，其中一些高端涉外人才需求很大，如涉外会计、涉外律师、涉外金融服务、同声传译、精算、数字媒体、物流、心理咨询等，人才缺口超过 320 万人。

再次，人才外流情形严重。1978—2002 年，中国共有 58 万多人出国留学，仅 15 万人回国工作；到 2006 年，移居美国的、本科以上的各类专业人才已达 45 万多人。其中，清华大学、北京大学的本科毕业生出国人数高达 15% 以上。《人才战争》指出，1996—2008 年，中国累计出国人数达到了 139 万人，累计回国人数仅有 39 万人，回国率仅为 28%。国际研究表明，发展中国家在经济起飞阶段，有 2/3 留学生归国效劳，1/3 留学生滞留国外，回归与滞留人数比为 2∶1 是正常的；而中国却呈现1∶3 的倒比。“最好的人才都留在国内”的国家是美国和新加坡，而印度和中国则处于最后两名。

最后，公务员也开始大量流失。《中央国家行政机关公务员流失问题不容忽视》的调研报告说，公务员的辞职比例逐年上升。1996—2003 年，共有 32 549万人辞职。1998—2002 年，公务员辞职比例分别是 0.5%、0.6%、0.8%、1.1%、1.1%，辞职人数的比例逐年上升。其中，中央部委共流失本科学历以上公务员 1 039 人，占同等学历公务员总数的 8.8%。对外经济贸易部1999—2001年的 3 年中，有 123 名青年公务员流失，占同期录用大学毕业生总数的 72.8%。仅在 2001 年流失的 59 人中，处级公务员就有 19 人。公务员辞职后，主要流向三资企业、国有企业、事业单位或出国出境等。广东、上海、北京、江苏、浙江等经济发达地区，更成为公务员辞职的重灾区。

拯救政府

政府已经成为人才流失的重灾区，世界各国政府的现行雇员体制更是受到强风暴雨般的冲击。一场场旨在拯救政府部门（企业）的行动随之而来、迫在眉睫。

一、法国

欧盟国家公务员招聘制度普遍遵循公开、公正、平等、竞争和按成绩选任等五项原则。法国的高级公务员招聘和培训机构是一体化的，国家行政学院拥有招聘和培训所有高级公务员的法定垄断权。学院考试委员会依法拥有对考生录取和毕业生评估的全部权限，任何人、任何机构均无权干涉。这种生源、甄选和评价机构的单一性经常受到广泛批评。

法国政府尝试采取措施改变这种状况，如开办进入国家行政学院的“内部竞考”和“第三类竞考”。其中，重要的举措之一，就是引进猎头公司进行招募。政府指导下的猎头协会对猎头公司进行分级，凡是加入国际猎头协会的猎头公司才有资格接受政府订单，为政府招募高级人才。而猎头公司的推荐人选，必须经过国家行政学院专门组织的考试，才能取得入学资格。他们一旦被录取，就拥有了高级公务员资格。但是，他们正式入学后，还要经过一个长期的工作性实习和近 20 门的课程考试，才能顺利毕业，奔赴工作岗位。实践证明，尽管这种做法收效并不明显，却为政府急需、较为特殊的高级人才提供了加入公务员系统的新渠道和新途径。

二、日本

早在明治时期，日本就确立了基于公开竞争考试的资格任用制，即封闭性的考任制。凡是高中毕业（Ⅲ类）、大学毕业（Ⅱ类），且通过公务员考试的，均可成为为普通公务员。大学以上（不含大学）学历（Ⅰ类），通过各职种共通的“教养考试”和按职种不同的“专门考试”后，就可以成为干部候补生、高级公务员。高级公务员由官方的人事部门主管。

日本高级公务员制度极其独特。这种制度有力地打击了传统的世袭官僚体制，废除了名校毕业生直接进入公务员系统的历史惯例，公正、透明地选拔政府高级雇员，具有相当的时代进步和改革意图。但是，稀奇古怪的选拔考试内容屡屡受到指责和批评。日本政府清楚地认识到这一点，并做了积极的改进工作。2007 年 6 月 30 日，重新修订《国家公务员法》时，新增加了这样的内容：“职员采用以后的任用、薪俸以及其他人事管理，与该职员的被采用年次及采用考试的种类无关，应该以人事评价作为基准。”

2000 年以来，日本政府越来越重视猎头公司的作用。在政府支持下，猎头公司随时服务政府的各种需求，积极搜寻政府所需要的科学家、科研人员、高级工程技术人员等高级人才，特别是海外人才招募。政府则以聘用、租赁的方式，给这些特殊的高级人才提供高级公务员待遇。

三、澳大利亚

澳大利亚第26任联邦总理、工党领袖陆克文，说得一口流利的中文，外表温文尔雅，却被形容为“来自地狱的老板”。《每日电讯报》调查发现，自从陆克文2007年上台不久，总理办公室的39名幕僚当中已有23人辞职，这些人的政治经验加起来超过120年。

仅2009年上半年，就有4名高级幕僚宣布离任，包括当了25年国会议员的莱克、政策主管菲利普、教育顾问利耶及卫生顾问格洛弗等。媒体称，陆克文是一个不折不扣的工作狂，有着“克文24/7”的绰号，意思是指他一星期7天都做满24小时的工作。政府工作报告显示，2008—2009年财政年度，内阁及其委员会开会235次，几乎每个工作日开会一次，数字是前总理霍华德时代的3倍。

2009年7月，陆克文政府宣布委托猎头公司在全球范围内搜寻政府高官，职位包括总理办公室、内阁、财政部、金融部等多个部门，近20个高级政府雇员职位。陆克文政府认为，由于政府员工辞职或另谋高就，工党政府出现“人才饥渴”现象；在经济危机的打击下，优秀人才的供应量开始增加，招募成本较先前水平更低一些；同时，政府在公共卫生计划、宽带计划和国际贸易计划的压力下，也必须寻找合适人选。

澳大利亚政府同时发表声明，宣布这次政府招募计划将重点针对海外高级人才。同时，他们已经向一些国际猎头公司发出了邀请。不言而喻，“来自地狱的老板”迫于高级人才空缺的巨大压力，也向猎头公司抛出了橄榄枝。总理和内阁部门负责人也表示，澳大利亚政府迫切需要一批特殊公务员，以适应经济持续增长和对抗经济危机的困扰。有趣的是，工党政府甚至提前公开了这些猎头职位的年薪消息，即不低于23万澳元。

四、印度

人才外流严重影响了印度的经济发展。据联合国贸易与发展会议的研究表明：一名印度医生流往美国，印度要损失33万卢比，而美国将获利500多万卢比；一名印度科学家前往美国，印度要损失17.2万卢比，而美国则获利180多万卢比。

为了应对人才流失危机，积极吸引留学人员回国，引进更多的外籍高层次人才，印度政府和大型企业集团同心协力，紧密合作，其策略之老到、手法之强悍、效果之好、成效之高，都是发展中国家的借鉴蓝本和学习榜样。

（一）加速人才储备步伐

印度的基础教育并不很发达，高等教育却受到相当的重视。早在20世纪50年代，尼赫鲁政府就按照美国麻省理工学院的模式，在全国建成6所理工学院。2006年，印度采取各种措施加快信息人才的培养，将43所地区性工程学院升格为理工学院，并加大对在国际上享有盛誉的印度理工学院的投入。而今，正是这些学院的毕业生支撑起了印度的信息产业。

2000年以来，全印度2 540多所中学都开设了计算机课程，400多所大专院校开设了计算机及电脑软件专业。2005年，软件及服务业的出口总额高达95亿美元。面对国际市场的对印度信息技术人才需求的急剧增长，技术信息部还制订一项名为“知识行动”的信息人才培养计划，以满足海内外对高级人才的需求。

（二）兴建高科技园区

20世纪60年代起，为了支持鼓励软件业的出口创汇，培养潜在的科技人才，政府投资创建了管理高级人才数据的“科技人才库”，负责接纳愿意回国创业或工作的印度人。同时，“科技人才库”专门设有海外专家人才数据库，尤其重视那些能为攻关项目和重点项目解决难题的人才。如果政府需要，猎头公司将闻风而动，想方设法找到所需要的高级人才，并许诺回国后比较高的政治、经济和工作待遇等优惠政策，千方百计动员、说服他们回国服务。

20世纪80年代开始，政府对软件产业实行了一系列政策优惠，创造了良好的投资环境，为海外留学或者工作人员回国开办企业或者从事开发大开“绿灯”。这些海外归国软件人才具备了从事软件开发与服务的良好技能，积累了丰富的经验，也拥有一定的资金，特别是与海外同行有着十分密切的联系，每个人都形成了一张巨大的海外“关系网”，对促进软件出口起到了重要作用。

1986年，电子部发起了“软件技术园区”计划。1991年，为吸引外国企业投资，在班加罗尔成立了、被称为印度的“硅谷”的第一个软件技术园区，到2005年，全国已建立了17个软件技术园区。注册公司由1992年3月的142家，上升到2006年初的5 552家。印度政府在新加坡投资建立的信息技术区，可容纳近900家工厂；浦那、海得拉巴德等地的8个软件技术园区也先后建成。在高科技工业园区的各种外国软件公司已达100多家。微软公司在海得拉巴德建立了仅次于其设在以色列的第二大研究开发基地。2007年初，大约80家总部设在英国的公司，与印度本土公司结成了软件战略联盟。

在广泛兴建科技园区的同时，政府通过创立风险基金、提供优惠税收政策等手段支持企业发展。在一系列优惠政策的吸引下，国际上几乎所有的知名软件公司都进入了印度，并建立了许多开发中心。仅仅在2008年，印度软件业吸引外资达30亿美元。

(三) 积极吸引人才回流

印度政府的海外人才观念，已经提升到了一个全新的高度。先前，政府实行高级人才来去自由政策，后来转化成积极支持人才回流，进而形成了“海外智慧银行”理念。前总理拉·甘地曾经一针见血地指出：“即使一个科学家、工程师或医生，在50岁或60岁时回到印度，我们也没有失去他们。我们将因为他们在国外获得经理职位或成为富翁而高兴。我们不要大惊小怪，不要把这看成是人才外流，而应当把它看成是智慧银行，正在积聚利息，等着我们去提取。”甘地认为，印度在欧美发达国家存储着大批的中高级软件人才，这恰恰是印度最为宝贵的海外财富。当软件人才从欧美归来时，他们不仅带回了资金和技术，也为印度民族提高了知名度，更带回了国际视野和科技创新精神。

2006年起，印度政府更加明智而务实地提出了“欢迎携金回国”战略，旨在“挖人”和“吸金”两不误。为此，政府为携带巨额资金的印侨提供了优厚的投资环境和配套措施。2007年，在政府和猎头公司的共同努力下，曾在美国创立 hotmail. com 的沙比勒·巴提亚“携金”回国创业，在哈里亚纳邦投资20亿美元建立新“硅谷”。而美国“钢铁大王”拉克西米·米塔尔，随后也在奥里萨邦投资90亿美元，建造了一个新钢厂。仅2000—2005年，回到印度的外国企业中层管理级以上的印侨，就达32 000多名。2003—2007年，从美国回到印度的信息产业人才已经超过6万人。

印度的人才回流，甚至引起了美国学者们的担心。2007年的《金融快报》曾经指出：“这些印度公司每年在美国的营业额达520亿美元，保障了45万个工作机会。大批印度信息人才回流，可能影响全球科技中心——硅谷，乃至整个美国今后的竞争力。”猎头公司 Trans Search 统计表明，以企业的首席执行官身份回国的，超过20名/年。2007年，50多名印侨以首席执行官的身份回到自己的祖国。当地报纸评论说，他们不再是“永远不会回来的印度人”了。

(四) 本土猎头主动出击

丰富的国内人才资源，大规模的高级人才流动，海外跨国公司和本土公司之间爆发的人才争夺，都为印度猎头公司的发展提供了必要的生存环境、广阔的运作舞台和宽松的发展空间。如专营人才猎头业务的马富管理咨询公司，2008年已拥有10 000多名员工，以“探访卡”的方式建起了当地IT科技人才数据库，不仅限于已投身IT业的专业人才，还包括大量未走出校门的潜在高级人才。

印度企业快速扩张，企业招募更加全球化，海外猎头的愿望也异常强烈。2004 年，Infosys 全球咨询部从包括麦肯锡、埃森哲、Capgemini Group 等多家知名公司招聘了 70 多位管理人士。2005 年年初，印度 Patni 公司通过美国的猎头公司从电子资讯系统挖走了业务咨询师比尔·布德（Bil Budde），旨在同电子资讯系统以及其他向全球保险业提供软件及服务的企业直接抗衡；此后又将摩托罗拉的托尼·维奥拉（Tony Viola）招致麾下，委以全球营销总管一职。2005 年 3 月，印度企业从电子资讯系统、麦肯锡公司、埃森哲和安永会计师事务所等知名企业挖走了 10 多名高级管理人员。2005 年 12 月，印度第二大企业集团塔塔集团（Tata Group）委托猎头公司，成功地将澳大利亚电信的格雷格·杨（Gre Young）挖来，任命他为电信公司的首席技术长。招聘公司 Amrop International 数据显示，在 2005—2008 年的 3 年中，在印度任职的外国经理人比例从 5% 上升到 15%。

据印度猎头公司 2008 年底的统计，大约有 1 000 名左右的外国人占据着各行业的高端职位，而 2005 年只有 143 人。2009 年底，这个数字已经翻了一番。外籍人士和印度本地经理人的薪酬差别迅速缩小，甚至出现逆转现象。猎头公司高管 Boyden 认为，过去雇佣印度裔首席执行官的成本只有外国人的 1/3 甚至 1/4，现在两者基本没什么差别。猎头公司 Morgan Howard Worldwide 表示，印度公司经常能够开出 6 位数甚至 7 位数的待遇，还会提供股票类报酬，工作合同期限一般为 3 ~ 5 年。根据光辉国际的统计，印度跨国公司的部门主管级高级经营管理人员的年薪大约在 40 ~ 50 万美元，甚至超过 75 万美元。

第二节　对策创新

进入 21 世纪，欧美发达国家政府广泛推行人力资本管理体制。这是很多还处于人力资源管理，乃至传统人事管理体制中的发展中国家所望尘莫及的。

首席人力资本官

2002 年，美国率先在世界各国政府中，实行首席人力资本官制度，开创了政府人力资本管理领域的又一先河。

一、设置背景

联邦政府始终重视政府雇员的招募、培训和考核，不断采取新措施提升雇员素质，协同政府各部门共同配合，以期提升政府绩效，调试并确定政府雇员人力资本整体解决方案。公务员制度始终坚持“凡进必考，凡晋必考”原则。职业高级公务员的选拔任用，贯彻功绩制原则，实行公开竞争。选拔程序和方法由各地各部门根据各自的实际情况而定。在各种考试中，笔试多适用于人员的入门考试，同时采用人机对话、测谎仪、案例分析、联合面试、假设模拟等多种途径，尽量减少人为因素的干扰和操纵。一些特殊的考试规定，是非常苛刻而漫长的。如纽约州及郡的高级公务员选拔，须连续进行长达6个小时的书面考试，主要测试管理技能，考试题型以案例分析为主。

建国后，联邦政府各级部门均设有人事管理部门，负责政府雇员的选拔、培训、考核和辞退等事务。20世纪60年代，人力资源学科和人力资本理论兴起，风靡一时、深入人心。人力资本、自然实物资本和制度资本，一并成为刺激和促进经济增长的资本积累政策核心三要素。美国政府专门设置了新形势下的人事管理部门或职位，如HR办公室、人力资源官等。许多学术组织、高等院校和科研机构，也与政府默契合作，致力于人员老龄化、专业招募、精简整编等领域的改革和探索。种类繁多的猎头公司活跃其中，通过商业化、专业化和程序化的服务，推进政府雇员的结构优化和效能提升。

2001年“9·11”恐怖袭击发生后，美国政府将本土反恐列为国家的头等大事，积极制定反恐政策并推行相应措施，以防止大规模恐怖活动再度发生，确保本土和势力范围的实质安全。为此，国会和培训与发展协会就新形势下的劳动力发展与管理工作充分调研，紧密合作，致力于寻找政府机构人力资本解决方案。不久，培训与发展协会提出建议，在所有的联邦政府机构内部，设置一个负责战略性人力资本管理的领导职位——首席人力资本官（Chief Human Capital Official，CHCO），以此强化和提升政府雇员能力。

2002年，国会通过《国土安全法》。根据法案，包括海岸警卫队、移民和归化局及海关总署在内的22个联邦机构，合并组建成国土安全部，负责协调和指挥反恐怖工作。在这场自1947年以来最大规模的政府改组过程中，人力资本解决方案随之而生。《国土安全法》以专门条款的级别，对联邦政府首席人力资本官的设置、职责和运行等予以表述。法案要求各联邦政府机构均须设立首席人力资本官职位，统一协调人力资本管理工作；各级职能部门每年都要向人事管理署和国会提交人力资本计划以及人力资本审计报告，汇报人力资本管理措施及其考核年度内的最终执行情况。

根据国会法案，联邦政府至少在24个部门随即设置了首席人力资本官的领导职务，如农业部、商务部、国防部、国际开发署、环境保护署、人事管理办公室等。联邦政府首席人力资本官制度得以始建，此举开创了世界各国政府机构内部实施人力资本管理的先河。

首席人力资本官偏爱猎头方式。如2002年，洛杉矶的伯班克市政府就委托猎头公司，招募7名从业经验五年以上、年薪10万美元的高级市政工程专家，进入政府雇员行列。越来越多的政府部门和首席人力资本官，倾向于直接授权或委托猎头公司网罗高级人才。值得注意的是，猎头公司推荐的候选人，仍然必须通过政府部门专门组织的各种考核和测试，与普通公务员招录程度相比，在削减部分通行技能考试难度的同时，增强了针对性和倾向性。

更为新鲜的是，猎头顾问还以总统人事助理的合法身份，堂而皇之地走进了白宫。据2005年1月的《南方都市报》报道，作为小布什总统的“猎头”顾问，31岁的迪娜·鲍威尔是不可忽视的幕后人物。这个年轻漂亮的美籍埃及人，已经为白宫招募了数百名政治新人，其中包括政府高级官员和内阁成员。2004年11月，小布什总统提名美国食品巨头家乐氏公司的总裁兼首席执行官卡罗斯·古铁雷斯出任商务部长，就是迪娜的杰作之一。政府人才委员会主席兼首席执行官帕特里西亚·麦克金尼斯评论说：“她（迪娜）举荐人才的工作带有明显的商业动作特点，采用了最优秀的人才经纪（猎头）公司所采用的方法。”

二、职能分析

20世纪中叶，美国企业型首席人力资本官管理模式广泛推行，逐渐成熟、日臻完善。企业首席人力资本官对领导层或决策层负责，基本的工作职责包括：制定企业人力资本战略，架构人力资本组织；保持和维护企业管理的连续性和质量；争夺并且保留优秀员工；提升和调配企业内部的人力资本；创造刺激和培养高素质雇员的企业文化；促进企业文化分享和持续学习的动力；提供核心雇员高绩效工作的企业环境等。

联邦政府别出心裁、不拘一格，以企业型人力资本官为蓝本，结合政府部门的特殊性、辐射力和应变性，不断加以改进和扩充，形成了政府型首席人力资本官的基本职责，大致如下：

（1）构建本机构人力资本发展战略。

（2）评估员工的性格及未来需求。

（3）建立以组织使命、战略目标、绩效为核心的人力资本政策。

（4）发展和推动终身学习的文化氛围，吸引和留住优秀人才。

（5）辨识人力资本实践，开展基础研究。

（6）有效测量和评估人力资本成本。

相比之下，政府首席人力资本官被赋予了更多的权利和角色。如2003年5月，罗纳德·詹姆斯被小布什总统任命为国土安全部门首席人力资本官时，旋即明确了他的职责，主要有以下6个方面：国土安全部门主要领导职位和权限设置；制定国土安全部人力资源政策；实施战略人力资本管理；基础性人力资本状况调查与测试分析；政府额定雇员的招募和整合；雇员薪酬管理、绩效管理、劳资关系及雇员解聘等。

政府首席人力资本官的设置，受到美国舆论的密切关注。培训与发展协会主席、首席执行官蒂娜·桑指出，首席人力资本官将帮助政府机构实现人才资本最大化，不断改善绩效的最终目标。参议员乔治·V. 沃伊诺维奇高度评价说，设置首席人力资本官，是美国政府应对人力资本挑战方面所采取的重要措施之一。

三、制度评估

美国政府实行首席人力资本官，是长期实施文官制度的有机延续，也是应对人才危机的必然举措，具有鲜明的历史沿革和时代特征。

（一）改进文官制度的结果

1883年，国会通过《调整和改革美国文官制度的法律》，又称《彭德尔顿法》，标志着公务员制度的建立。美国政府不断致力于公务员制度的改进和完善，如1923年的《职位分类法》、1950年的《绩效评估法》、1958年的《政府雇员培训法》、1962年的《工资改革法》、1978年的《公务员改革法》、1990年的《联邦政府员工薪资价值可比性法》等。

20世纪90年代，政府大规模精简公务员时，采取裁减现有雇员和冻结招募计划的双重做法，使得政府公务员数量持续骤降。1990—1999年，非邮政类公务员人数缩减21%，减至约190万人；新雇员的年招募人数缩减32%，减至约7万人/年。

2004年，国会对《政府绩效与结果法》十年间的实施情况进行综合评估，认为该法案为以结果为导向的政府机构建设提供了坚实基础，基本实现了预期效果。同时，也暴露了很多弊端，如：各机构间的协同和执行承诺不够；绩效考核拘泥于预算角度；长期战略缺乏持续监督；绩效与报酬系统脱钩；政府项目结果的外部影响因素辨识困难等。因此，新形势下的文官管理，特别是政府绩效管理，迫切需要寻找新的突破方向和直接切入口。

（二）人力资本理论的发展使然

20世纪60年代，经济学家舒尔茨和贝克尔首先创立了比较完整的人力资本理论。他们认为：在经济增长中，人力资本的作用大于物质资本的作用；人力资本的核心是提高人口质量，教育投资是人力投资的主要部分。新理论很快被欧美发达国家重视，并迅速物化为生产力。作为“活资本”的人力资本，具备有效配置资源、调整企业发展战略等市场应变能力。因此，对人力资本进行投资，在GDP的增长要素中具有更高的贡献率。这种观念和理论迅速受到了美国政府的特别关注。

在联邦政府内部确立首席人力资本官制度，是政府汲取企业实践经验，转化为自身体制内涵的明证。不仅如此，联邦政府人事管理署、管理和预算署以及国会下辖的审计署共同制定了《人力资本评价与审计框架》，明确制定了评估指标以及评估标准，对各联邦政府机构的人力资本管理水平进行比较，帮助联邦政府各机构不断提高自己的人力资本管理水平。政府从战略一致性、领导力与知识管理、结果导向的绩效文化、人才管理、责任等5个维度出发，配合绩效原则、组织原则以及员工需求等，不断细化和完善评估指标和体系。

人力资本理论的发展，始于基础性的实证分析，首先被企业界所接收并推行，最终以美国上层建筑的认同和接纳，完成了理论的形成、推行和上升周期。在这个意义上，它不仅为猎头行业，也为联邦政府首席人力资官制度提供了必要的理论基础和实践支撑。

（三）应对国土安全的战略部署

20世纪初，美国人力资本领域面临许多挑战，如经济繁荣的消退、科学技术水平高速发展、“爆炸的一代”即将大规模退休等。公共服务委员会曾经在一份报告中，明确指出了联邦政府在7个关键领域面临挑战：公众对政府不满和不信任；组织混乱；管理模式单一；人才缺失严重；人事管理制度与市场现实脱离严重；人事管理制度不重视绩效；劳资冲突等。

“9·11”事件后，联邦政府在反思政府的使命、责任和目标过程中，敏锐地发现了内部效能和协同配合的机制缺陷，特别在应对突发性的群体事件的意识和能力等方面，存在不同程度上的薄弱和欠缺。如许多政府雇员缺乏必要的、经常性的培训；严重缺乏应对突发事件的处置能力，甚至连应急处理所必需的外语水平，也不能满足正常公务的基本需求。这些问题的广泛存在，大大降低了政府的行政效率。长期存在的政府雇员老龄化趋势、优秀人才外流、新晋补充不足等体制性症结，重新引起社会各界的不满和指责。

大规模的部门重组，也使得政府部门面临重新构建人力资源体制的设计和运作压力，不得不建立强势的政府机构和高效率的运行机制，以适应国土安全要务的政治要求和国家防御战略部署的更新。

（四）维护人才霸权的应急方略

美国是传统的移民国家，移民为其立国之本。19世纪末，美国超越英国成为世界头号经济强国后，采取经济领跑和势力遏制双重国策，意图维护经济霸权地位。“二战”末期到冷战期间，通过俘虏、移民、吸引留学等多种手段，大量攫取轴心国及其仆从国的科技精英和工程技术人员，巩固全球化霸权地位。

进入21世纪后，人才霸权思想在美国开始流行。联邦政府充分利用全球化的国际人才市场，争取、掠夺和吸纳全球范围的科技精英、学术专家和潜在人才，不断充实、更新和提高国内人力资源结构配置，期以保持一定比例的中高级人才存量，不断提升人才使用效能，获得了垄断性的科技霸权，特别是在航空航天、信息、通信和生物工程等高科技领域，始终牢牢占据有利地位。

欧洲“蓝卡”计划

在全球性的人才危机面前，高级人才的国际争夺出现了新的态势：从“远距离”竞争变为“零距离”竞争，从“个案处理”变为“批量进行”，从吸引人才来本国效力变为到国外就地利用当地人才，从争夺科技人才扩展到所有人才，呈现出由发展中国家向发达国家单向流动的特点。联合国《人类发展报告》指出：“交流的地理障碍已不复存在。可是，一个新的障碍又出现了——并且，这是一个无形的障碍。它名副其实地，就像一张覆盖全球的大网，张开双臂欢迎扑上这个网的人，却又悄悄地，几乎难以察觉地，排斥着其他的人。”这种障碍就是世界各国之间的综合国力差距。

发展中国家为促进经济发展，适应国际竞争形势，开始增加智力投入，培养自己诸领域的尖端人才。但是，发达国家为了满足本国对高技术人才的需要，遵循低成本、高收益的经济学原则，以极端利己主义的根本理念，凭借雄厚的国家财力、财团资本和优越的科研条件，诱使发展中国家的人才资源向发达国家流动，导致发展中国家人才的严重流失。跨国公司以优厚的工资待遇、住房、出国旅游和培训为诱饵，吸引发展中国家的人才在国内“出国”，成为外国公司的本土雇员。

2008年11月20日，在布鲁塞尔特拉斯堡召开的欧洲议会全会通过决议，启动了旨在吸引欧盟以外的高技术人才的“蓝卡”计划。

决议对“蓝卡”计划的实施作出了一系列明确的规定。例如，“蓝卡”的申请者必须拥有欧盟成员国所认可的大学文凭或至少五年的工作经验；申请人必须在欧盟成员国境内找到固定工作，且其薪金必须至少是该国同等职种的平均薪酬1.7倍等。根据这项计划，各成员国将向外来移民统一发放工作签证，即所谓的“蓝卡”，有效期最高为4年。持有“蓝卡”的外来移民，将获得在欧盟工作和居住的许可。他们在工作期间所享受的福利待遇与欧盟居民相当，家人也可以前往欧洲生活。

“蓝卡”计划是在借鉴美国的“绿卡”制度基础上推出的，它实际是一种工作和居留许可证。欧盟27个成员国都有权根据本国情况决定“蓝卡”的发放数量及允许工作的领域，但是，发放条件必须遵循欧盟统一制定的标准。“蓝卡”计划对技术移民给予了许多优惠条件，如可以优先获得家庭团聚签证；在工作满三年之后，可选择到另外一个欧盟国家工作；即使返回原籍地，以后也可以自由进入欧盟国家工作等。

欧洲议会的决议还要求相关机构须对“蓝卡”计划作进一步完善，使它在缓解欧盟就业压力的同时，既不会造成其他国家的“人才流失”，也不会使“蓝卡”持有人享受到比欧盟成员国公民“更高的待遇”。

欧盟“蓝卡”计划在限制非法移民、控制普通移民的同时，吸引和鼓励高智商和高知识结构的人才到欧盟就业，努力改变就业人员的知识结构，为经济社会发展做长远打算。“蓝卡”计划在未来20年内吸引至少2 000万来自亚洲、非洲和拉丁美洲的技术人才到欧盟国家就业。

观察家认为，对于“蓝卡”计划能否达成预期目标，还需要持怀疑态度。欧盟对“蓝卡”的发放和使用，仍然设置了诸多限制。例如“蓝卡”的申请者必须拥有学士学位或至少五年的工作经验，而“蓝卡”持有者若想到其他欧盟国家工作，则必须重新提出申请，这无疑降低了“蓝卡”的实用性。

第五章　政府猎头

风起云涌、愈演愈烈的政府猎头，表面上是对国际化高级人才的争夺与搏杀，实质上是国与国之间综合实力的竞争和较量。

第一节　发展历程

现代意义上的政府猎头，起源于第二次世界大战末期。事实上，以政府为主导的人才网罗政策和措施，早在美国建国初期就已经拉开了序幕。

美国崛起：人才收割机

200 多年来，美国的国家人才战略与时俱进、勇于创新，不但推进了资本化、市场化和国际化进程，而且强劲支撑了美国的迅速崛起、快速发展和持续繁荣。

一、法律刺激创新

建国伊始，美国政府一直鼓励普通群众，特别是技术工人，不断地创新、创造。《独立宣言》十分重视保护个人的私有权利和私有财产，由此形成并奠定了知识产权体系的基础。在科技创新方面，美国政府是从模仿英国、西班牙、瑞典等“海盗国家”开始的。一方面，向那些自愿到海外开拓创业的人，提供必要的资金和实物资助，冒险人、投机商在维护本国利益的前提下，政府许诺成功之后的高额奖励资金；另一方面，政府要求所有或新成立的大中型企业，必须在保留成本的前提下、从利润中预留一定比例的研究开发基金，用于开发新产品、新技术，违者重罚。

美国政府对于科技方面的创新奖励，已经形成了完整的制度，并大力推行。1789年的宪法，明确规定政府要“通过保障作者和发明者对他们的作品和发现在一定时间内的专有的权利，来促进科学和有用艺术的进步”。1862年的《莫雷尔法案》推动了教育民主化和大众化，使农业和工程技术进入了大学的研究范畴，拓宽了大学的课程设置，使高等教育注重学术专业化。1887年的《哈奇法案》和1914年的《史密斯—利弗法案》，建立了农业推广服务体系，宗旨是促进农业科研成果迅速转化为生产力。1950年的《国家自然科学基金会法》促进了各科学领域基础研究的发展。1980年的《史蒂文森—韦德勒法案》，则建立了技术创新和技术转移相关的制度，放宽了反托拉斯法的限制，允许企业间进行联合研发，推动了各科研机构间和企业间及相互间在技术转让、人员交流等方面的合作。1980年通过的《拜—杜法案》，允许政府投资所获得的专利归于完成单位，并要求必须申请专利、加速专利的实施。《联邦技术转移法》、《技术转让商业化法》、《美国发明人保护法》等法案，更是进一步激励和保护发明创新者，调动一切社会力量参与国家和国防建设。推动政府和企业的持续不断、永不枯竭的创新力，俨然成为历届政府首脑的核心使命。2004年2月，小布什政府发布了13329号《鼓励制造业的创新》总统令，要求各联邦政府部门和机构切实帮助企业实施创新。

法律对于创新人才的保护和鼓励，无疑激发了人才内在的创新本能。何况，在这个移民国家里面，创新者的怪异、偏激和离奇，已经被民族差异、种族差异和肤色差异淡化、同化了。从富尔顿的“怪物”（蒸汽机轮船）、爱迪生的“天灯”（电灯）、难喝的“魔鬼水”（可口可乐）到摩根公司包销的美国政府债券、试验史无前例的“蘑菇云”（原子弹）、福特汽车、比尔·盖茨的微软帝国…… 任何人、任何团体、任何企业，只要能够说服政府，或者让政府知道任何一种创新产品的前景，即使是一个异想天开的想法，都可以申请到一笔数目不小的奖金。这还不包括大大小小的基金会、基金组织、研发投资公司的奖励。在某种程度上，美国人对于科学发明、发现的宽容精神和对于失败者的包容态度，都是这种鼓励机制下的必然产物。

二、“自由女神”召唤

人才是美国的核心资产，吸纳和包容所有愿意为美国效力的外国人才，是美国长期居世界前列的重要原因之一。美国的科技、文化乃至政治的发展，任何一项都离不开移民的力量。

耸立在美国纽约罗得岛上的“自由女神”像，刻有如下的碑文：“送给我，你那些疲乏的和贫困的、挤在一起渴望自由呼吸的大众，你那熙熙攘攘的岸上被遗弃的可怜人群，你那无家可归饱经风波的人们，一齐送给我，我站在金门口，高举自由的灯火！”据说许多历经磨难、如愿到达美国的移民，看见这段令人鼓舞的文字后，都会默默伫立、百感交集。

美国是世界上最著名，也是最大的移民国家。如果没有移民，北美洲的大陆上仍然是一片美丽而丰饶的牧场，更是土著居民的幸福家园。1620 年 11 月，一条名为“五月花”的人货混装船，带着各种各样身份的人，带着各种各样肤色的人，带着各种各样目的的人，停在哈得逊河的岸边。走出船舱的，是苦役犯、退伍军人、冒险家、妓女、破产商人、政客、工匠……“五月花”随后也成了移民潮的标志之一。建国之初，美国国内总人口仅有 390 万，包括 76 万黑人奴隶。拿破仑战争结束后，欧洲重获和平。随着大批军人的复员，欧洲各国失业现象愈发严重，移民美国的人数逐年增加。从 1820 年到 1920 年的 100 年间，美国一共接纳了大约 3 350 万移民，包括西欧人、北欧人、非洲黑奴与中国、东南亚的华人，形成美国持续百年的移民潮，史称“伟大的人类迁徙运动”。南北战争（1861—1865）结束后，美国迎来了工业化的高峰期，对劳动力需求更加旺盛。1864 年，为了吸引欧洲移民来美国，林肯总统游说国会通过了《鼓励外来移民法》，国务卿西沃德随即向驻欧洲的外交官发出通告，要求他们把吸引欧洲移民作为一项最重要的外交任务来完战。1920 年，美国的人口总数首次超过 1 亿。在这 100 年间，移民数量占美国人口年增长数的 20% 以上。移民政策网罗了数以百万计的人才，其中包括“制造业之父”塞缪尔·斯莱特、“电话之父”亚历山大·贝尔、“电报之父”萨缪尔·莫尔斯等。

对美国的工业革命而言，英国移民带来了钢铁、纺织等工业技术，亚洲的中国、日本和菲律宾移民带来了农业和园艺技术，意大利移民带来了煤气、电力、自来水等市政建设技术；非洲移民为美国的棉纺织业、采矿业、建筑业等提供了劳动力，中国劳工修筑了横贯美国东西的铁路，直接促成了西进运动；南北战争中，德国移民卡尔·舒尔茨少将主动要求领兵打仗，率领“1848 年志士”们帮助组建联邦军队，誓死保卫共和制度等。

20 世纪中期，美国开始严格限制移民。政府很早就制定了《移民法》，自 60 年代以来，国会多次对《移民法》进行修改。《移民法》规定，对一般文化素质较低的人控制很严，而对高科技人员政策较宽。其中，每年要留出 29 万个移民的名额专门用于从国外引进高科技人才。新《移民法》规定，凡是著名学者、高级人才和具有某种专业技术的人才，不考虑其国籍、资历和年龄，一律优先允许入境。2001 年 6 月的《中国青年报》指出，仅在 20 世纪上半叶，美国就引进包括著名物理学家爱因斯坦、航天工业专家冯·卡门和核物理学家费米等在内的 2 000 多名科学家，集中在一些重要的实验室和研究开发机构。核武器的研制、阿波罗登月计划的实施、计算机的诞生和应用，在很大程度上都是依靠移居美国的科学家们实现的。

随着信息革命的发展，欧美发达国家纷纷遭遇人才危机。自 2000 年起，政府采取各种得力措施，放宽对优秀人才移民的限制。企业也对有突出贡献和成就的科技精英提供优厚的物质和生活待遇，创造良好的研究条件和环境，吸引大量的国外优秀人才。2005 年，在 59% 以上的高技术公司里，外籍科学家和工程师占 90%，在计算机产业领域的博士中，50% 以上是外国人。在硅谷工作的外籍高级工程师和科学家，已经占到了 33% 以上。

任何时候、任何地点，只要有“才”或者有“财”，号称世界上最苛刻、最挑剔的美国移民局官员们永远是敞开大门、微笑服务的。

三、高级“人才提款机”

美国是全球化的“高级人才提款机”，不辞辛劳、四处出击。进入 21 世纪后，美国大学把各种教育展会和留学咨询摆到了中国人的家门口。据美国国际教育协会公布的数字，1999 年在美国大学深造的外国留学生共 49.1 万，占全球留学生总数的 30% 左右。20 世纪 90 年代初，美国、加拿大政府向数万名中国内地的科技人员、工程技术人员和在校大学生突击性地发放了“绿卡”。1999 年，在美国签发的 11.5 万个 H-1B 签证中，仅中国内地就占到 10%。

印度人才外流十分严重。从 20 世纪 60 年代开始，50% 以上的哲学博士、技术员、医生移居美国、英国和中东的石油输出国。1971 年，外流人员为 3 万人；1990 年，印度外出谋生的科学家和熟练技术人员将近 41 万人，高级科技专家达 3 000 多人；2000 年，外流人才高达 50 多万。其中，工程技术人员约占国内总量的 10%，医生约占 25%。美国比较教育学家阿诺夫研究指出，印度已经沦为“一个向西方输送高级人才的净出口国”。

中国是人力资源大国，并非人力资源的强国。改革开放以来，中国的出国留学人员累计共达 40 多万，滞留国外的各类专业人才已达 30 多万人。2000 年 7 月，位于瑞士洛桑的国际管理开发研究院发表了 2000 年度《国际竞争力报告》，中国的科技竞争力继 1999 年从 1998 年的第 13 位下滑到第 25 位后，又滑至第 28 位。事实上，包括中国、印度在内的广大发展中国家，已经成为美国的高级“人才提款机”。

四、“鲶鱼”效应

务实的美国人习惯了利用战争发财，精明的美国人习惯了利用战争产生的变革，霸道的美国人习惯了利用战争保持优势地位。目的之一，就是永远使他们的国家、民族保持着一种年轻进取的心态，保持着勇于探索、不断创新的心态，保持着忧患立国、防患于未然的心态。为此，美国人倒是动了不少脑筋。

美国一直崇尚实用主义。移民是实用主义的忠实信仰者和执行者。没有根基、没有蔽护、没有原始积累、没有人际关系的移民，不远万里来到美国，首先要解决的就是生存问题。这个在没有来之前已经不成问题的问题，反而成为移民后最为迫切、最为首要的问题。不实用、不务实，能否生存都是未知数。移民经历和背景，决定了美国大众的普通心理和思维动机。20 世纪初期，美国一度流行杜威等人的实用主义哲学，也就在情理之中了。

2000 年以来，由于世界各国的警惕和防范，美国引进高级人才的投入成本不断提高、国际压力不断加大。美国政府开始将目光放在国内，高度重视现有的国内高级人才存量。主要手段之一，就是刺激高级人才的持续创新力；主要办法之一，就是实施成本较低的“鲶鱼”方案。美国大学的教授们、讲师们，大多数是以移民身份进来的。世界上只要出现最先进的技术和最新鲜的设想，美国人总是希望永远走在其他国家的前面。同时，还要能够最早、最快地发现和找到它。对于高级人才，特别是世界级的学者，美国人向来是不惜任何代价、不讲任何条件，处心积虑、占有为快。21 世纪以来，美国不时会在一些著名的大学，突然“空降”一两个世界级的科技、文化和学术大家。在这些“空降兵”精英面前，对于任何和他们合作甚至只是打个照面的教授们来说，都是一种无形的、沉重的巨大压力。这些源源不断地来自世界各地的人才“鲶鱼”，始终促使美国大学的中高级人才市场充满生机、蓬勃发展。

令人深思的是，美国教育从一开始，从骨子里面就深深渗透着创新意识的培养，这是世界诸国望尘莫及的。对于一个美国三年级的小学生，他回家的作业可能是“假若没有林肯，美国会怎样?”或者“如果是你，朝鲜战争的停战线会划在半岛的三八线那里吗?”等。世界上不少国家的教育工作者，看到这些题目都会一头雾水、莫名其妙，然而，这就是“大胆假设、小心求证”式的美国版的启蒙教育，永远立足于设想、探索和个性。

冷战期间：策反和扣留

冷战期间（1947—1991 年），以美国为首的北约集团和以苏联为首的华约集团，除直接交战以外，在经济、政治、军事、外交、文化、意识形态等各方面都处于对抗状态。双方不约而同地采取策反、叛逃、绑架乃至暗杀等非战争性的激烈手段，挖取本国急需的科技精英，或者打击对方的要害科技力量。其中，美国政府和跨国企业明目张胆，尤其为甚。

1987年6月，苏联《真理报》曾以《偷窃天才的人》为题，专门为美国——这个当今世界上唯一的超级大国，也是最典型的资本主义头号强国，清清楚楚地算了一笔账：在1949—1969年的20年间，美国一共抢走发展中国家的14.3万名高级人才，使那些人才的母国白白损失50亿美元的教育费，而流走的人才在20年里至少为美国创造632亿美元的收入。进入21世纪以来，美国每年因人才流入获得的效益达60亿美元，而发展中国家因人才流失造成的损失每年则高达80亿美元。

20世纪60年代初，美国趁古巴革命期间大批科技人员外逃之机，收罗了1 300多名古巴医生，占当时古巴医生总数的25%。1961年，又收留了部分“叛逃”人员，策动了入侵古巴的“吉隆滩事件”。事后，古巴政府为了反击美国，加强了同苏联的紧密关系。1962年秋冬之交，苏美两个超级大国在加勒比海地区爆发了被称为“古巴导弹危机”的核对抗，几乎把人类投入热核战争的深渊。1991年，苏联解体。在美国政府的操纵和授意下，超过15 000名科研人员最终旅居或定居到美国。

美国还主动针对古巴策划了多起高级人才的叛逃事件。2003年8月，在多米尼加举行的第14届泛美运动会上，在美国特工的协助下，3名古巴运动员叛逃到美国。时隔不久，在加利福尼亚州阿纳海姆举行的第37届世界体操锦标赛上，又有两名古巴运动员叛逃。古巴体育部长罗德里圭兹说，古巴运动员总是被代理人、星探、新闻媒体和其他劝诱他们叛逃的人所包围。他说，这样一来，古巴政府只能不派代表团出国访问了；因为，我们的确没有什么好的对策。

冷战时期，美国政府阻挠极力中国留学生，特别是杰出的留学生回国。最为典型的，就是钱学森回国事件。

1935年，钱学森赴美国留学。10年后，他已经成为当时的一流火箭专家。由于发表了惊人的“时速为一万公里的火箭已成为可能”新奇理论而誉满全球。这位加州理工学院的教授在“二战”期间，跟从导师冯·卡门参与了当时绝密的“曼哈顿工程”的研制开发，成为火箭领域中屈指可数的稀世之才。

新中国成立的消息传到美国后，钱学森和夫人蒋英按捺不住内心的喜悦，商量着早日返回祖国，为国效力。此时的美国，以麦卡锡为首的权力上层，主张对共产党人实行全面追查，掀起了一股驱使雇员效忠美国政府的狂潮。钱学森因被怀疑为共产党人和拒绝揭发其朋友，被军事部门突然吊销了参加机密研究的资格证书。这令他非常气愤。钱学森以此作为要求回国的理由。然而，钱学森万万没想到，海军部次长金波尔恶狠狠地说：“他知道所有美国导弹工程的核心机密。一个钱学森抵得上 5 个海军陆战师。我宁可把这个家伙枪毙了，也不能放他回红色中国去！”

美国政府对钱学森的政治迫害接踵而至。移民局搜查了他的家，在特米那岛上将他拘留 14 天，直到收到加州理工学院送去的 1.5 万美元的保释金后才释放了他。后来，海关又没收了他的行李，包括 800 公斤的书籍和笔记本。

中国政府闻讯后立即公开发表声明，谴责美国政府在违背本人意愿的情况下监禁钱学森。周恩来总理抓住时机启动中美谈判。1954 年 4 月，美、英、中、苏、法五国在日内瓦召开国际会议。在 6 月 15 日举行的中美第三次会谈中，正式要求美国停止扣留钱学森等留美人员。然而，美方拒绝了。

1955 年 7 月，中国外交部成立中美会谈指导小组，由周恩来直接领导。8 月 1 日，中美会谈由领事级升格为大使级。中美双方接触了 10 多次，美国代表约翰逊还是借口中国拿不出钱学森要回国的真实理由，拒绝了中国政府的要求。此时，钱学森摆脱了特务监视，在一封写在小香烟纸上寄给在比利时亲戚的家书中，向全国人大常委会陈叔通副委员长提出请求，希望祖国政府能够出面干预，帮助他顺利回国。在中美大使级谈判时，王炳南大使拿出了钱学森给陈叔通的信件，要求美国放人。美国政府不得不批准钱学森回国的要求。1955 年 8 月 4 日，移民局发出了允许钱学森回国的通知。同年 9 月 17 日，钱学森一家终于登上了“克利夫兰总统号”轮船，踏上返回祖国的旅途。广泛认同的说法是，由于钱学森的回国效力，中国导弹、原子弹的发射至少向前推进了 20 年，他被西方人誉为中国的“导弹之父”。

“克利夫兰总统号”是一艘往返于中美之间的邮轮名字，隶属于美国的总统邮轮公司。通过这艘邮轮回国的中国留学生，都是一长串的、重量级的科技精英：梁思礼，导弹控制系统研究领域的创始人之一，1949 年回国；华罗庚，著名数学家，1950 年回国；朱光亚，核武器研制的技术领导人之一，1950 年回国；王希季，“两弹一星”元勋，1950 年回国；师昌绪，高温合金领域的开拓者之一，1955 年回国；郭永怀，两弹一星元勋，1956 年回国；张文裕，宇宙线研究和高能实验物理的开创人之一，1956 年回国。

颜色革命：绿卡和移民

“绿卡”一词起源于美国，因最早美国的永久居留许可证是一张绿色的卡片而得名。它是一种给外国公民的永久居住许可证。持有绿卡意味着持卡人拥有在签发国的永久居留权；同时，持有绿卡可以在一定时间内免去入境签证。还有一种短期签证，也就是美国移民局签发给被美国公司雇用的、从事专业职位的外籍人士的短期非移民工作签证（H-1B）。

“二战”前，由于纳粹德国对犹太人实行残酷的种族迫害，先后有2 000多位犹太科学家和工程师拿着美国政府的绿卡，离开德国和欧洲移居美国，其中不乏阿尔伯特·爱因斯坦这样顶级的科学家。“二战”后，大约20万名科学家、工程师和教授先后从世界各地来到美国，由此推动了第三次科技革命的发展。20世纪中后期，大量的高技术移民又推动和支撑了新一轮经济的发端和兴盛。1990—1998年，美国从全球引进1 850万名合法移民，其中30%持有学士以上学位，大部分是22~40岁的中青年。2001年，美国移民局发放了20万个H-1B签证，其中印度占46%，中国占10%，菲律宾占4%。1776—2005年，全球移民美国的总人数超过5 800万人，相当于2000年英国的总人口。

1968年，捷克斯洛伐克开始“具有人道面貌的社会主义”试验时，苏联为了取得实质性的控制权，制止西方阵营的扩张，突然入侵捷克斯洛伐克。美国及时介入，趁机接纳了捷籍科技人员1 500多名。

1989年11月9日，柏林墙倒塌。民主德国随即宣布边境开放。英国秘密情报局积极出手，大量招募间谍。他们甚至认为女性更适合这项职业。在军情六处招募的1 900名工作人员中，妇女占了大多数。她们来自各行各业，有市场营销人员、教师、资金筹措者、海外援助工作者、学者和记者等。

1990年，日本实施了新的入境管理法，将外国人入境后的居留资格由原来的18种增加到28种，大部分是针对优秀科技人才而设立的。

1991年，苏联解体前后，美国、日本等发达国家趁火打劫，以技术移民、发放绿卡等手段，从参与华沙条约缔约国的东欧国家大肆掠夺了近90 000名高级专业人才。美国政府还专门制订了一个名为“科学腾飞的过渡阶段”方案，趁机挖走了苏联航空及核技术领域数千名专家和专业技术人才。仅当时受雇于外国公司、继而移居国外的科研人员，就有15 000多名。1992年1—7月，独联体国家共有10.7万人被获准到国外定居，其中4.8万人去了德国、4.3万人去了以色列，8 500人去了美国，3 400人迁入希腊，大部分是科技人才和知识分子。

2000年，美国将为期3年的、允许外国专业人才来美工作签证限额从每年11.5万人提高到19.6万人，以放宽对优秀人才移民的限制。2006年6月，公民及移民服务局宣布，2007财政年度的6.5万个常规H-1B工作签证名额已经告罄，停止接受新的申请。不过，拥有美国硕士及以上学历人士因不受常规名额限制，暂时不会受到影响。新加坡实施了投资居留计划，专为那些有意在新加坡投资并希望永久居留的企业家而设计。申请者在新政府存入150万新加坡元（约折合90万美元）用作商业投资，获得批准后，即可获得这一永久居民待遇。

联合国调查报告显示，从20世纪90年代中期开始，印度每年有10万名计算机技术人员拿到了美国的绿卡或工作签证，流失人员的损失超过20亿美元。该报告称，从1999年10月到2000年3月间，美国发出的81 000张签证中，40%由印度人拿到。其中，计算机行业的技术人员占50%以上，科学和工程技术人员超过15%以上。其他的亚洲国家，如泰国、菲律宾、巴基斯坦等，也面临人才大量流失的窘况。

软性战争：留学和孵化

在全球化高级人才需求激增的情形下，自费留学浪潮方兴未艾，国际教育市场日益火爆。

美国向来是接纳外国留学生的超级大国。《中国留学行业10年报告》显示，在2008年的17.98万出国留学生当中，超过90%为自费留学，且大部分到了美国。根据2009年8月的市场调查，美国60%的大学确认会增加招收中国学生，只有11%的美国大学表示要减少招收。且不谈留学人才的争夺，仅仅是自费出国留学的巨额经济利益和辐射效应，就使得许多发达国家趋之如鹜。2009年11月16日的《纽约时报》指出，外国留学生每年能给美国经济带来178亿美元的贡献。

新西兰更是受益良多，兴趣陡增。2006年，在新西兰注册的国际留学生近9万人，仅学费一项就为新西兰的教育行业赚取了6亿新西兰元。2007年起，在奥克兰地区的5万多外国留学生，每年都带来超过13.4亿的经济收入。2008年，在留学生带动的外汇市场上，新西兰就受益23.6亿新西兰元。对于新西兰这样的太平洋小国而言，外国留学生经济的确是清洁而暴利，自然爱不释手。

英国对于外国留学生也产生了浓厚的兴趣。其中，第一步就是提高留学生的学费。2006年，政府颁布了公立大学的外国留学生学费不再固定，而是由各公立大学自行决定收费金额。从当年9月开始，英格兰和北爱尔兰所有的公立大学收费的最高限额为到3 000英镑。这样，一个外国留学生完成三年制的本科教育至少需要1.6万英镑，加上必要的生活费，总额将超过3万英镑。

澳大利亚政府为了吸引海外留学生，破例提供了高额奖学金。2006年，教育科学与培训部宣布了“澳大利亚奋斗奖学金”计划，向亚太地区提供9 700个奖学金名额；国际发展署的“澳大利亚发展奖学金”计划，提供6 600个奖学金名额，还将为3 200名亚太地区商业、教育和政府机构的领导人才颁发“澳大利亚领导人奖学金”。这是澳大利亚政府首次大规模提供奖学金给海外学生。其中，1.9万个名额、总额14亿澳元的奖学金，将直接面向亚太地区，以鼓励这些国家的学生赴澳深造。2007年起，一些大学也开始认可中国留学生的高考成绩，并以此作为入学参考条件。

加拿大政府曾经采取紧缩的留学政策，逐年提升留学费用，导致留学生人数一度递减，严重影响了国民经济的“健康”发展。2006年4月，加拿大移民部宣布放宽留学生在校外工作的规定，允许符合条件的公立大专院校的留学生每周可工作20小时，假期还可以全职工作，借以吸引大量的外国留学生。紧接着在当年10月，人力资源部宣布放宽聘用留学生的雇主在广告招募及薪资上的限制。根据新的规定，外国留学生毕业后，只要在3个月内获得聘书，就可不通过加拿大人力资源部而直接取得工作签证。

2008年7月，日本政府发布了“留学生30万人计划”要点。当时的首相福田康夫提出，要使在外国留学生数量从2007年的12万人，增加到2020年的30万人。为此，政府将与在海外各国的领事馆以及各大学的海外事务所共同努力，提供统一咨询、专窗服务等一系列措施。

不仅如此，就连那些服务于留学生的外语培训行业也是生源众多，利润相当可观。1993年11月，新东方学校在北京成立，后发展成教育科技集团，主营业务是语言培训，特别是美式英语。2006年9月，公司在美国纽约证券交易所成功上市，成为中国第一家在海外上市的教育机构。截止到2008年底，新东方教育科技集团已经在中国39个城市设立了41所学校、400多个学习中心和6家子公司，累计培训学员700万人次。

科技企业孵化器是欧美发达国家参与国际人才争夺的新式武器。1959年，第一家科技企业孵化器在美国出现，通过提供场地、共享设施、培训和咨询、融资和市场推广等方面的支持，降低新创企业的创业风险和创业成本，提高企业的成活率和成功率。2000年以后，孵化器包含专业技术、留学人员、大学企业、国有企业、国际企业、综合性等6种基本模式。孵化器的主要目的是帮助处于初始阶段的、相对弱小的新创企业，成为能够独立运作并健康成长的企业。

美国利用科技企业孵化器，在全球范围内物色和培育潜在科技人才。IBM公司在全球推行Extreme Blue计划。从1999年开始，IBM将大学计算机科学专业和商业计划专业最优秀的学生与公司内部的顶尖高手汇集在一起，向他们提供最先进的工具和技术，为公司创造最前沿的科技与商业机会。他们对于才华出众、学业优良的外国学生，不断加大了投入的力度和深度。他们认为，在教育领域，只要看准了，就要舍得投资，这是“对未来的投资”。也就是说，对潜在人才进行投资，虽然说有一定的风险，还是值得一搏。仅2002年，全球拥有超过3 000家的科技孵化器，美国以绝对优势占据世界第一。

高级人才争夺已经渗透到学术科研领域。1992—2001年，中东欧各国共派出近30 000人次科技人员来欧盟进行科研活动，而欧盟也先后派出近5 000人次科技人员回访。通过双方频繁的科技人员交流，共同开发中东欧智力资源，挖掘人才为其所用。欧洲理化研究所常驻的400名研究人员中，外国学者占25%以上。日本通产省还设立了国际科技合作奖励基金，对外国科学家到日本参与高技术合作研究给予高额补助和奖励。欧盟动员19个国家制订了一项在尖端科学领域内开展的“尤里卡计划”。它的目标主要是提高欧洲企业的核心竞争能力，进一步开拓国际市场。在计划实施过程中，一共拨款800亿法郎，用于资助500个研究项目，旨在集中西欧的人才和资金，进行前沿性的科学研究。

跨国公司着手进入高校，开始培养潜在人才。在清华大学近百种奖学金里，外企公司占了50%以上，且数额都很高，其中包括通用电器公司、摩托罗拉公司、IBM公司等。2003年，北京大学总额400多万元的奖学金中，外企占了300万元，包括东京三菱银行、摩托罗拉、宝洁、奔驰、菲利浦、三星、松下、索尼等。

更有甚者，一些跨国公司瞄准了中小学生。微软制订了所谓的“抢购天才计划”，一些初中生被聘请为顾问，其中包括10多岁的电脑神童们。他们不需要给微软打工，只需要参加定期的聚会和讨论。讨论时，微软公司的专家们会仔细地观察他们在玩什么游戏，说着什么话，想做什么事等。讨论结束后，公司还会向这些学生的家长支付薪水。在微软公司看来，小孩子们代表了世界IT业的未来，也代表了中国的未来。2000年1月9日，微软加盟中国新华书店总店，和辽宁出版集团共同运作“课外工程”，为中小学生“量身定做”信息技术教材，由微软全权编写的《课外电脑》随后出版发行。这开创了跨国公司直接为中国学生编写学习用书的先河。次日，劳动和社会保障部与微软（中国）有限公司在北京宣布，双方将联合推出国家职业资格信息技术双认证考试。

第二节　内涵、主体与目标对象

内涵和主体

政府猎头是以政府为主体，依照国家人才战略的部署和要求，借鉴、采取猎头机制和路径，搜寻、甄别和吸纳高级人才的实践过程。这里的政府，系指政府部门、执政党组织系统及其直属、特设和监管的企事业单位。凡是能够代表、体现政府和执政党意志的一切机构和组织，均可视为政府主体。示意图如下：

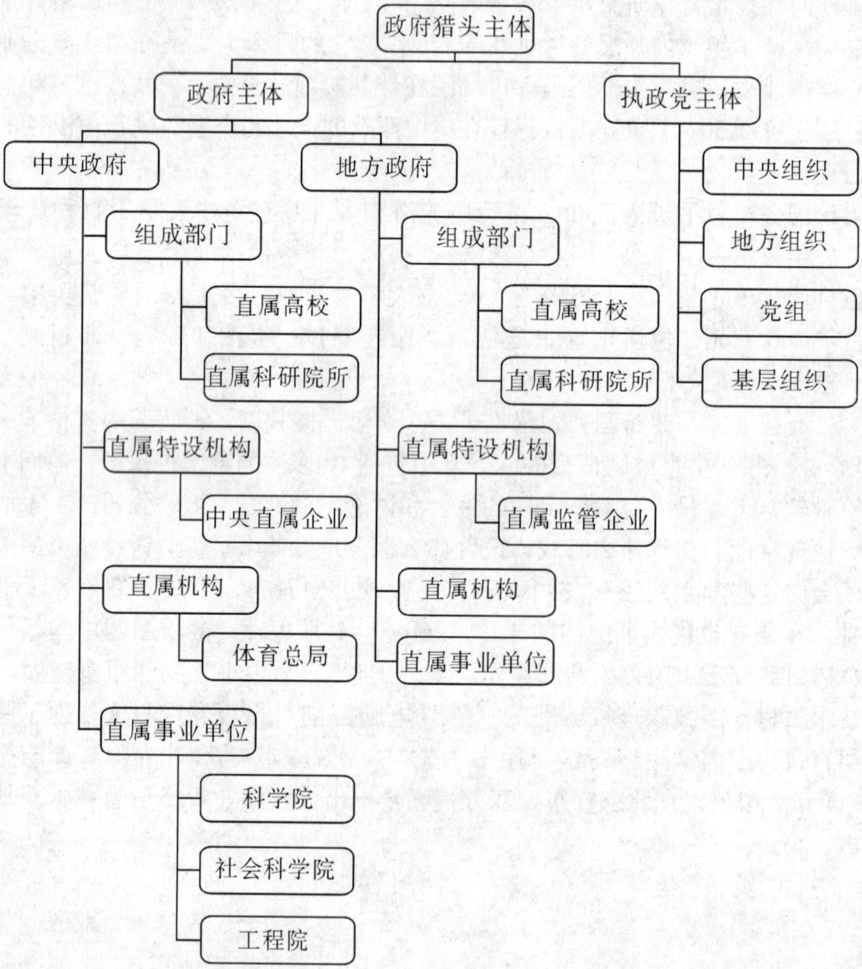

目标对象

按照市场类型，可将高级人才划分成紧缺型、领军型和预备型三种。其中，紧缺型系指一个国家的经济发展过程中，特别是某一行业中某一时期急需而紧缺的人才类型。如2006年下半年的东南沿海地区，平时被视为低端猎头市场的同声传译员、3G工程师、系统集成工程师、环境工程师、精算师、注册会计师等，都因为市场紧缺而身价飞涨，遂进入了中高端的猎头市场。领军型人才系指国际一流的科技尖子、国际级科学大师、科技领军人物，他们可以带出高水平的创新型科技人才团队，可以创造世界领先的重大科技成就，可以催生具有强大竞争力的企业和全新的产业。预备型高级人才，多指政府部门（企业）中层管理干部和技术骨干等储备型、潜在式的高级人才队伍。

按照目标对象，政府猎头大致可划分为以下七种类型：

一、院士

院士是国家所设立的、科学技术方面的最高学术称号，一般为终身荣誉。在中国，系指中国科学院院士或中国工程院院士；同时兼得者，即“两院院士”或者“双院士”。此外，还有众多的外籍院士，如俄罗斯工程院、法国国家医学科学院的外籍院士等。

由于世界各国对于增选院士的总体规模、资格条件、业绩贡献和学术成就等方面有着极其严格的规定，数量很少、以稀为贵。客观地说，院士已经超越了学术荣誉，成为催生和引领新技术、新行业乃至新产业的标志，也是某一领域的杰出贡献者和领军人物，更是各级政府不惜重金、争相竞聘的主要对象。

二、专家学者

专家学者系指具有高级职称的学术、科研、工程技术等领域的高级人才。如教授、学科带头人、博士生导师、博士后等。他们都是某一特定领域、某种特定专业的杰出人才，是能够筹划、指导和实施各种科学研究的主力军，能够对所属领域的研究成果进行权威诊断和判定，所以有着广泛而深远的影响力和说服力。与院士相比，这类高级人才人数较多，分布较为广泛，几乎覆盖了现有的全部行业和领域。但是，高级人才在总人口比例中仍然处于低比例状况，如2002年中国每万名劳动力中，科学家与工程师的数量仅为17人，而美国

1997年为81人，日本1999年为97人。

博士、博士后是特殊群体。仅2009年，河北、广西、安徽、江苏等省份，就提供了300多个科技副县长（副处长）职位，在全球范围内公开招募具有博士学历的优秀人才。1985年7月，中国试行博士后制度。1985—2007年，累计招收博士后研究人员5万多人（其中，出站博士后超过3万人）。出站博士后绝大多数被聘为高级专业技术职务，许多人被破格晋升为教授、研究员，成为学科、技术带头人，在经济、科技、教育等领域发挥着重要作用。

三、高级公务员

高级公务员系指行政职务副处级以上的领导干部。这一群体普遍具有学历较高、年富力强、业务面较广、信息相对集中、涉及领域多、人脉资源丰富等特点，且拥有一定的决策权和社会资源的配置权，是社会事业发展的组织者和推动者，也是世界各国公务员序列的中坚力量和精英所在。在现行的领导干部交流体制下，高级公务员往往成为各级政府、大型企事业单位招募高级人才的首选目标群体。

四、企业精英

企业精英即“C族”，如首席执行官（CEO）、首席运营官（COO）、首席财务总监（CFO）、首席人力资源总监（CHRO）、首席信息经理（CIO）、首席营销总监（CMO）等。特别是政府和执政党直属、托管或监管企业的高层经营管理者，更是重点群体。政府对企业精英的需求，既是政府自身的公务员系统需求，又是大中型国有企业的发展使然。

伴随经济全球化浪潮，企业精英政治化倾向十分明显。在欧美发达国家，企业领袖进入政府担任高级公务员的现象屡见不鲜、不胜枚举。中国在长期实行计划经济体制时，国有大中型企业领导干部同时还具有一定的行政级别；在经济转型的过渡时期，企业行政级别更成为企业精英进入公务员系统的快捷通道。

五、职业明星

体育界、娱乐界、艺术界、文学界的一线明星、职业经理人、著名策划人，享受政府和执政党津贴的社会各界知名人士，也是政府猎头积极关注的职业群体。一些优秀的体育教练、运动员退役后，转而进入各级政府担任公务员乃至领导干部的事例数不胜数，似乎已经成为行业惯例。

亚洲的新加坡国土面积狭小，却十分热衷于引进中国内地的体育明星和文娱界知名人士。如“功夫之王”李连杰，国际影星巩俐，演员丁岚，乒乓球运动员李佳薇、井浚泓、冯天薇等。

而在中国内地，优秀的相声演员、节目主持人、青年作家，甚至在突发事件中表现突出、新闻正面报道的普通干警，纷纷被各级政府破格提拔，予以任用。

六、海外人才

海外人才可分成海外留学生和海外专家两种。2003 年以来，中国的留学生开始回流。1978—2003 年，留学回国人员总数超过 17 万人；2003 年度，各类留学回国人员总数为 2.01 万人，创下 1978 年以来回国人员峰值。加入世贸组织后，引进外国人才的规模猛增至 22 万人/年；外国人才的来源国超过了 80 个；引进境外人才的总规模达 45 万人次/年。海外专家系指外籍或已取得签证的海外学者、专家和高级工程技术人员等。

七、特种人才

特种人才指社会活动家、发明家、重大专利拥有者等。他们人都在所属领域为社会作出了较大贡献，或者拥有特殊的技能、天赋等，因而备受政府青睐。随着信息经济和高科技的迅猛发展，一些具有特殊技能的人才，如网络黑客、语言天才等，也屡屡被猎。

20 世纪 90 年代以来，美国为了组建网络战部队，经常到“黑客”市场招兵买马。诸如“黑客”之类的偏才、怪才乃至于技术高超的网络骗子、跨国犯罪集团的核心技术人员，都已经成为美国政府，特别是军方的猎头新宠。

第三节 类型与路径

运行类型

政府猎头的主体是政府部门（企业）。在 80 多年的政府猎头实践过程中，按照政府部门（企业）与猎头行业的耦合度和内聚度，可以归纳成三种基本运行方式。一种是借鉴式，即政府部门（企业）借鉴猎头公司的市场运营模式，通过现有的人事管理体制的转化和革新，予以实现，多见于发展中国家和不发达国家。另一种是委托式，即政府部门（企业）全权委托或者授权猎头公司进行运作，多见于欧美发达国家。还有一种是联合式，即在整个猎头计划和任务中，部分由政府部门（企业）完成，部分由猎头公司和第三方公正（监督机构）完成，多见于发展中国家，特别那些处于社会经济转型时期的国家。据此，政府猎头可以划分成独立型、市场型和联合型三种基本运行模式。

一、独立型

政府部门（企业）根据自身客观需求，拟定猎头职位空缺和人员增进目录，借鉴或参考猎头渠道和途径，建立高级人才的引进和补充机制。在整个政府猎头行动中，均由政府部门（企业）的组织人事部门，独立地制订计划、确定方案，并负责组织实施。

与普通公务员的招聘相比，独立型政府猎头通过现行机制的改进和升级，借鉴猎头公司的运行机制，独自完成整个猎头计划和方案。在政府部门（企业）节省了猎头公司佣金的同时，也对涉及政府猎头领域的部门（企业）中人事管理领域的专业理论、人员素质和实际操作能力等方面，提出了市场经济条件下的更高条件和要求。同时，由于摒弃了商业化和专业化渠道，存在着选择范围过于狭窄、市场化程度偏低、高级人才流动性缓慢等弊端。

二、市场型

在市场经济体制较为成熟的欧美国家，政府部门（企业）作为客户方或者授权方，倾向于将猎头计划和方案予以公开招标，在公开竞标、联合评议和实地考察后，全权委托给一家中标的猎头公司，由后者负责实施和完成。政府部门（企业）则负责全程跟踪、参与并予以监督。

伴随全球经济一体化浪潮和市场经济的推广及深入，委托型政府猎头的方式，显然比自主型政府猎头更为商业化、专业化和职业化，进而成为欧美发达国家政府部门（企业）猎头的主流类型。当然，这与欧美发达国家完整的市场体制、良好的经济环境、完备的法制建设、规范的行业管理等综合因素密不可分。

三、联合型

中国作为一个发展中国家，基于市场经济体制刚刚建立、综合国力比较薄弱、地区差异十分明显、社会经济总体上仍然处于转型时期、人事体制改革缓慢、猎头行业尚不规范等因素，政府部门（企业）可采取较为稳妥和渐进的方式，即联合型政府猎头。也就是说，政府部门（企业）和猎头公司通过相互衔接、彼此合作的联合作战方式，共同完成猎头计划和任务。

联合型政府猎头形式多样、机动灵活。如政府部门（企业）在职位评估方面，可以采取独立评估或者委托的方式进行；在高级人才搜寻渠道方面，同时采取公开招聘（海选）和委托猎头公司定向搜寻的方式，以增加候选人的搜寻范围；在候选人申报完毕后的初期甄别阶段，完全可以整体外包给猎头公司负责完成；在人才测评阶段，可以成立包括政府（企业）组织人事部门、猎头公司、第三方（学者、专家、政府顾问）在内的联合测评小组，借以保证测评的公正性和透明性等等。

联合型政府猎头的突出特点之一，就是有效地节约了政府部门（企业）的成本。如在搜寻合适候选人时，可以充分利用猎头公司的商业化渠道，在政府部门（企业）支出成本不变的条件下，有效地扩大搜寻范围和提高档次；通过人才测评技术嫁接，不必重新增加新的政府部门、职位和工作人员，有效节省了成本；通过委托猎头公司全面调查核实候选人的履历、背景和社会关系，大大节省了人员外派、公务出差、实地取证等费用。基于上述优点，一些欧美发达国家在政府猎头的数量较多、规模较大，特别是在政府部门（企业）雇员人手不够、财政预算紧张时，也会采取这种方式。

基于政府猎头的职位数量、任职条件和时间要求的差异，许多欧美发达国家的政府部门（企业）会因地制宜、客观务实地选择采用一种或者两种，甚至于同时采用三种类型的政府猎头。如在法国，多在执政党组织领域采取独立型；政府部门领域采取联合型；至于国有企业领域，则完全放开，采取市场型运行模式。

国际路径

根据世界各国政府国际高级人才领域的动机、方式和路径，以及由此形成的典型模式，大致可划分为：

一、掠夺型政府猎头

政府主导的猎头行动自“二战”末期开始，至今未绝。发达国家对世界各国，特别是发展中国家的人才掠夺，严重削弱了发展中国家的发展潜力，给发展中国家造成了不可估量的损失，成为南北关系中冲突的焦点。如哥伦比亚由于受过三年以上高等教育人才的大量外流，造成的损失高达20亿美元；又如古巴因为美国1962年以来实行经济封锁导致人才外流，造成的损失高达32亿美元。

据联合国开发计划署估算，非洲每向海外移民一位高级人才，仅培养费损失就达18.4万美元；而为了弥补人才空缺，非洲国家不得不以高薪聘请10万多名外国专家，支付外国专家工资的开支每年高达40多亿美元。

二、移民型政府猎头

“二战”以后，移民型政府猎头更加活跃。1945—1996年，美国不断调整移民政策，大量发放绿卡，积极鼓励投资型移民，从世界各国吸纳高级专门人才超过50万人。2000—2006年，英国净损失了500万名公民，政府为此实行“高科技移民”政策，积极吸纳国外高科技人才。

加拿大、德国、芬兰、奥地利等发达国家，争先恐后、竞相提价，鼓励高科技人才移民。如新加坡长期推行自由经济体系，鼓励世界各地的企业家和专业人才定居，而且接收新移民的条件越来越宽。政府先后出台了专业、技术人员及技术工人永久居民计划（Pts）、抵境永久居留计划（Lpr）、原则批准永久居民计划（Aip-pr）、外国艺术人才计划、存款计划（Deposit Scheme）等，旨在吸引更多的高科技人才移民。

三、留学型政府猎头

留学型政府猎头是一箭双雕之举。自1987年起，日本实施的“人类新领域计划”（HFSP），计划从国外引进其短缺人才的30%；同时，出台各种政策鼓励外国留学生留学，力争外国留学生总数增加到10万人以上。2008年11月，美国国际教育研究院发布的《在美国的留学生和在海外的美国学生数量》的年度报告称，2007—2008学年，美国高等院校中的外国学生总数增加了7%，超过62.38万人，创出了历史新高；外国留学生为美国经济贡献了大约155亿美元，比上一学年增加了10亿美元。

四、培育型政府猎头

培育型政府猎头通过设置高校奖学金，建立合作研究机构，不动声色、极其隐蔽。

一方面，积极培养潜在的留学人才，扩大预备留学的基数；另一方面，采取现场办公、现场收益的方式，利用科研人员、博士后、专家学者们的“外脑”，目的是以较小的代价、较低的成本，完成重大科研项目科学实验、技术攻关和应用研究等。

五、回流型政府猎头

回流型政府猎头，是发展中国家面对高级人才流失、积极应对国际人才争夺的主力措施。

自1992年起，俄罗斯科技领域每年的高级人才外流近3 000人，其中包括70% ~80%世界级水平的数学家、50%的理论物理学家。2008年，俄罗斯年龄在35岁以下的科研人员及研究生中，打算出国工作、深造、定居的人的比例高达70% ~90%。为此，俄罗斯政府积极制定吸引外国人才和留学生回流的政策，全力争取各种渠道的国际资金，同外国公司签订研发合同，筹措充足资金使科研工作运转良好，还为科技人员的生活提供可靠保障，以达到挽留和吸纳人才的目的。

20世纪中期，新加坡一直是出国留学比例很高的亚洲国家，人才流失率曾经高达90%。从20世纪90年代开始，人才回流率开始逐年上升，2006年超过了60%，是亚洲人才回流率最高的国家之一。据统计，新加坡经济增长中有30%是海外人才所作的贡献。

泰国政府实施“智囊回流”计划，安排专人到纽约、伦敦等城市，寻找泰籍科技精英，许以高福利、高待遇等优惠政策，以“泰国人为泰国人服务”的口号，鼓励他们携带技术和资金回国投资。2003年起，菲律宾、印度、韩国、越南等分别针对海外留学人员开放了双重国籍政策。

非洲的尼日利亚、加纳政府出面组织各级政府机构和实力企业成立庞大的考察团，到欧美发达国家游说、号召滞留在国外的40 000多名留学生回国效力；而为了防止屡屡发生的高级人才外逃现象，坦桑尼亚、乌干达和肯尼亚等国家，明文限制和禁止专业技术人员、公务员到国外旅行，却收效甚微。

六、共享型政府猎头

共享型政府猎头是最为低廉的“智力猎头”。如在高校、科研机构常见的、由邀请国提供全部或者半数科研经费，被邀请人以访问学者、高级访问学者的身份，前往邀请国进行短期或者中长期项目研究等。对于高级人才，能够受邀出国进行合作研究，自然乐于接受；而对于邀请国，不仅节省了昂贵的高级人才培养费用，而且经过时间检验的高级人才前来合作研究，不必辛苦种树就能轻松摘果，投入成本低、产出收益快。

第四节　基本特性

政府猎头与企业猎头、非营利型猎头相比，有着自身显著的特征和内在的特性。

主导国际人才市场

美国是世界上猎头行业最发达的国家，比较活跃的猎头公司有 3 500 多家，规模较小，人员不多，却获利丰厚。与之相关的人才服务机构高达 18 000 多个，且有较为广泛的信息采集和搜罗系统。政府通过减免税、创新基金、政府补贴等优惠政策，支持并鼓励猎头公司进军国际高级人才市场，推动成立了国际猎头协会（AESC）。协会负责制定战略发展规划，通过实施行业壁垒、资格认定、优先投标等措施，极力维护在世界猎头市场的垄断和领先地位。实际上，美国政府和国际猎头协会已经充当了跨国猎头公司进军、争夺国际人才市场的支持力量、策划基地和后台老板。

美国政府以首席人力资本官为切入平台，借助国际猎头协会和猎头公司两个重要支架，形成了进攻性强、辐射面广的高级人才搜寻和吸纳机制，主导、占据并控制国际猎头市场，先入为主、步步为营，牢牢占据了包括中国市场在内的国际高级人才市场垄断份额，形成了继军事霸权、信息霸权后的“人才霸权”格局。

在政府的大力支持下，美国猎头公司积极争夺国际高级人才市场，取得并长期保持着领先优势。从太平洋到大西洋，从亚欧大陆到南美洲，从欧美发达国家到非洲不发达国家，到处都活跃着跨国公司的身影。印度的软件人才、肯尼亚的长跑运动员、俄罗斯的航空航天专家、中国的留学生，乃至捷克的网络黑客、坦桑尼亚的兽医等，都成了猎头公司出击的目标。一句话，只要是美国需要的外国高级人才，猎头公司就会开足马力、全球搜寻。

加强政企携手合作

世界各国几乎都面临公务员流失的困境。一般情况下的公务员辞职，多是个人行为，且时间不定。而现行的公务员招募体制下，只能在规定时间内，采取集中报名、统一考试、统一招录的办法，容易产生辞职后的人员空缺。同时，政府雇员中的专业技术人员，特别是高级工程技术人员一旦流失，短期内很难通过正常渠道予以补充。最重要的是，外资企业、重点高校、留学生等领域的高级人才，缺乏与政府机构良好的沟通渠道，不甚了解政府部门的即时需求，也难以进入高级公务员序列。这些客观存在的现实问题，都需要专业化、职业化的对接服务，迅速、高效地予以解决。而种类繁多的猎头公司，信息渠道畅通，商业嗅觉灵敏，具备为政府提供优质服务、对口服务和特种服务的明显优势。

政府与猎头公司的合作不仅是可行的、可靠的，更是现实的、务实的。一方面，通过猎头公司搜寻高级公务员，的确是市场经济条件下的可行之路。如2002年，美国政府在联邦政府部门设置首席人力资本官职位后，通过猎头公司的举荐而得以迅速启动。另一方面，猎头公司接受政府部门的委托猎头计划后，将通过专业渠道、专业技术进行全球范围内的搜寻，物色、游说候选人，调查候选人经历、家庭、个人爱好等必要背景，核实职业能力、从业经验等。而这些工作，如由政府部门亲自出马，具体落实完成，无疑增加了额外的工作量和经费，势必形成庞大的搜寻、考核、测试和调查机构，从而加重纳税人负担。

涉及海外高级人才的搜寻和引进时，政治影响、外交关系和国家形象等，都会成为制约和阻碍政府部门（企业）正常运作的致命因素。而猎头公司参与其中，将会不同程度地予以缓解，还能够节省不少的成本和时间。猎头的商业化运作机制、广泛的搜寻途径、规范的测评流程和隐蔽的网罗手法，必将获得政府部门（企业）的欣赏和青睐。

创新人才中介机制

1993—1997年，中国人才市场网络建设得到迅速发展，多层次的市场网络基本形成。2007年底，人才市场执法机构达到383个。其中，省级14个，地级117个，县级252个；人事部门单独执法机构77个，与其他部门联合执法机构306个。2007年，全国各类人才服务机构共接待流动人员8 280万人次，比2006年增长32.6%；登记要求流动人员3 012万人次，比2006年增长49.5%；帮助1 345万人找到了工作或转换了工作岗位，比2006年增长56.2%。

部分人才中介机构或企业，紧紧依附当地政府和大中型国有企业，提供配套服务或关联交易，经营重心位于猎头产业下游。如上海的一些小型猎头公司，专门对口上海市的区级政府，只负责提供和更新高级人才数据库，或按政府临时的客户要求制订搜罗方案，或对入围候选人进行劳资薪酬调查等。由于能够经常接到政府部门的客户订单，虽然经营目标比较单一，企业利润却比较稳定。由于技术含量低、成本支出少，企业规模都较小，大都能够遵守行业规则并保证服务质量。它们大多与政府部门有着特殊的资源互通和共享优势，经营体制和策略都非常灵活。确保并取得长期而稳定的定单来源，成为这种企业的首要发展策略。经过相当长的经营后，这类企业中的佼佼者，会因为服务意识和服务质量的一致性、频繁的关联交易和人员交换的现实可能性而被大型猎头公司相中，具有被联盟性收购、财务收购和完全收购等多种重组潜力。

一些猎头公司虽然处于偏远省份，却利用经营成本低、经营规模适中和利润较高等区域性优势，迅速扩张，树立品牌，取得了当地政府（企业）和高级人才的青睐，具备了较为明显的本土优势。它们多以低端猎头服务开始，逐步建立起以本地人才为主的人才数据库和专业人才资料库，主动占据了一定的市场份额。同时，猎头公司坚持以主营业务为核心，以延伸服务为辅助，积极拓展新领域和新市场，通过向政府部门（企业）提供管理咨询、法律咨询、培训等相关服务，逐渐巩固市场地位，增加企业收入。类似情况在中国的东北、西北、西南等地区尤为多见。

第六章 政府猎头流程

市场经济体制条件下的、标准而规范的发展中国家（以中国内地为例）的政府猎头流程，主要包括3个阶段、30个基本步骤。

第一节 前期准备

前期准备阶段为第一阶段（步骤1—10），从猎头意向起，到政府部门（企业）向猎头公司支付猎头订金止。

职位评估

职位评估包括猎头意向、职位评估和职位描述分析等步骤。

步骤1：猎头意向

在上级部门岗位调整、自身的发展需要、高层人员变动，以及人才规划、晋升和补充程序、新机构设立、人员离退休和辞职、平行岗位轮换与缩减等情形下，政府部门（企业）就会产生招募意向需求，多以领导提议、需求意向、对策建议和集体提议等形式出现。

凡拟采取猎头方式进行招募的，均视为猎头意向；所涉及的具体职位或者岗位，即猎头职位。基层部门和企业明确、细化猎头意向和职位后，须以书面报告的形式，提交到组织人事部门或人力资源管理部门进行审议。

经政府部门（企业）组织人事部门研究、商议，经常多以原则通过的形式，基本确定猎头意向，如猎头职位、基本程序和时间安排、执行机构和负责人等。

步骤 2：职位评估

猎头意向明确后，即进入职位（需求）评估阶段。这是政府猎头的第一个环节，也是整个猎头行动的起点。如在美国联邦政府部门高级公务员出现空缺时，就采取“1+3”型职位分析方法。以政府人力资源管理部门为主，兼有政府顾问（智囊团、咨询专家和聘用专家）、从事公共部门管理研究的专家学者和特邀的猎头公司参与，组成职位评估小组，指定小组负责人（组长）。评估小组的主要任务，是对猎头需求意向的明确化、指向化和现实化。

职位评估的基本方式有实地调查、人员采访、同业参考等。评估工具也比较多，如问卷调查、同业比较分析等。其中以 SPIN 模型较为科学和简便。

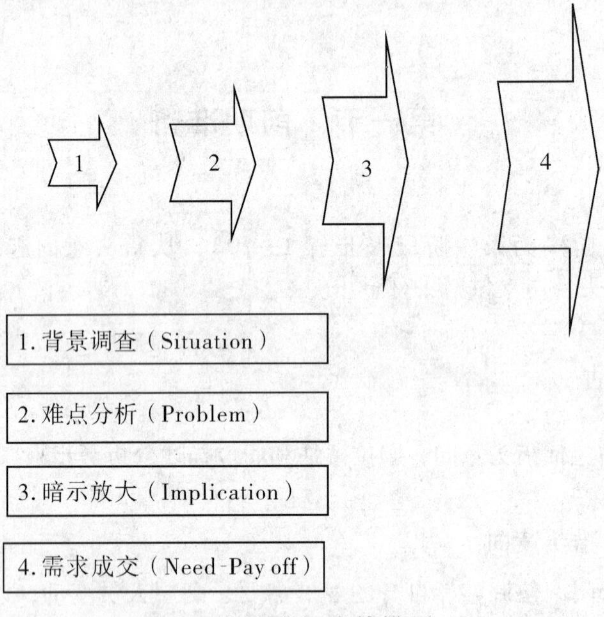

SPIN连续追问决策模型

20 世纪末，尼尔·雷克汉姆及其团队通过大量销售实例研究，总结、创立了 SPIN 顾问式销售模型，能够迅速提升销售人员的销售效率和成功率。销售人员立足企业顾问的角度，运用实情探询、问题诊断、启发引导和需求认同等心理学方法，对客户的背景（S）、难点（P）、暗示（I）和需求（N）等领域进行技巧性提问，发掘、明确和引导客户的需求与期望，连续不断地推进营销过程，直至客户认可并接受销售人员的推销价值和对策。同时，由于 SPIN 模型采取了自内向外的、放大式的心理诱导，对需求方自身认识、明确和确认本身的需求，也有着简捷、方便的实际操作效果。

首先是背景调查（Situation）。评估小组选派一名经验丰富、技能全面的人事专员，具体负责项目的落实和管理工作。人事专员约定需求方进行正式沟通，对需求方的岗位性质、经营规模、管理流程、真实意向等方面进行调查，以便客观描述真实的和潜在的需求要素。

其次是难点分析（Problem）。人事专员会同需求方共同分析方案实施的主要难点，如职位现状、离职或辞职动机、候选人的基本条件、岗位职责、职位权限、薪俸待遇等。人事专员通过引导需求方进一步认识隐含需求，把握需求方所透露的问题、困难与不满，以修正、明确高级人才需求目标和范围。

再次是需求暗示和放大（Implication）。人事专员了解客户需求后，将固定并逐渐放大需求方的重要性与急迫性，暗示各种可能的解决方案、同业部门和公司的案例借鉴，提供可行的多元化解决方案，以吸引需求方进一步明确猎头目标、计划和任务。

最后是需求成交（Need-Pay off）。人事专员在需求方意向坚定，并能够接受双方商定的解决方案及经费开支后，即完成了职位评估工作。

步骤 3：职位描述分析

人事专员完成职位需求评估后，就进入了职位描述分析步骤，即对职位的设置目的、汇报关系、任职要求、主要职责、衡量标准、工作权限、工作方式、主要流程及制度等进行分析和说明。通过职位说明书，能够明确职位的设置目的、上下隶属关系、同事同僚结构、工作范围、主要职责、工作权限、工作时限及任职条件。对现有职位进行分析后，将制定较为详细的职位说明书。

职位描述分析多采用 PAQ 问卷法和深度访谈法，主要包括职位设置、运行结构、业务职责和管理职责、决策和执行力、任职要求、成本预测 6 个方面：

（一）职位设置

在进行“1 +3”型职位分析时，职位评估小组中的政府顾问将担任“破坏者”角色，采取连续递进的、否决式提问，其他成员则予以解答。可分解成以下几个条件假定及推问：

假定职位是不必要的。即如果政府撤减猎头职位，其他职位是否可以承担，或者部分承担该职位的职责和功能，使得原有工作仍然能够顺利开展？

假定猎头是不必要的。即如果不能撤减猎头职位，政府除了聘请猎头公司招募新的人选以外，有没有更加可能而现实的解决办法？

假定猎头行动肯定失败。即如果政府在猎头行动失败后，还不能在短期内解决新的人选问题，将面临的最大风险是什么？

职位评估小组通过快速否决其他方案、排除干扰因素的方式，得出如下结论：我们必须设置这个职位，因为在当前现实情形下，撤减职位的多种因素是不成立或者影响极其微小的。这种反向论证，最大限度地解读和分析了某个具体职位设置的原始动机和起因，即人们平常都予以认同或者熟视无睹的重要职位，仍然存在不必或者替代设置的可能性。

（二）职位运行结构

多以结构图示方法进行分析。结构图示能够简单而形象地描述猎头职位的垂直和平行、领导和下属、直接和间接关系。如政府直属的C企业猎头职位设置对象是行政总监。根据公司结构，可以基本判断出：在垂直方向上，猎头职位的直接上级是分管行政领域的总经理助理、最高上级是企业总经理；直接下级分别是行政部经理、保卫部经理和后勤部经理，下级的下级是车队主管。在平行方向上，分别有财务总监、业务总监和人事总监等同等职位。这些平行职位与其有着垂直方向上的多级、多层组织结构关系。

评估小组在企业基本组织框架图示上，以统一计量单位标明所有职位的现行年薪水平作为猎头职位年薪的衡量依据和参考标准。

（三）业务职责和管理职责

根据C企业实际运营和管理的职位要求，梳理并描述猎头职位的业务职责，如：

（1）参与制定公司年度总预算和季度预算调整，汇总、审核下级部门上报的月度预算，并参加公司月度预算分析与平衡会议。

（2）负责公司行政方面重要会议、重大活动的组织筹备工作。

（3）领导公司后勤服务工作，创造和保持良好的工作环境。

（4）定期组织做好办公职能检查，及时发现问题、解决问题，同时督促做好纠正和预防工作。

（5）负责定期召集员工建议并组织人员对合理化建议进行评审。

（6）负责协调公司系统间的合作关系，先期调解工作中可能会发生的问题。

（7）代表公司与外界有关部门和机构进行联络，并保持良好的合作关系等。

同时，梳理出猎头职位的管理职责，如：

（1）组织建设，如参与讨论公司部门级组织结构等。

（2）招聘及任免，如用人需求、面试、不合格员工处理等。

(3) 培训和绩效考评，如培训方案、培训时间、绩效考评原则、绩效考评、考评沟通、确定考评结果等。

(4) 经费审核与控制，如审批下级部门的财务、监督并控制下级部门的费用支出等。

(5) 汇总、起草和制定月报表、季度报表、年度工作报告等。

(四) 决策和执行力

根据企业决策流程和一般程序，猎头职位能够主导和参加的决策层面以及在决策过程中担任的角色，是衡量候选人职位重要性的必要依据和前提之一。

决策模型是专门为管理决策而建立的模型，即为辅助决策而研制的数学模型。随着运筹学的发展，出现了线性规则、动态规则、对策论、排队论、存贷模型、调度模型等决策分析方法，它们均由计算机予以实现。在管理系统的优化决策模型中，还包括线性规划优化、非线性规划优化、启发式优化和进化优化策略等。

在猎头职位决策流程和基本逻辑分析领域，决策树模型简单易行，备受欢迎。决策树是用二叉树形图来表示处理逻辑的一种工具，可以直观、清晰地表达决策流程的逻辑要求，特别适合于判断因素比较少、逻辑组合关系不太复杂的情况。同时，决策树很擅长处理非数值型数据，免去了很多数据预处理工作。

通过决策树，可以判断猎头职位在最优决策流程中的定位，以及缺失这个环节对整个决策系统产生的影响力和破坏力。猎头职位如果处于最有效、最优化的决策流程环节中，它的影响力将是极其重要的。更为重要的是，政府和猎头公司共同分析职位的决策和执行力角色，在于候选人能否在一定的程度和环节上实现严格而有效的保密。

(五) 任职要求

基于职位描述分析的任职要求，再以同行或同业的相关职位进行比较和参照，可分成基本标准和附加标准两类。基本标准均以最低条件作为起点标准。大致包括以下内容：性别、年龄、国籍和居住地；工作性质（专职/兼职）、权限和范围；教育和培训程度；工资、级别要求；能力条件、从业经历；身体条件等。而附加标准，即破格或者特殊标准。如学历较高者，年龄可放宽的最高界限是多少，又如在行政工作经验方面，可以基本确定“至少3年及以上工作经验”时，适当增加“从事行政管理研究或者教学至少3年以上”条款，就能够将候选人的范围扩大到科研机构、高校教师和行政管理人员、政府参事部门等领域。对于一些特殊职业，还可以明确必要的特殊标准，如仪表要求、经常出差要求、外语及熟练程度要求等。

（六）成本预测

评估小组的一个重要任务是预测政府成本。它包括两个方面：一个方面是如果政府采取自主招募的方法，根据先前的支出标准，预期成本将是多少？如果政府支付这样的成本，能否达到目的？另一方面，如果政府采取猎头方式，成本又将是多少？政府是否能够接受猎头费用？或者说，政府能够容忍且能够同时被猎头公司所认可的猎头成本极限是多少？根据这些问题，寻求倾向性较强的基本结论。

拟订计划和方案

包括拟订计划和方案、猎头方案审批、猎头公司招标、中标公告等步骤。

步骤4：拟订计划和方案

评估小组在职位评估和描述分析工作完成后，就要撰写专门的评估报告，拟订具体的行动方案，递交到政府部门（企业）的决策层。

主要内容包括：

（1）组织领导。包括最高决策层及分管领导、主管部门及领导、执行机构或部门及负责人，日常办公地点及方式，联络人、联络方式和业务投诉受理等。

（2）候选人任职起点标准及具体要求。

（3）基本程序。包括环节流程、时间安排、人员组织、工作要求等。

（4）猎头公司招标。包括挑选猎头公司的原则、范围和具体实施办法以及投标和中标的条件、要求和程序等。

（5）合议。聘请专家组或第三方机构参与整个行动方案的评议、监督和审计工作，明确人数、对象和遴选的基本方案等。

（6）财务预算。包括猎头佣金最高限额、日常办公支出、接待费用、交通费用、专家评审报酬、应急备用金等。

（7）保密措施。如对猎头佣金的最高限额必须采取保密措施。在通行的公文处理和传递过程中，不得出现或明确。

（8）监督机制。

步骤5：猎头方案审批

通过对政策是否适用、方案设计是否科学、程序是否明确、责任人配置是否合理、基本风险预测及其控制是否齐全、应急管理措施是否得当等进行研究，政府部门（企业）决策层予以审批，并作出决定。

步骤 6：猎头公司招标

政府部门（企业）审定猎头方案后，可采取公开或邀请两种形式进行招标。职位透明度较高、工作性质保密要求不高的，多采取公开招标方式。即使是确定邀请招标，投标猎头公司也不得少于 3 家；特殊情况下可实行单独招标。由于邀请招标具有非公开、资质要求较高、投标公司数量有限等特点，还应当加强监督和审计工作，有效防止和杜绝腐败。

招标通知或公告的主要内容包括招标编号和备案号、猎头职位介绍、公司资质要求、总体时间安排、报名截止时间、招标文件发售、负责招标工作的办公机构、具体的联系方式和联系人等。

值得注意的是，猎头公司招标公告中，一般不得透露议标的基本原则及程序、议标评审委员会组成人员名单和猎头职位的年薪标准等。

步骤 7：中标公告及组建项目部

招标时间截止后，政府部门（企业）就要组织议标。议标委员会由相对固定的人员组成，如高级政府官员、人事部门负责人、政府顾问、行业专家、研究学者等。

议标工作结束后，政府部门（企业）将发布猎头公司中标公告。猎头公司中标后，将会立即成立专门的项目部，指定一至两名猎头专员，代表公司全权负责并参与整个猎头过程。猎头公司项目部的成立，标志着政府猎头行动的正式启动和全面展开。

挑选猎头公司的基本原则、范围及方法，可参见本书第七章之风险管理。

签订猎头合同

它包括签订猎头合同、确立搜寻原则及渠道、支付猎头订金等步骤。

步骤 8：签订猎头合同

政府部门（企业）和猎头公司在中标公告的规定时间内，对猎头职位的数量、任职条件、时间要求等进行分析，商谈、签订猎头合同，也称猎头委托合同。

猎头合同的核心要素包括时间规定、任职条件、合同金额及支付方式、保密协议和再猎条款等5个方面。

最为核心的合同要素之一，就是猎头佣金的支付方式。2009年通行的有3种基本方式：一种是“预付结算制”，即先预付一定数额的订金、在候选人正式上岗后的30天以内，一次性结算余额；一种是欧美国家通行的“三分制”，在整个猎头行动的进程中，按照订金、服务费和结算款（尾款）的形式，分成三次，每次都按总额的三分之一支付；还有一种是“三三四制”，即总额的30%为猎头订金、30%为中期佣金、40%为结算款。三者的共同之处，就是猎头订金均不退还。

2007—2009年，在对广东、湖北和广西3个省份（自治区）的政府部门（企业），以及北京、上海、天津、广州和武汉5个城市的猎头公司（企业管理咨询公司）进行调研、考察后，并参考美国、日本、法国和印度等国家的政府猎头实践，可以得出如下结论：在欧美发达国家“三分制”基础上消化、改进后的“三三四制”，更能够被中国的政府部门（企业）、猎头公司和监督管理机构所认同和接受，比较切合于基本国情和猎头行业的发展现实。

步骤9：确立搜寻原则及渠道

搜寻原则因猎头职位的不同而差异很大。如2008年5月，在南方科技大学第一任校长的猎头行动中，遴选委员会确定的搜寻原则，包括基本资格条件、年龄限制、职责及职权、国籍、从业经历与经验、行业知名度等。具体的搜寻原则，多由双方共同商定。

猎头公司拥有商业化、专业化的搜寻渠道。政府部门（企业）共同确立搜寻渠道，能够充分实现政府和市场资源的有机结合，扩大候选人的搜寻范围和层次，有利于政府猎头的顺利展开。

跨国猎头公司的搜寻渠道大致包括：

（一）公开渠道

主要是指报纸、期刊、杂志、网站等。如果有行业要求，则会沿着行业媒体、行业新闻、行业人物、行业龙头企业等途径，进行类似职位的定向搜索；如果有高学历要求，则依从高校网络、校友网络、博士后网站、留美同学会等载体，最大限度地搜索和物色人选；最重要的是根据已经公开的、高级人才求职信息进行网罗。因为这样的主动求职意向，能够为猎头公司节约相当的捕捉成本和游说成本。

（二）专属渠道

猎头公司通过自建、合作和购买方式，向其他同业公司发布模糊的猎头信息，针对性地搜集合适候选人的资料。多会以数据库交换、利润分成等方式，分享并占有部分候选人的资料。最直接的方式就是以现金一次性购买指定条件下的全部候选人的详细资料库。

(三) 授权渠道

政府部门（企业）在委托猎头公司搜寻关键领域、要害部门的高级人才时，多会授权或者指定复制、由政府和国有企业严格控制和掌握的，如政府高级官员、顶级科学家、享受政府津贴的专家学者、政府部门（企业）智囊团（智库）、政府重点管制的精英人物等数据库系统。

一些欧美发达国家的政府部门（企业），多会鼓励和支持猎头公司潜入与职位相关的外国同行同业，乃至敌对势力和竞争对手的行业精英，并提供必要的帮助和方便，居心叵测、路人皆知。

(四) 特殊渠道

跨国猎头公司喜爱聘请退休的高级政府官员、专家学者作为兼职猎头，扩大各种高级人才情报来源和口径，以充实和补进数据库。

与政府关系密切的、消息极其灵通的中性平台，往往会成为猎头公司出其不意的制胜武器。如2005年7月，猎头公司为Google公司搜寻大中华区总裁时，顾及到当时发生的文化冲突事件和政府基本态度，曾经征询过一些高级政府智囊的意见，确定以“能够被中国政府接受和认同”作为搜寻的首要准则。因此，渠道重点放在了立场中立、性情中性的商业领袖领域，果然取得了成功。

步骤10：支付猎头订金

依据猎头合同，在双方确认搜寻原则和渠道后，政府部门（企业）应预付一定数额的猎头佣金，即猎头订金，其数额为合同总金额的30%。

猎头订金支付时间分为两种：一种是在政府部门（企业）与猎头公司签订委托合同后，5个工作日内到账；一种是双方确认搜寻原则、渠道及方式后，7个工作日内到账。至于具体的付款方式，双方协议解决。

按照行业惯例，猎头订金逾期15个工作日还不能到账的，猎头公司将按“废单”或“飞单”处理。猎头行动将全面停止，即时生效。

第二节　中期实施

中期实施阶段为第二阶段（步骤11－20），从新闻发布与信息起，到政府部门（企业）支付中期猎头佣金止。

海选与推荐

包括新闻发布、海选与推荐等步骤。

步骤 11：新闻发布

新闻发布包括发布时机和媒体渠道两个环节。新闻发布并非政府猎头流程的必要步骤。在欧美发达国家，猎头公司忌讳抛头露面；如果确有必要，也会安排在整个猎头行动结束之后。而在发展中国家，政府部门（企业）和猎头公司偏爱举办新闻发布会。主要原因之一，就是能够增加双方的新闻曝光率和公众关注度。

较为合适的新闻发布时机，包括征选猎头公司时、猎头公司中标后、支付猎头订金后等。在策略及方法上，常采用例行新闻发布会和专门新闻发布会两种方式。前者信息发布量大、媒体集中且较节省费用；后者多为批量化的猎头行动。政府部门制定并实施合适的新闻发布策略，不仅能够树立良好的公众形象，有效扩大招募范围，还能推进猎头进程，顺利完成猎头计划。

媒体发布渠道，包括官方指定媒体、公众媒体和指导登记媒体等。如上海市直属 P 企业招募总经理职位时，除了政府的报纸、官方网站等指定媒体以外，公众媒体发布则安排如下：

类　别	时　间	媒体名称	版　面
报纸	A 日	第一财经	A 叠黑白半版
	B 日	金融时报	黑白半版
	C 日	前程无忧	1/12 版
网站	A—C 日	第一财经	擎天柱
	A—G 日	第一财经	一周文字链接
	A—G 日	51job	信息发布
电台	A 日	第一财经	21：57—22：00
	B—G 日	第一财经	22：27—22：30
	C 日	第一财经	21：57—22：00

同时，政府部门还公布了授权登记媒体。即应聘者通过指定的官方网站或者企业网站，包括浦东网、上海经营者人才网、P企业网站主页等。应聘者能够通过网站，完成应聘表格下载、网上报名等工作。在网络条件较好的情况下，授权登记媒体还可以提供网络即时查询服务，便于申报者及时补充、修改和更正。

步骤12：海选与推荐

多数欧美发达国家的政府猎头只采取猎头公司的推荐方式。而在广大的发展中国家，海选和推荐两种方式经常同时使用。

海选方式优势明显，如受众面较为广泛，能够制造轰动效应，且影响很大等。多适用于限制条件少、职位透明度高、经济收入较高等的猎头职位。

猎头方案通过后，多会采取海选公告的形式发布。如2008年7月8日，中共中央组织部、国务院国有资产监督管理委员会依据有关法律法规，决定组织16户中央企业面向海内外公开招聘16名高级经营管理者，并在多家官方媒体上发布了《招聘公告》。

《招聘公告》还明确了职位的主要职责和职位要求。如中国电子信息产业集团公司总经理职位，主要职责是主持公司的经营管理工作，组织实施董事会决议。具体包括：参与制定并组织实施公司中长期发展战略；组织实施公司业务重组和资源整合；引导和推动公司组织变革，增强集团管控力度；拟订并组织实施年度经营计划和投融资计划等。同时，也公布了职位要求：了解国家宏观经济政策，熟悉电子信息产业的相关政策法规，掌握相关行业发展动态和方向；熟悉大型企业集团的组织和运作模式，具有国际化企业的管理能力和资本市场运作能力；具有5年以上大型企业经营管理工作经历；能够熟练运用英语；具备重大科技创新项目和工程组织协调能力；具有中华人民共和国国籍等。

同时，针对一些特殊的职位，还会要求申报者提供政治审查材料。至于海外高级人才（含外籍）申报时，则要求提供无犯罪记录证明、经济状况证明、纳税记录、婚姻状况证明等必要的相关材料。

猎头公司的推荐可分为内部推荐和外部推荐两种方式。内部推荐是系猎头公司在政府部门（企业）内部进行搜寻和物色，通过内部考察和平行职位调整的方式，推荐合适的候选人。绝大多数情形下，猎头公司依据商业化、职业化和专业手段，倾向于采用外部推荐方式，即在猎头职位所在的系统外部的行业和领域进行搜寻。这样能够有效避免一些积弊，如选拔方式单一、高层人员近亲繁殖、人际关系成分重、观念更新慢等。外部推荐大致可划分为纵向（高一级职位的下调或者低一级职位的晋升）推荐、横向（同行业）推荐、跨行业推荐、海外空降等多种方式。如前所述的菲奥里纳，属于横向推荐，而郭士纳则属于典型的跨行业推荐等。这些推荐方式各有所长，不一而论。

候选人甄别

候选人甄别是政府猎头中期实施阶段的入口，包括候选人资格审查和甄别等步骤。

步骤13：候选人资格审查

政府部门（企业）和猎头公司依照猎头职位的基本条件和任职要求，将联合组织资格预审工作。

在预审期间，凡出现候选人信息模糊、申报格式要求错误和证明材料不足的，可以要求候选人在规定时间内进行修改或补交材料。

步骤14：甄别

在欧美发达国家，候选人的甄别程序大都需要解决如下问题：候选人是否真实而全面地反映了自己的基本情况？候选人申报或表述的基本信息中，虚假成分有多少？是否可以被理解或容忍？有没有候选人刻意隐瞒真实信息？如果有，候选人的基本动机是什么？

（一）*履历分析*

主要是指根据履历或档案事实，了解一个人的成长历程和工作业绩，初步探明其一定的人格背景。使用个人履历资料，既可以用于排除式的初审阶段，迅速淘汰明显不合格的人选，也可以根据与工作要求相关性的高低，事先确定履历中各项内容的权重，把申请人各项得分相加得出总分，然后进行选择。

标准履历表的基本内容包括：

（1）基本资料。如姓名、性别、年龄、籍贯、国籍、现居住地、婚姻状况、电话、电子邮箱等。

（2）申请职位的主要动机及自身优势介绍。

（3）主要技能。如专业技术水平、管理协同能力、交流与协作、理论基础、技术运用、语言掌握及熟练程度等。

（4）职业生涯。包括时间段、职业、职务、级别、主管领导职位等。

（5）主要业绩。如前后业绩对比、创新举措、新市场开拓、同业评价，证明人等。

（6）教育及专业培训。如具体过程、时间段、内容、证明人等。

（7）与申请职位相关的各种奖励及荣誉。

研究结果表明，履历分析对申请人今后的工作表现有着一定的预测效果，这是因为过去表现总是能够从某种程度上预测未来。在现实生活中，由于不少高级人才的文字表述能力平常、笔迹潦草、前后表述矛盾等，往往还不能真实地表露出候选人的特殊能力和优势。但是，履历分析用时短、见效快，简单实用、成本低廉。

（二）背景调查

背景调查是猎头公司根据候选人提供的证明人，或者是根据履历表确认的合适证明人而进行的。目的是针对候选人提供的教育过程、从业经历和业绩介绍等信息进行必要的核实与确认，进一步了解候选人是否诚信。另外，还能够调查、了解候选人的领导、同事以及朋友对候选人的各种评价。

背景调查种类繁多、形式各异。2008 年，跨国猎头公司通用的、较为标准的背景调查表如下：

（1）Please confirm your relationship with candidate, and the time period for which you collaborated with him/her. 确认与候选人之间的关系，以及与他/她共事的时间。

（2）Would you please give an outline of the nature and scope of the candidate's job responsibilities? 如果可以，你将如何描述候选人的工作职责、性质和范围？

（3）How would you consider the candidate as a team player? How would you assess the leadership quality of the candidate? 你怎样评定候选人的团队精神？你如何评估候选人的领导水平？

（4）How was the candidate rated on overall performance in relation to his job responsibilities? 就他的工作职责而言，你会如何评价候选人的整体表现？

（5）How would you describe the candidate's overall problem-solving and decision-making abilities? 你如何描述候选人解决问题的能力和决策力？

（6）What do you see the major strength and weakness of the candidate? 你认为候选人最大的优点和缺点各是什么？

（7）How would you comment on candidate's integrity? 你会怎么评判候选人的为人（人品）？

很多候选人担心猎头公司进行背景调查时，会让现有的单位（雇主）发现，由此处于相对被动的局面。其实这是没有必要的。比较规范的猎头公司的调查方式合法而保密，更会采取各种得力措施，完善调查的方式、手段和细节，力求避免类似情况的发生。

（三）随机抽样

除了履历分析、背景调查这样的“常规武器”，跨国猎头公司还有五花八门、千奇百怪的随机抽样调查，这是他们的“秘密武器”。所有的临时性、随机性的抽样核查，都是紧紧围绕候选人职位要求，选择其中一种或者几种方式进行的，旨在对候选人进行必要的实时、实地核查。一些经常被候选人忽视的领域，往往会成为客户和猎头公司共同研究和考察的重点，甚至还是决定候选人入围资格和录用资格的重要依据。

主要内容包括：

（1）银行信用核查。在完善的市场机制下，欧美猎头公司能够按照正常渠道和手段，调查候选人的银行信用记录，如贷款归还情况、银行信用额度、不良记录等。

（2）商业合同履行记录。候选人先前经手的商业合同，是否按时完成，履行的效果如何，以及合同各方的满意度。

（3）风险意识及其控制。如候选人曾经参与的风险投资项目，或是否出身于风险投资领域，工作业绩如何，行业评价如何以及风险承担能力如何等。

（4）社区表现。候选人所在的社区和邻居、与候选人生活紧密度较高的群体组织和个人，是否曾经投诉过候选人，候选人及其家属是否发生过邻里纠纷以及实际情形如何，社区义务活动是否按时参加以及表现如何等。

（5）慈善捐款情况。候选人是否参加过先前所在公司、社区和民间团体的慈善捐款活动，以及在多次慈善活动中的活跃度及其公众评价。

（6）专业技术水平。主要有：是否在所在领域的专业期刊、报纸上发表过学术文章，学术影响力如何，受邀参加专业学术会议的次数是多少，以及受邀担任专业技术评委的次数又是多少等。

（7）新闻知名度调查。通过各种媒体和公开信息渠道，全面收集候选人最近时期（多以 3 年为限）的新闻报道、采访、学术会议、言论发表情况，借以分析候选人的人际交往、社会影响和公众形象等综合条件，以及候选人所处的社会、学术和行业层次及档次。

飞行面试、述职及测评

这是能够充分体现出猎头公司行业特色和水平的领域之一，包括飞行面试、候选人述职和人才测评等步骤。

步骤15：飞行面试

甄别阶段结束后，猎头公司将及时向政府部门（企业）通报工作进度，安排专人递交相关资料，初步提出比例较大的候选人名单。一个职位的候选人原则上都会不低于10人，多的可达20～30人。当然，候选人名单及详细的文字资料，都会予以严格保密。

猎头公司随即安排猎头顾问和经理，逐一约见候选人；政府部门（企业）则不能避开猎头公司，提前或者单独约见候选人。猎头公司单独实施的对候选人的第一次约见，被称为“飞行面试”。它以猎头顾问在很短的时间内单独约见所有的候选人，而不得不乘坐飞机来回奔波而得名。

（一）分析与准备

猎头顾问确定合适人选后，会指定专门的猎头经理、猎头专员和猎头助理组成专门的小组，对每一个候选人都进行前期分析，如性格、经历、从业时间、过往业绩、能否接受新职位、可能遇到的障碍、沟通的最佳方式等。涉及专业性较强的猎头职位，还需要整理候选人的学术论文、科研成果、新闻报道、业内评价等。

为了促成理想的候选人接受猎头职位，一些猎头公司会还会召开小型的模拟会议，通过模拟候选人可能的答复和态度，针对性地制定各种对策。

（二）电话预约

猎头公司预约候选人，确定具体见面的时间和地点。特别重要的候选人，会切入他/她最为亲密的领导、朋友、同学和同事，甚至于配偶、子女，穿针引线、代为引见，以消除候选人的戒备和抵制心理。

在没有与候选人正式电话沟通之前，猎头公司严禁提及猎头一事，以免对候选人造成不必要的影响和干扰。即使在电话预约时，猎头公司也会反复强调，这件事仅限于双方知道，不得泄露于第三方。目的之一，就是要对双方进行全面、必要而有效的保护。

（三）地点选择

猎头顾问会向候选人提供可以选择的见面商谈方案，并事前征求候选人的意见。飞行面试地点大致包括：

（1）咖啡厅和茶馆。多以闹市区、星级酒店较为合适。

（2）郊外。如高尔夫球场、休闲农庄、名胜古迹、体育馆、博物馆、钓鱼场所等。

（3）大学。多以运动场、休闲区域为主。

（4）特色餐厅。如候选人偏爱的个性餐厅、家乡口味的饭馆等。

（5）公园。

猎头公司一般规定，在任何情况下，猎头顾问不得在办公室与候选人见面。这是因为猎头选择的候选人，档次和级别均属于社会层次较高的群体，办公室是极其不适合的。猎头顾问喜欢以朋友的私人身份出现，尽量缩小知晓范围，营造轻松的交流环境，利于单独沟通，尽快进入各自角色。

（四）主要目的

包括两个方面：一个是猎头顾问对猎头职位的简要介绍和说明；另外一个就是候选人是否有兴趣接受猎头职位并参与角逐。

猎头公司对猎头顾问有着专业化、职业化的面试场景训练和评估。因此，几乎所有的猎头顾问都会给候选人留下亲切而友好的深刻印象。

不管谈话结果如何，猎头顾问都会承诺对商谈内容保密，给犹豫不决的候选人预留答复期。针对候选人提出的各种疑问，猎头顾问会以最快的速度向公司报告，予以正式回复。

（五）顾问评分

飞行面试的另外一个特色是，由于时间安排较紧，行程匆忙，猎头顾问在乘坐飞机时会抓紧时间极力回忆刚刚发生的、面试阶段的基本细节，迅速归纳、整理，并按照公司的规定，认真填写飞行面试评估表。具体的实战飞行面试表模版可参见本书附表。

飞行面试结束后，猎头公司将根据顾问的评估内容和结论，确定进一步的工作安排和流程，如是否继续搜寻、是否与候选人进行新一轮的谈判、是否安排新的猎头顾问参与其中等。同时，猎头公司进一步缩小候选人名单，把一个职位的理想候选人数量控制在5～10人的范围内。精简后的候选人名单及资料（含飞行面试表、猎头公司分析结论）经过加密，安排专人通报到政府部门（企业）。

步骤16：候选人陈述

陈述环节是候选人在规定时间内，对自己的基本情况进行简要介绍，初步提出对猎头职位的认识、了解和今后的打算等。在一些欧美发达国家，猎头公司将统一要求所有的候选人进行现场陈述。针对一些特殊的候选人，可取消陈述要求。但是，必须事先提取采访、约见和商谈的录音，或者举行级别非常高的听证会，借以顾及特殊候选人的身份、地位和影响，达到陈述所需要的基本的既定效果。

在高级公务员选拔时，政府部门（企业）要对候选人进行更加完整和规范的述职。述职报告是指各级各类机关工作人员，主要是领导干部向上级、主管部门和下属群众陈述任职情况，包括履行岗位职责，完成工作任务的成绩、缺点问题、设想，进行自我回顾、评估、鉴定的书面报告。包括三个方面的基本内容：一是任职期间的任务完成情况，取得的主要工作成绩；二是存在的问题及经验教训；三是今后工作的努力方向、目标或打算。

述职报告是任职者陈述自己的任职情况，评议自己的任职能力，接受上级领导考核和群众监督，具有汇报性、总结性和理论性等特点。

首先是个体性。述职报告对自身所负责的组织或者部门在某一阶段的工作进行全面的回顾，按照法规在一定时间内进行，要从工作实践中去总结成绩和经验，找出不足与教训，并对过去的工作作出正确的结论。与一般报告不同的是，述职报告特别强调个体性。自己亲身经历或者督查的材料，都必须保证其真实性和客观性。

其次是规律性。述职报告要写事实，并不是简单地罗列和堆砌事实。它必须对搜集来的事实、数据、材料等进行认真的归类、整理、分析、研究，找出某种带有普遍性的规律，得出公正的判断和评价。述职报告是否具有理论性、规律性是衡量一篇述职报告好坏的重要标志。

再次是通俗性。面对评委和观众，要尽可能让个性不同、情况各异的与会代表全部听懂，这就决定了讲话稿应该具有一定的通俗性。即使是专业性、学术性很强的内容，也要尽可能地明晰准确，以便使参与评选的政府部门（企业）、猎头公司和第三方监督机构的代表能够理解。也就是说，形式是通俗的，结构是格式化的，语言则是口语化的。

最后是艺术性。述职报告的艺术性是魅力所在，直接影响着整个报告的影响和效果。述职报告中，具体采取何种方式、方法，完全取决于个人的性格、能力和艺术表现力等综合因素。但是，它往往能够让一些候选人得到不少的“印象分”和“场外分”，无形中也增加了参与竞争的优势砝码。

步骤 17：人才测评

人才测评具有多方面的功能，归纳起来主要有三个方面：首先是甄别和评定功能。这是人才测评最直接、最基础的功能。所谓甄别评定，是指对人才素质状况优劣、水平高低的鉴别和评定。甄别是测量个体之间的素质差异，评定是衡量受测者素质构成及其成熟程度，以及是否具备规定的资格条件。其次是诊断和反馈功能。诊断是指通过测评，找出候选人素质构成及发展上的问题及不足。反馈则是指根据测评结果，提供调整和改进测评对象素质缺点的信息，分析缺点和不足及其产生的原因，提出诊断意见和素质优化开发方案，帮助测评对象克服缺点、发扬优势，推动个人素质的全面发展。最后是预测和激励功的纳税证明清单等。

（10）猎头合同规定的、必要的材料及证据，如声音鉴定、笔迹鉴定、属相及星座推理描述等。

（三）特别说明

（1）报告书的体例，多由猎头公司自行决定。

（2）语言使用工具为所在国的官方指定或通行语言；特殊情形下，应该提供双语版本。

（3）报告书的内容增加、删减程度及其分量，可视具体的猎头职位而定，对结构和篇幅并无具体的要求和限制。

步骤19：猎头公司举荐及答辩报告会

全程报告书编写完毕后，政府部门（企业）、猎头公司和第三方监督机构将再次举行报告答辩。会议上，由猎头公司提出候选人名单，并做简要的介绍和说明。

基本程序包括：

（1）猎头公司全程报告。

（2）猎头公司确定的3名候选人/职位的名单、推荐意见和结论。

（3）政府部门（企业）和第三方监督机构的代表提问、质询及猎头公司答辩。

（4）猎头公司整改、政府部门（企业）配套措施及责任人和时间表。

步骤20：结算中期猎头佣金

如果举荐及答辩报告会令人满意或者比较顺利，或者说，政府部门（企业）和第三方监督机构并没有强烈反对，在猎头公司举荐及答辩报告会结束后，政府部门（企业）应及时支付中期猎头佣金，即总额的30%。中期猎头佣金的延期时间，和先前支付猎头订金时的“废单”或“飞单”处理方式相同。

第三节　后期管理

后期管理阶段为第三阶段（步骤21－30），从联合评议起，到猎头项目正式结项止。

能。预测功能是指通过对人才素质现有状态的鉴别评定，可以预知、推测其素质发展的趋向。激励功能是指通过对人才素质诊断和反馈，使受测者增强进取心，促使其勤奋学习、努力工作，尽快掌握好一定的知识和能力，充实完善自我，成为对国家、对社会有用的人。

政府猎头的人才测评针对性更强。通常采取科学分类、组合搭配的方法，追求最佳测评效果。较为通行的方法是分别从“笔试和面试”、“心理测量”和“评价中心”挑选一项工具，再挑选一项“辅助工具”，组合成“3+1”型测评方案。在测试条件和环境较为成熟的地区和行业，还可以使用随机抽样、随机组合的方式，因地制宜、付诸实施。常见的测量工具及其在不同领域的适用强度可参见本书附表。

（一）笔试与面试

1. 笔试

笔试主要用于测评候选人的基本知识、专业知识、管理知识、职位责任、综合分析能力、文字表达能力等素质及能力要素。

笔试在测定知识和思维分析能力方面效度较高，而且成本低，可以大规模地进行施测，成绩评定也比较客观，往往作为人员选拔录用程序中的初期筛选工具。

2. 面试

面试是针对应试者基本素质和条件要求，经过精心设计、在特定场景下以面对面的交谈和观察为主要手段的测评方式。分为结构化面试和非结构化面试。

(1) 结构化面试。

也称标准化面试，是根据制定的评价指标，运用特定的问题、评价方法和评价标准，严格遵循特定程序，通过测评人员与候选人面对面的言语交流，对候选人进行评价的标准化过程。它有机地融合了标准化测验和传统经验型面试的优点，测验结果也比较准确和可靠。结构化面试保持了面试中双向交流与工作实际结合紧密的优点，又吸收了笔试中的一些措施，标准化、客观性的特点更加突出，提高了面试的信度与效度。

结构化面试的标准化特征主要体现在：①以工作分析为基础，通过工作分析（职务分析）得到某一职务具体的操作内容，胜任该职务所需要的知识、能力以及性格倾向，较为完整地清理出适用于该职务的测评要素；②每一次面试之前，根据实际情况选择该职务测评要素中最重要的、可测评的部分命题，且题目均事先给出参考答案及评分标准；③对所有的应试者都提出相同的一系列问题；④考官须经过专门的培训，并取得资格评审；⑤有统一的评分标准和评定量表；⑥每个应试者的面试时间基本相同，一般规定为30~40分钟。

结构化面试的客观性主要体现在：①结构化面试的题目在事先都确定了评分标准，在面试过程中，不是只由一位考官进行评定，而是由5~7名考官独立评分，然后对所有考官的评分进行平均，避免了一位考官决定应试者命运的情形，且考官上岗前都须经过培训，大大减少了主观评分误差，提高了面试的信度；②结构化面试以工作分析为基础，确定测评的基本要素，使试题与工作内容紧密结合。因此，相对于非结构化面试而言，预测效果较为理想；③结构化面试由于对每位应试者都会提出同样的问题，给每位应试者回答问题的时间也基本相同。因此，在增加了公平性的同时，也减少了许多不必要的矛盾。

结构化面试测评要素涉及知识、能力、品质、动机、气质等，尤其是有关职责和技能方面的具体问题，基本上能够保证筛选的成功率。它注重根据工作分析得出的、与工作相关的特征，有着较高的信度，成本也比较低，且评分的一致性也能够得到保证。由于试题对工作内容的针对性较强，且命题的结构化及评分的标准化等优点，已经被广泛应用于各类人才选拔和考核之中。

（2）非结构化面试。

非结构化的面试组织比较“随意”，面试人员事前都没有经过精心准备与系统设计，要求考官临时发挥。因此，对考官的个人素质有极高要求，否则很难保证测评效果。

在猎头公司组织的面试过程中，非结构化考试是十分常见的测验手段。原因就是猎头公司至少会安排一名业内专家或者资深学者参与面试，并提出专业性极强、针对性极强的问题，以确认候选人的专业技能、应变能力和心理素质等。

非结构化面试的种种优点，使得它同样适用于高级公务员群体，能够取得较为理想的效果。它可以对政府高级雇员必须具备的品德素质进行剖析，如廉洁自律、敬业精神、责任心、诚实、团结精神、乐于助人、奉公守法、正直、公正、热爱国家等。在确定品德的测评要素之后，对所要测评的品德项目给出其操作定义，使通常认为只能进行定性描述的品德内容变得可以量化操作。但是，非结构化面试多见于高级公务员选拔领域，不太适用于普通公务员领域的基础型考试。

（二）心理测量

心理测量是指利用事先编制好的测评题目施测候选人，候选人通过内省和其他方式对测试题目作出反应，依据反应结果来推断个体心理特征的测量方法。心理测量对候选人的测量主要集中在能力因素、动力因素和人格因素上，且要求测量工具有较高的信度、效度和区分度。

常见的心理测量工具有：

1. 卡特尔 16 人格测验量表（16PF）

雷蒙德·卡特尔（Cattell）受化学元素周期表的启发，采用系统观察法、科学实验法以及因素分析统计法对人格特质进行了分析，提出了基于人格特质的一个理论模型。该模型分为个别特质和共同特质；表面特质和根源特质；体质特质和环境特质；动力特质、能力特质和气质特质等 4 个维度。

测验量表旨在测验候选人在乐群性、敏锐性、稳定性、影响性、活泼性、规范性、交际性、情感性、怀疑性、想象性、隐秘性、自虑性、变革性、独立性、自律性和紧张性等 16 个维度上的人格特点。这 16 种人格因素是各自独立的，每一种因素与其他因素的相关性极小。这些因素的不同组合构成了一个人不同于其他人的独特个性。测验由 187 道题组成。每一种人格因素由 10 ~ 13 个测验题组成的量表来测量，共 16 个分量表。16 种因素的测题，则采取按序轮流排列，以便于计分，并保持受试者作答时的兴趣。每一个测验题有 3 个备选答案。每一种因素的测量都能使测验人对被试某一方面的人格特征有清晰而独特的认识，可以对被试人格的 16 种不同因素的组合作出综合的、全面的人格评价。

卡特尔 16 人格测验在国际上颇有影响，具有较高的信度和效度，广泛应用于人格测评、人才选拔、心理咨询和职业咨询等领域。

2. 霍兰德职业兴趣测量（SDS）

霍兰德（Holland）认为人格类型、兴趣与职业密切相关。每个人都归附于不同的人格类型，每种类型的人对相应的职业类型感兴趣，依此制定了职业偏好量表（VPI）和自我指导问卷（SDS），用于职业兴趣的测量。他和助手在几十年的时间里，经过 100 多次大规模的实验研究，形成并提出了人格类型与职业类型的学说。学说把人的人格类型和职业类型划分为 R、I、A、S、E、C 六种，认为某一人格类型会对相应的工作类型产生兴趣。

R：现实型（Realistic）。这种类型的人喜欢具体的、运动的、技术性的活动。倾向于以机器、物体为对象，以室外活动为特点的工作，如机械工人、现场技术人员、驾驶员等。

I：研究型（Investigative）。这种类型的人擅长归纳思考类的活动，其特征是抽象的、分析型的。这类人倾向于从事专业研究工作，适合的职业有研究者、医师等。

A：艺术型（Artistic）。这种类型的人和他人的接触是间接的，他们通过音乐、美术等创作表达自己，回避和他人相处产生的问题。适合的职业有作家、音乐家等。

S：社会型（Social）。这种类型的人喜欢社交活动，关心社会问题以及对教育活动感兴趣，他们主要的价值偏重于人道和宗教。适合的职业有教师、咨询人员等。

E：企业型（Enterprise）。这种类型的人在指挥他人、监督他人或销售物品的场合下，具有使用巧妙的语言技巧吸引人的能力，喜欢担任领导角色，爱冒险。适合的职业有企业策划、制片人、销售和经营方面的工作。

C：事务型（Conventional）。这种类型的人显示出对计算等活动的偏好，具有实际的、良好控制的、有条理的、友善的特点。适合的工作有事务管理方面的工作，如会计师、办事员、银行工作人员等。

他们同时也指出，大多数人的人格类型可以主要地划分为某一类型。但是，由于个人又有着广泛的适应能力，其人格类型在某种程度上相近于另外两种人格类型时，也能适应另外两种职业类型的工作。

3. 情绪智商测试（EQ）

EQ 是“情绪智商”的简称，由美国哈佛大学心理系丹尼尔·戈尔曼教授在 1995 年出版的《EQ》一书中提出。EQ 包括自制力、忍耐力、积极性、责任心、同情心、协调力等内容，是人的素质、性格、涵养的综合反映，常被用作预测一个人能否取得职业及生活双重成功的有效指数。

EQ 内容共有自我察觉、自我管理、社交察觉和人际关系管理 4 大项，以及意识到自己情绪的变化、精确的自我评估、自信、情绪自制力、坦承、适应力、成就动机等 18 小项。

戈尔曼认为，EQ 包括抑制冲动、延迟满足的克制力，包含了如何调适自己的情绪，如何设身处地地为别人着想、感受别人的感受的能力，以及如何建立良好的人际关系、培养自动自发的心灵动力等。简言之，EQ 是一种为人的涵养，是一种性格的素质。

在欧美发达国家，EQ 测试作为一种通用的、成熟的基础测评，多用于政府招募高级雇员领域。

4. 领导风格测量

德国心理学家勒温（Lewin）根据群体动力学的理论，进一步从事群体领袖领导风格类型与群体作业绩效关系的研究。他以类似童子军群体作业的方式进行研究，将候选人分为条件大致相似的三组，各组作业活动相同。根据各组领袖的领导风格，可分为三种类型：

独裁型领导（AL）：群体的一切活动完全由领袖个人决定，群体中所有成员只能依令行事，不容许有任何异议。

民主型领导（DL）：群体的一切活动由领袖和群体成员共同讨论而后决

定。在讨论过程中，领袖以群体成员之一的身份参与，鼓励大家发表意见，力求达到集思广益的目的。

放任型领导（Laissez-Faire Leadership）：在群体作业过程中，领袖不闻不问，完全由群体成员凭其所好各行其是。

结果发现，在民主型领导之下，群体成员相处融洽，而且工作绩效最高；在独裁型领导之下，群体成员之间由攻击性行为产生；在放任型领导之下，群体工作绩效最差。领导风格测量多以问卷调查的形式出现，且能够在短期内作出领导风格的偏向性分析，成为领导型高级人才心理测量的主力工具。

5. 管理方格理论

主要包括美国俄亥俄州立大学的四分图理论、布莱克和莫顿的管理方格理论和雷定（Reddin）的三维构面理论等测量方法。

管理方格理论最为流行和通用。在四分图“领导行为描述”问卷调查基础上提出的管理方格法，使用一张纵轴和横轴各9等分的方格图，纵轴和横轴分别表示企业领导者对人和对生产的关心程度。第1格表示关心程度最小，第9格表示关心程度最大。全图总共81个小方格，分别表示“对生产的关心”和“对人的关心”这两个基本因素以不同比例结合的领导方式。

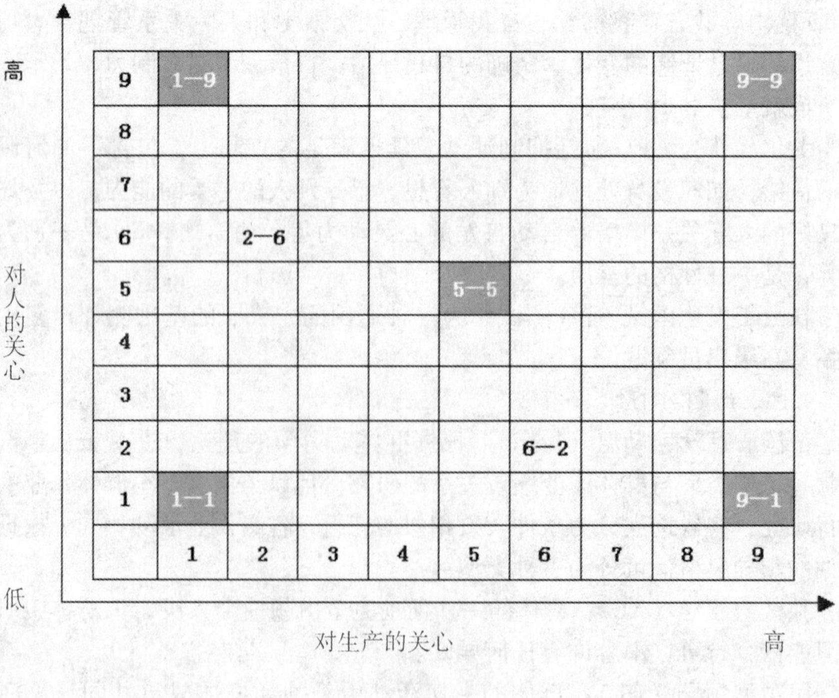

管理方格图中，1-1定向表示贫乏的管理，对生产和人的关心程度都很低；9-1定向表示任务管理，重点抓生产任务，不太注意人的因素；1-9定向表示俱乐部式的管理，重点在于关心人，企业充满轻松友好的气氛，不大关心生产任务；5-5定向表示中庸式管理，既不偏重于关心生产，也不偏重于关心人，完成任务不突出；9-9定向表示理想型管理，对生产和人都很关心，能使组织的目标和个人的需要最为理想、最为有效地结合起来。

管理方格理论表明，在对生产的关心和对人的关心这两个因素之间，并没有必然的冲突。他们通过自由选择、积极参与、相互信任、开放的沟通、目标和目的、冲突的解决办法、个人责任、评论、工作活动等9个方面的比较，认为9-9定向方式最有利于提升企业的绩效。所以，企业领导者应该客观地分析企业内外的各种情况，把自己的领导方式改造成为9-9理想型管理方式，以达到最高的效率。

6. 领导行为评价（CPM）

领导理论是组织行为学领域一个重要的组成部分，研究核心是确定影响领导有效性的因素、提高领导有效性的方法和途径，以及改善相关组织变量（如员工满意度、组织绩效等）。Cartwright，Zander（1960）在《团体力学》中提出PM（Performance-Maintenance）领导模型。20世纪60年代初，日本大阪大学心理学家三隅二不二引用《团体力学》中PM的概念，提出了PM领导行为理论。

1987年，中国科学院心理研究所凌文辁等，针对中国领导选拔和评价的实际，经过大量实证研究，提出了CPM中国领导模式。在PM理论的基础上，将领导者的个人品德（C）纳入到评价指标中来，即从个人品德（C）、组织目标达成（P）和团体维系技能（M）三个方面对领导者进行评价。

CPM理论认为，中国的领导行为包括工作绩效P、团体维系M和个人品德C三方面的因素。P因素起着完成团体目标的机能，要求领导者有周密可行的计划，精通专业知识，强有力的组织能力等；M因素起着维系和强化团体的机能，主要通过领导者对被领导者的体贴关心，信任尊重，激励支持，来消解P因素可能带来的消极作用，保证组织目标实现；C因素起着一种模范表率的作用，主要是指领导者的个人品德，如诚实正直、实事求是、廉洁无私、以身作则等。

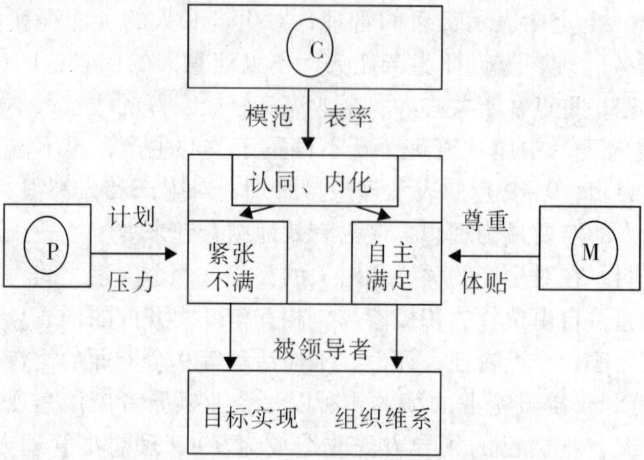

CPM 理论的动力学依据之一，就在于它推动了组织机能的执行，即实现组织目标，维系组织的生存与发展（如上图所示）。P 和 M 可以看作是领导者执行这种领导职能过程的直接影响力，而 C 机能则是领导者的间接影响力。由于领导者的模范表率行为一方面可使被领导者在工作中的不满得到解除，从而获得心理上的平衡和公平感；另一方面，领导者的模范表率行为通过角色认同和内化作用，可以激发被领导者的内在工作动力，使其努力去实现组织目标。可以认为，C 机能对 P 机能和 M 机能起着一种增幅放大的作用。C、P、M 三种机能分别起着不同的作用，P 是对工作，M 是对他人，C 是对自己。一个领导者只有正确地处理好对工作、对他人、对自己的关系，才能最大地发挥领导的作用。它们之间不是相加的作用，而是相乘的作用。因此，领导效果（E）应该是 C×P×M。

凌文辁、方俐洛（1991）等，从社会文化角度进行了中国人内隐领导理论的探讨，总结出了中国人内隐的领导特质，即个人品德、目标有效性、人际能力和多面性 4 个因素。这一模式与 CPM 领导理论有着类似的结构，前 3 个维度分别对应于 C、P、M 这 3 个因素，第 4 个维度“多面性”的内容也包含在 P 因素和 M 因素中。CPM 模式提出了领导行为评价的中国模式，而内隐领导理论也检验了 CPM 模式在中国的适用性，说明 CPM 模式更符合中国的文化和国情。

郑伯埙（2006）指出，德行领导在华人社会和组织中历来就非常重要。在儒家思想中，领导者的基本条件就是通过展现与其角色适宜的行为，来证明其高超的品德。孔子认为，治理国家最有用的方法就是以身作则，用美德来领导，做下位者的榜样，并加以潜移默化。在《论语》中，这种主张也很多。

比如，“为政以德，譬如北辰。居其所，而众星共之”（《论语·为政》）。“其身正，不令而行；其身不正，虽令不从”（《论语·子路》）。而另一方面，由于缺乏对人民权利的保障，人民一旦离开家的范围，命运可以说是完全操控在政府官员手中。因此，品德对中国帝制下的官员也就格外重要。即使是现在，以人治取代法治的倾向仍然相当程度地存在于华人的社会当中（凌文辁，1991）。中国社会法律制度的不完备与人治的传统，使得握有权力的在位者必须具有品德与操守的基本要求。

在现代社会，品德仍是领导者的重要因素（郑伯埙、庄仲仁，1981）。1988—1991 年、2002—2003 年，凌文辁通过两次在中国内地所进行的领导研究也发现，尽管经过了 10 多年翻天覆地的变化，个人品德因素仍是影响力最强的，中国人评价领导者首先看的，还是他的品德操守。

德行领导者会表现出高超的个人操守、修养，并能够公私分明。其中，有两个核心品德：不徇私（特别指不滥用权力为自己牟利）和以身作则（即要求部属做到的，自己会先做到）。对于领导者所展现出的“正直尽责”、“不占便宜”、“无私典范”树德行为，部属会表现出对领导者的认同内化，进而影响部属的工作表现。部属会信服领导者的价值，并进一步学习与模仿，使之成为自己的价值观与思想，并表现在待人接物及工作上（郑伯埙、姜定宇，2000）。

（三）评价中心

评价中心（Assessment Center）技术，最早起源于 1929 年德国的军官选拔。第 28 届评价中心国际会议指出，评价中心是由对多次行为的标准化评估构成的，由许多受过培训的观察者应用技术手段，对评价人主要从专门设计的情景中表露出的行为作出判断。评价中心的核心是情景模拟。除了述职竞选演讲外，主要是公文筐测验（In Basket）、无领导小组讨论（LGD）和管理游戏。

公文筐测验是评价中心技术的核心工具之一。它的基本方法是模拟工作情境，要求候选人以管理者的身份，在规定时间内模拟真实情境处理一批由文件、函件、备忘录、报表等组成的公文，通过分析处理公文的时效与绩效进行测量评价。公文筐测验主要用来考察管理者的胜任力，对候选人的工作条理、计划、组织、沟通、决策、分析问题、多向适应等管理技能进行评价。

无领导小组讨论（LGD）指将多名候选人组成 10 ~ 12 人规模的小组。先是安排他们就某一问题进行讨论，而不指定讨论会的主持人。候选人在讨论中可自由发挥，评价者通过对候选人在讨论中的言语或非言语行为的观察作出评价。主要用来测评候选人的仪表举止、语言表达、逻辑思维、组织协调、洞察沟通、情绪稳定性、反应敏捷性、适应环境能力等素质，以及自信、进取、负责等个性特点。

根据不同的标准，无领导小组讨论可分类如下：

（1）根据讨论背景的情境性，可分为去情境性和有情境性。

（2）从是否给考官或候选人分配角色的角度来划分，可分为定角色和不定角色。

（3）根据小组成员在讨论过程中的相互关系，可分为竞争型、合作型和竞争合作混合型。

（4）根据无领导小组讨论的情境与拟任工作相关性，可分为与工作相关情境和与工作无关情境。

在无领导小组讨论中，考官评价的依据标准主要有：候选人参与有效发言次数的多少；是否善于提出新的见解和方案；是否敢于发表不同的意见，支持或肯定别人的意见，在坚持自己正确意见的基础上根据别人的意见发表观点；是否善于消除紧张气氛，说服别人、调解争议，创造一个使沉默寡言的人也愿意参与讨论的气氛，把众人的意见引向一致；候选人能否倾听别人的意见，是否尊重别人，是否侵犯他人的发言权等。除此之外，还要考察候选人的语言表达能力、分析能力、概括和归纳总结不同意见的能力、发言的主动性、反应的灵敏性等。

管理游戏，又称管理竞赛，是指几组管理人员利用计算机来模拟真实的公司经营，并作出各自的决策来互相竞争的一种开发方法。在管理竞赛中，多将候选人分为几个公司，每个公司都要在激烈的模拟市场竞争中与其他公司进行各种形式的博弈。每个公司设立一个明确的目标并得知自己可以作出几个决策。每个公司对其他公司的决策情况不能看到，尽管这些决策会对他们的销售状况产生影响。

管理游戏中最常用的有两种，即小溪练习和建筑练习。如在小溪练习中，给候选人一个滑轮及铁棒、木板、绳索等工具，要求他们把一根粗大的圆木和一块较大的岩石运到小溪另一边。这样的任务单靠个人的力量是无法完成的，必须通过所有人员的协作努力才能完成。通过这项练习，评价人员可以在客观的情景下，观察候选人的领导特征、组织协调能力、合作精神、智慧和社会关系特征等。建筑练习由于操作复杂，干扰因素过多，已经很少采用。

（四）辅助工具

1. DISC 个性测验

该测验是将测验个体置于某种特定的管理环境中描述个体的优势及倾向，主要对测评对象在常规性、稳定性、支配性、影响性等 4 个维度进行人格描述，分析候选人的领导特征和情绪稳定性。主要测量人格的正负性情绪倾向、乐群性、责任心、广纳性、内控性、自控性、自信心、A 型人格、成就动机、权力动力、面子倾向等 12 个与管理绩效有关的人格特点，以了解其行为风格、思维和处事方式的特点。

2. 韦克斯勒成人智力量表（WAIS）

智商是衡量一个人与同龄人相比较而言的智力水平的指标。智商测试采用问答或动手操作形式，测验一个人的智力发展是否达到了同龄人的水平，具有一定的科学性。美国心理学家韦克斯勒把人的智力分为两部分：一是语言能力，二是操作能力。

在采用韦氏智力量表进行智力测验时，多是通过测量个体的语言智商（VIQ）、操作智商（PIQ）和全量表智商（FIQ）对其智力进行评价，分学龄前儿童（6 岁以下）、学龄儿童（6 ~ 16 岁）和成人（16 岁以上）三种，主要测试语言和操作能力。

3. 逆商测验（AQ）

逆商测验主要考察控制（Control）、归属（Ownership）、延伸（Reach）和忍耐（Endurance）等 4 个关键因素，简称 CORE。控制指自己对逆境有多大的控制能力；归属是指逆境发生的原因和愿意承担责任、改善后果的情况；延伸是对问题影响工作生活其他方面的评估；忍耐是指认识到问题的持久性以及它对个人的影响会持续多久。其中，“C”（控制感）是指人们对周围环境的信念控制能力。“O&O”（起因和责任归属）是指造成人们陷入逆境的起因，大致可以分为内因和外因两种。“R”（影响范围）是指逆境所带来的负面影响。“E”（持续时间）包括对逆境的持续时间以及造成逆境的起因的判断等。

4. 一般能力倾向成套测量（GATB）

GATB 最初由美国劳工部自 1934 年起，花了多年时间研究制定，专为国家就业服务机构的顾问们使用，可用来为中学生的专业定向和成功谋职提供帮助。这套测验逐渐传播到世界上许多国家，并由此出名。标准化的全套测验包括 12 个分测验，总共可得到 9 个因素的分数，主要用于测量候选人的 9 种基本能力倾向因素，包括一般学习智力、语言能力、数的能力、空间关系理解力、形状知觉能力、文书知觉能力、动作协调能力、手指灵巧性和手部灵巧性等。其中，测量手指灵巧性和手部灵巧性测验时，需要配备一些简单的用具，其他几个则都是纸笔测验，且有替换的复本，整套测验的施测时间大约 2 个小时。

GATB 的 9 个因素的得分被转换成平均值为 100、标准差为 20 的标准分数。常模是依据 4 000 例的个案样本建立的，该样本无论在年龄、性别、教育程度、行业、地理分布上，都能够代表 20 世纪 40 年代全美国的劳工母群。依据对不同职业的工作人员、应征者、受训人员的施测所得的分数形态，可以得到各行各业中关键的性向种类以及最起码的标准分数数值。

针对一些经营管理人员的岗位要求，还可以使用管理人员能力测验。它分为逻辑推测能力测验和沟通能力测验。逻辑推理测验主要是测查候选人思维的准确、敏锐程度以及逻辑推理的严密性和连续性，以及分析问题、解决问题的能力和语言分析、信息加工判断的能力。敏感性与沟通能力测验则是在沟通中重点把握人际信息的敏感性及其对事物的洞察、预见和分析能力。

5. 心理健康症状自评量表（SCL－90）

量表测验具有内容大、反应症状丰富、更能准确刻画病人的自觉症状等优点，包含了比较广泛的精神症状学内容。从感觉、情感、思维、意识、行为直至生活习惯、人际关系、饮食等均有涉及。测验表于1975年编制，共90个自我评定项目。测验的9个因子分别为：躯体化、强迫症状、人际关系敏感、抑郁、焦虑、敌对、恐怖、偏执及精神病性。

6. 多参量心理测试（LD）

即“测谎”。现代测谎仪由传感器、主机和微机组成。传感器与人的体表连接，采集人体生理参量的变化信息；主机是电子部件，将传感器所采集的模拟信号经过处理转换成数字信号；微机将输入的数字信号进行存储、分析，进而得出测谎结果。

不少美国政府首脑主张和赞同对政府内部雇员使用测谎器，以判断他们是否忠诚、可靠。事实上，测谎器到底实际效果如何，尚不能完全明确。但是，某些政府雇员在例行的，特别是突袭性的测谎过程中露出马脚，主动交代违法犯罪情节，却是人数众多、有案可查的。测谎器的显著效果（威慑力），让联邦政府十分喜爱。1982年，联邦政府对其雇员使用测谎器进行了2.3万次测验，这个数字是10年前的3倍。里根总统时期，曾颁布一项命令，要求联邦政府更加广泛地使用测谎器，来进行有关保护国家安全的调查，以防止雇员们向新闻界泄露机密情报。但是，由于国会议员的坚决反对，此项命令被无限期地推迟执行。

尽管世界各国的法律还没有认可测谎结论的证据效力，测谎结论也不能作为诉讼证据在法庭使用。但是，测谎技术作为侦查工作的辅助手段和判断案情的有效工具，其意义和作用是值得充分肯定的。

猎头全程报告书

主要包括猎头全程报告书、中期报告会及举荐和结算中期猎头佣金等步骤。

步骤18：猎头全程报告书

欧美猎头公司非常重视猎头全程报告书的编写工作，认为它是整个猎头行动的记录、总结和要义所在。在人才测评后，猎头公司将确定3~5个入围的候选人名单。同时，单独组织编写猎头全程报告书。如果可能，也会参考政府部门（企业）和第三方监督机构的建议和意见。

（一）编制原则

(1) 客观原则。客观记述猎头行动的全过程，包括专家组成名单、行业评估人员及其背景、公信度、知名度介绍等。

(2) 数据原则。多以数据、数字表述。如需要特别说明的地方，可提供参考技术指标、数值以及数值分析鉴定参照表。

(3) 通行原则。按照国际惯例和行业准则制作，符合所在国家的普通人文和社会心理。

(4) 效力原则。在各项技术测试及评价显著位置，须标明“此测试之内容、程序和结果是在多名候选人在相同的、特定条件下的测试结果，并不具备法律、法规效力，也不能作为排除或者淘汰候选人的唯一依据”字样或类似提示。

（二）基本内容

(1) 猎头公司的简介、特色及典型的成功案例。

(2) 完整而齐全的猎头流程示意图（表），包括程序、时间、地点等基本要素。

(3) 候选人参与的、原始的技术测试表格、问卷、笔迹、答辩录音（可作附件）、现场照片（如无领导小组讨论的场面）等。

(4) 专家、学者、同行业高层人员的邀请原则、组成结构、人员名单，以及能够证明受邀人员资格、能力和信用的资料（复印件）。

(5) 评估小组评审程序、决议及全部评委共同签署的、测试（鉴定）结论的原始材料。

(6) 背景调查资料，如飞机票、食宿、采访录音、证明人书面证明及电子邮件等方面的原件或复印件等。

(7) 候选人在指定医院进行体检的体检表及基本结论原件，如有特殊要求的，还须提供体能测试、心理健康测试等专业性的辅助证明。

(8) 候选人性格、能力和生理缺陷与猎头职位要求的差距、切合风险分析。

(9) 候选人的其他资料，如政治审查材料、无犯罪记录证明、最近三年

联合评议

包括联合评议、候选人最终排序等步骤。

步骤 21：联合评议

基于成本和时间的考虑，政府部门（企业）将猎头公司举荐和答辩报告会合并实施。重大猎头行动，必须采取联合评议的方式进行，且对参与人员和范围均有所限制。政府（企业）的上级主管部门和领导，也大都会参与其中。

联合评议的基本方式是实施一票否决制。在许多国家和地区，都有地方色彩极其强烈的政策和规定，如计划生育政策、行业禁入政策、涉案人员冻结政策、高层领导直系亲属、政治立场及倾向等。因此，联合评议也被视为“最后的审核程序”。

步骤 22：候选人最终排序

经过联合评议，进入候选人排序环节。必须强调的是，政府猎头的排序方法必须在候选人申报前予以明确，也就是“规则在前、实施在后”。临时制定排序规则，将影响乃至涉嫌修改正常的猎头评议结果和结论。

主要采取两种方法：一种方式是无限累计积分，即按一定比例，将候选人的各项积分进行累计，按积分高低排序。另一种是加权累计积分，即经政府部门（企业）或者监督机构提议，可以在一项或者几项具体方面的积分，增加或者降低在总积分的比重，如配置加权系数、单项积分固定折算等。

根据国际惯例，从高分到低分、确定最终排序的前三名候选人（三甲）入围，进入最后的审批程序。任何情况下，三甲都必须递减排序，不能并列排名。如果积分相同，则要安排所有的评议委员进行投票，以确定候选人的递减次序。

最终排序确定后，政府部门（企业）、猎头公司和第三方监督机构将联合起草联合评议报告书（含候选人最终排序名单）。猎头公司有权以书面的形式，单独提出具有倾向性的录用意见及其理由，作为联合评议报告书的附加部分。

签订试用合同

包括复核及审批、录用公示和签订试用合同等步骤。

步骤 23：复核及审批

政府（企业）组织人事部门向上级主管部门及领导提交联合评议材料，汇报整个猎头方案的实施和执行情况，由后者进行审定。

步骤 24：录用公示

上级部门和领导审定后，政府部门（企业）组织人事部门在指定媒体和范围内，启动正式候选人的公示程序。根据猎头职位的不同，可以商定公示时间，最长不得超过 15 天。

公示期间，如果接到书面的、实名举报信息，必须逐一予以处理；特殊情形下，经上级主管部门和领导同意，可以延期执行或责成复核。

步骤 25：签订试用合同

试用期一般不得少于 3 个月，最长也不得超过 1 年。除非政府部门（企业）和猎头另行约定，且事先已经公告候选人，试用期方能进行调整。

考核、鉴定和结项

主要包括跟踪辅导与考核、试用期鉴定、成功签约、解约协议再猎及中止等步骤。

步骤 26：跟踪辅导与考核

猎头公司在正式候选人进入试用期后，将进行定期回访和跟踪辅导工作。一般情形下，以 1 次/月为宜。时间如果安排得太宽泛或者频繁，定会适得其反。主要目的是促使候选人迅速适应工作环境，积极调整心态，全面融入所在团队，展示和发挥应有的作用。同时，根据试用合同，辅导候选人逐一落实合同条款，并提出修改、调整和规划建议。遇到一些候选人不能解决的，必须与试用部门（企业）进行协商的特殊情形，猎头公司将主动与客户进行沟通，以确保候选人在试用期间能够实现预期效果。

针对候选人提出的，如配偶寻找工作、子女入学、安置父母等工作性质以外的其他要求，猎头公司多会贴身服务，积极稳妥地协调或者解决。

步骤 27：试用期鉴定

试用期满，政府部门（企业）组织人事部门和猎头公司将一起对候选人试用期间的综合表现、工作业绩等进行考核，并作出书面鉴定。

根据猎头职位性质，可安排候选人进行简短的述职，提出个人的基本意见和倾向；而试用期的鉴定过程和结论，也可邀请候选人亲自参与或者事后照知。

步骤 28：成功签约

试用期满后，如果政府部门（企业）、候选人相互满意，且愿意签订正式的任用、聘用和雇佣合同或协议，猎头公司将在双方正式签约后，予以结项。

双方正式签约后的 15 个工作日以内，政府部门（企业）将支付猎头委托合同金额的 40%（猎头尾款）。至此，全部的猎头佣金结算完毕。

步骤 29：解约

试用期满后，如果客户、候选人均不满意，且都不愿意与猎头公司继续完成委托和代理合同的，猎头公司在客户和候选人书面意见全部收齐后的 15 个工作日以内，返还政府部门（企业）已经支付的中期猎头佣金，即猎头委托合同金额的 30%。

步骤 30：协议再猎及中止

试用期满后，如果候选人不愿意与客户签订正式合同时，而政府部门（企业）愿意继续委托猎头公司物色新的人选时，猎头公司须免费提供最长期限为 1 年的再猎服务。

按照猎头行业的规则和惯例，再猎服务结束后，猎头项目宣告进入最后的收尾阶段。无论出现什么情况和结果，政府部门（企业）和猎头公司的委托合同都必须及时结项。要么是政府部门（企业）付清猎头佣金，要么是猎头公司返还政府部门（企业）已经支付的中期猎头佣金。二者必居其一，没有余地。

第七章　政府猎头管理

常见的管理方法包括项目管理、风险管理、合同管理、绩效管理、核心客户管理等。其中，项目管理、危机管理同时适用于政府部门（企业）和猎头公司；核心客户管理多见于猎头公司经营管理领域；风险管理则多为政府部门（企业）所采用。

第一节　项目管理

项目管理论始于20世纪50年代末，几经丰富、演变和发展。中国改革开放后，首先应用于基础建设领域，后发展成为广泛推行的管理学理论。

项目管理

项目管理包括目标制定、行动计划、组织结构、进度跟踪、风险控制、财务预算、终止审查等要素。在项目实施过程中，通过对物质资源、人力资源和制度资源的有机整合，采取系统化、程式化和标准化控制体系，跟踪项目进度、修正执行方案，最终实现较少于额定预算，以达到最佳的项目效果。特别是在引进和消化控制论基本原理的同时，运用多种现代技术手段，适用于分解目标、消除冲突、信息管理、风险评估、阶段审查等领域。

20世纪初期，迅猛发展的信息技术充实了项目管理理论。在公司项目管理领域，大量商业软件的推行和应用使得项目管理技术和水平大幅提升，并取得了较好效果，如IBM公司采用ABT公司的PMW技术实施项目管理。对于项目经理的选拔、培训和绩效度量，以及政府、社会变革、物质资源、市场、系统方式的深入研究和实践，不断推动项目管理理论体系的日臻科学和完善。

项目管理适用于猎头实践。这与政府部门（企业）搜寻高级人才的要求、特点和目标密切相关。对于特别要害的职位，以专项、专人和专门机构（责任部门）的方式展开工作。而猎头公司接受客户委托或授权，通过市场手段物色高级人才时，业内以“一单”称谓；且专门指定猎头专员，负责每个订单项目的制定、跟踪和完成。跨国猎头公司则以项目经理的方式，直接对猎头订单进行专项全权管理；项目经理在项目范围和预算内，可以动用公司所有资源及可支配资源（如同业伙伴、协议合作公司等），紧紧围绕项目，统一协调、多方沟通，以期在指定时间和地域内达到目的。

猎头实践为项目管理理论增添了新的内涵和外延。在高级人才市场中，猎头行动大多具有较强的目标性、针对性和时效性，特别是强调过程与目的的一致性。这与项目管理的基本要求和做法不谋而合，也是猎头行业（产业）不断总结、比较和选择管理理论的结果。同时，在政府猎头和国家猎头领域实施项目管理，有利于财政预算、风险控制和结项审查等工作的开展。

监督与控制

借鉴美国联邦政府项目管理的成功经验，政府部门（企业）猎头实施项目管理的基本内容、流程及措施大致如下：

（一）项目立项

政府部门（企业）在拟定人才需求、委托猎头公司运作前，必须进行项目立项。包括领导变革、领导人、追求结果、业务才干、合作和沟通五个方面。目的是对职位的任职资格和候选人素质要求进行认真分析，以确定具体的选拔任用条件。

立项工作必须解决职位性质、候选人要求和职位成本等基本问题。立项的基本原则是人职匹配。合适的候选人履行职责时，整个管理系统集成和运行达到理想状态下的最优化，才是猎头公司不断追索的最终目标。而合适的人选与合适的职位在匹配时，局部领域的岗位配置和资源利用效率趋于高值，力求实现高性价比。

（二）项目主管

立项后，多是授权政府部门负责项目的日常管理工作，如组织人事部门、政府办公厅（室）等，项目负责人则由具体行政部门的负责人担任。

（三）项目流程

基本流程包括：

（1）拟定猎头计划。如确定招录岗位、入围名额、报名时间、基本条件、考核程序、面试及测试等。

（2）公布猎头信息。政府部门（企业）在权威媒体或者指定媒体上，将招录方案、联系人、联系方式等予以公布。如属于委托形式的，须与猎头公司法人签订书面猎头合同，商定委托价格和支付方式，经第三方公证后实施。

（3）确定入围名单。根据猎头计划，确定报名人数或者猎头公司推荐名单，进行资格复查、体质检查、背景调查、学历审核、从业经历验证等。合格者须发出书面通知或在媒体上公布。

（4）水平能力测试。政府部门（企业）组织专家或者部门领导，进行包括笔试、面试、心理测量等测试。依据综合评分，按一定比例，列出候选人名单。

（5）人职匹配。如果是实行差额淘汰制或多人同时入围猎头职位，可采取同时或者逐一试用制度，也可采取临时上岗制度。3 个月后，经过人职匹配、综合考核、人际关系调查、适应力和胜任力分析等调试，确定胜出人选。但是，政府部门在确定合适人选后，须至少保留一名后备候选人资格；资格有效期为 1 年。

（6）签订录用合同。如属委托猎头公司情形的，政府部门（企业）、猎头公司和候选人三方要签订正式的工作合同。

（四）项目控制

包括财务预算、风险控制、项目进度等。其中，项目进度跟踪和控制最为重要。在进行描述和控制的众多工具中，甘特图（Gantt chart）方式较为简便而优秀。

甘特图也称为条状图（Bar chart）。这是1917 年由亨利·甘特开发的。其内在思想简单，基本是一条线条图，横轴表示时间，纵轴表示活动（项目），线条表示在整个期间上计划和实际的活动完成情况。它直观地表明任务计划在什么时候进行及实际进展与计划要求的对比。管理者由此极为便利地弄清一项任务（项目）还剩下哪些工作要做，借此评估工作是提前还是滞后，还是正常进行。这是一种理想的进度和时间控制工具。

项目主管代表政府部门（企业）（委托方或授权方）依据猎头合同，围绕猎头目标和对象，定期检查和落实猎头公司进度，修正误差，调整座标，并将检查结果反馈到上级主管部门。在候选人基本确定的情形下，还要对人才综合测评方法、笔试和面试等领域进行干预和控制，以保证竞聘过程的顺利进行和适度透明。

（五）项目审查

包括财务审核、人职匹配和试用审核。根据猎头公司的惯例，猎头佣金在合同签订后、合同完成时、候选人考核结束正式录用后三个阶段各支付佣金总额的30%。人职匹配是整个猎头行动的要害所在，主要是对猎头公司推荐的候选人是否与职位相适应进行评估。项目主管可选择委托第三方进行测试，也可以自行组织专家、技术人员和主管领导组成的审核委员会进行考核。在候选人即将结束试用期、准备正式录用时，要对候选人试用期间的领导力、胜任力和适应力等方面进行审核，以确保猎头行动的真实性和有效性。

（六）项目结项

结项标志是政府部门（企业）与候选人签订正式的聘用合同，或者政府部门（企业）解除与猎头公司的委托合同。

第二节　客户管理

欧美发达国家的猎头公司，盛行核心客户思想和管理。它为政府猎头提供了来自猎头公司方面的反向映射、借鉴和参考。

核心客户

猎头公司的目标群体，泛指能够为猎头公司带来利润或者利益的组织、群体和个人。根据二八原则，可划分成普通客户和核心客户两类。其中，核心客户系指能够经常或者定期提供猎头订单的、具有相当经营规模和市场信誉的政府部门、中介组织及企业。一般包括以下3种类型：

（1）合作型客户。即人员流动频繁、职位配置市场化程度较高的行业，如金融保险、IT、大型零售、快速消费品等。

（2）实力型客户。即规模较大、营利能力较强的大中型企业，如世界500强企业、中外合资企业、中国建筑行业50强等。

（3）政府型客户。即政府部门（企业），如各级政府部门、中国联通、中国石油等。

核心客户是猎头公司的利润支撑点。一方面，这些客户能够直接向公司发送大量的猎头订单，在通过高级人才市场获取各类所需人才的同时，推动了高级人才市场化进程和猎头市场的逐步完善；另一方面，它构建了同行业的互通桥梁，通过猎头信息分发和收集的形式，代理或者辅助提供一定的猎头订单；它往往为猎头公司在行业薪水标准、职位描述和候选人名单等领域提供了较为权威而可信的行业参考标准，强化了猎头行动的针对性和实效性。长期稳定的订单、利润丰厚的订单和信息集散的平台，保证了猎头公司健康经营的持续性和稳固性，客观上也创造了较好的猎头经营环境和市场氛围。

在长达 80 多年的发展进程中，世界各国猎头行业纷纷反思、审时度势，不断选择新的经营理念和管理格局。特别是中国市场开放后，欧美猎头公司与时俱进、推陈出新，开拓了诸如杰出人才上市战略、全球一体化战略、高端寻访战略、跨国订单联盟等新型理念。最为重要的就是贴身战略，也称跟进服务战略。

本土猎头公司以“盯人”为主，通过各种渠道，紧紧盯住优秀的高级人才，体现出猎头行业的敏锐度和重要性。在他们看来，高级人才是猎头市场的根本所在，也是猎头公司的利润来源。在市场经济体制尚不完善的情况下，这种理念存在着相当的合理性和现实性。但是，优秀人才的流动频率限制了公司利润的持续增长空间。跨国公司认为只有非常优秀的公司，才是猎头公司的要害所在，即“盯窝”。因为，它具有猎头获利的两种重要前提：优秀的人才和高薪的职位。优秀公司的“窝”还能够为猎头公司提供更多、更稳定的服务领域，有力地刺激了猎头公司边际效益的最大化。

贴身战略的理论要义就是“盯窝”。也就是说，与其“盯人”，不如“盯窝”。高级人才终归要找到自己的归属，即“人必有窝”。故而“好窝”必有“能人”，体现了以职位搜寻高级人才的猎头原始动机，即以“窝”找“人”。跨国猎头公司总是紧紧盯住世界上著名的跨国公司，贴身服务、贴身跟进，在全球范围内物色和甄别各类优秀人才，把市场化操作的猎头服务变得“轻松而高尚”，且利润丰厚。贴身战略成功之处在于，它导致了欧美跨国公司以绝对优势，占据和垄断了国际高级人才市场的尖端领域。

贴身服务战略

在欧美发达国家，大型跨国公司有着充实高效的人才库、实力雄厚的专家咨询队伍和高素质的从业人员。它们针对政府部门（企业），已经形成了较为完整的核心客户贴身服务思想、战略和体制，大致如下：

（一）锁定核心客户

核心客户可以划分为成熟客户和潜在客户。猎头公司的重心是成熟客户。政府部门（企业）业务量较大、人员流动频繁，且有发展潜力，是理所当然的核心客户。同一行业的核心客户，以其市场地位突出者为优先考虑对象，且数量不宜过多。跨国、跨行业的综合类大型公司，特别是上市公司，以人员流动率较频繁者更为理想。值得注意的是，猎头公司应结合自身专业技术水平、行业认知程度和人员流动频率，进一步细分目标市场，以地域、行业和利润为指向，圈定合适的核心客户群体。如中型猎头公司（雇员 50 人左右）以 5 ~ 10 个核心客户的规模较为适宜，财务预算应控制在日常运行总费用的 80% 以内。

（二）建立利益关联

利益关联的主旨是要巩固与核心客户的忠诚度，也就是保持与核心客户进行交易及其重复交易率。衡量忠诚度的主要指标是客户保持度和客户占有率。前者描述公司和客户关系维系时间长度，以及第三方竞争对手的替代概率；后者系指客户将预算花费在该公司的比率。核心客户对附加价值的需求远远多于对价格优势的需求，如保证条款、数据交换、优先服务、信息沟通、升级服务等。猎头公司将实行专员负责制度，定期与核心客户沟通、交流并提交关联报告。为满足核心客户的多种需求，猎头公司也采取同业公司联手交易体制，如对等交易、协议比例和定期互换等。

（三）提供个性化服务

猎头公司要充分理解大客户的需求，做到“比客户自己更了解客户”。个性化需求分析要点，主要包括建立完整详细的核心客户档案、跟踪客户市场业务和布局、了解客户技术创新的总体目标、核心客户的通行决策流程、人员配置的潜在需求和竞争对手态势等。

针对政府部门（企业）的特性，猎头公司多会进行具体分析，制定出更有针对性、更切实可行的个性化产品、服务和解决方案，不断提高持续服务能力。猎头公司的精细化、灵活性、实用性管理，往往会受到后者的青睐和赏识。

（四）健全服务制度

“知己知彼，百战不殆。”猎头公司建立核心客户的服务制度，既是公司的丰厚利润所系，也是了解后者最新需求的必要手段。

一般包括如下内容：设立核心客户专员负责客户服务质量管理；建立核心客户首问负责制和投诉处理流程，提高快速反应和处理效率；恪守核心客户内部交易或相互对等协议；加强走访调查工作，构建猎头专员与客户业务经理之间的紧密友好关系；建立后台支持系统和核心客户 KPI 考核指标体系；不断扩大服务层次和领域，随时随地提供优先服务等。

（五）重视转移成本

猎头公司提供的产品是服务。服务具有较强的替代性和较高的更新率。核心客户更换服务品牌或供应商时，多会受到转移成本和延迟利益的双重限制。提高核心客户的转移成本，通过建立两者之间的结构性纽带和互通关系来完成。在与核心客户的互动过程中，增进彼此间的了解和联系，势必也要花费一定的物质成本和精神成本。一旦这种关系形成后，核心客户就会认同猎头公司提供的超值服务，且成本远低于更换合作对象的新收益，增强了核心客户对现有猎头公司的业务和心理依赖。常见的包括契约关系锁定客户，鼓励核心客户的重复购买，捆绑式销售策略等。

（六）提升边际利润

除了强化自身的营销渠道外，猎头公司还应充分利用核心客户的业务和市场渠道，推动新业务的发展和并保留现有的客户量。在因地制宜的基础上，深入挖掘核心客户市场资源，加强与同业公司的合作，利用业务互补拓展本公司的新业务，最大限度地提升公司资源的市场份额和综合利润。

第三节 风险管理

风险管理，系指在一个肯定有风险的环境里，把风险减至最低的管理过程，包括对风险的量度、评估和应变策略等。

风险分析

政府猎头存在着策略、制度和市场风险。就发展中国家而言，首先是在市场经济还不成熟的条件下，猎头行业难以提供理想、完整而规范的专业化服务；其次，宏观产业政策还没有及时跟进和运行，猎头行业管理体制的缺失，导致猎头公司利欲熏心、违规操作，且不能得到及时而有效的治理和整顿；最后，一些政府部门仓促上马、相互攀比，行政命令满天飞、严重违背经济规律。此种情形下，政府猎头行动往往贻误时机、踏入误区，甚至于蒙受经济损失，严重影响了政府部门（企业）的权威、信誉和形象。

仅从政府部门（企业）角度来看，政府猎头存在忽视职位分析、夸张渲染报道、不签委托合同、纵容虚假包装、偏信技术测试、操纵笔试面试、省略匹配评估、直接聘用任职、无视国际惯例、泄露猎头机密 10 种基本风险。

一、忽视职位分析

政府猎头的第一步就是职位分析，它是整个猎头计划的基础和出发点。在全球经济一体化的情形下，美国政府始终强调，并不是什么职位、什么岗位都能够通过市场化方式予以增补的。任何空缺的政府职位，必须经过专家的评估和分析，给予适当的结论。职位评估的内容主要包括领导变革、领导人、追求结果、业务才干、合作和沟通等。目的是对任职资格和候选人素质要求进行认真分析，确定具体的选拔任用条件。

从政府部门（企业）的岗位要求来说，候选人的个人素质并不重要，最重要的是合适。合适的人选与合适的职位是匹配的，也是最科学、最经济的。没有客观的职位分析和评估，只能产生两种结果：一种是职位评估价格过低，应聘者勉强胜任，却无法达到职位的内在要求，无法正常实现职位的应有功能和绩效；另外一种情况则是评估价格过高，应聘者同样可以胜任，政府却支付了额外的报酬和待遇。因此，忽视职位评估只能导致职位非理性的选拔和考核，政府部门（企业）担负了职位效能不足和支付成本过多的风险。

二、夸张渲染报道

常见的宣传报道中出现的主要错误有：

（1）混淆人才中介与猎头。猎头对象是指高级人才，即院士、具有正高及副高级职称的专业技术人才、博士后、高级经营管理人才等，且猎头年薪不得低于12万元人民币（2008年，中国内地标准）。而一般的人才中介行业则不受上述双重标准的限制。

（2）混淆政府招录与政府猎头。猎头是成熟市场条件下高端人才配置的重要形式。政府招录普通公务员的行为，并不是政府猎头；政府猎头是商业化行为，多是指政府委托或者授权猎头公司、中介组织、学术团体甚至个人，以市场化的形式进行招募。其中，即使是通过猎头公司招募的政府高级雇员，也必须通过政府单独组织的资格考核和测评，即“凡猎必考”。

（3）混淆政府猎头与企业猎头。政府猎头代表了政府的立场，标明了政府的意志，也体现了政府的基本利益；猎头公司、人才中介协会、各种开发区和招商部门招聘、引进的高级人才，均属于市场化的企业猎头。

一些地方政府在进行宣传报道时，夸大猎头规模，炫耀猎头计划，抬升猎头效能，甚至于盲目跟风，接连“放卫星”。特别是一些尚不发达的二线城市，动辄披露规模高达百人的猎头计划和方案，显然有违于实际需求和经济容量。这样势必会造成政府资源和市场资源的双重浪费，损害政府的威信和形象，降低政府媒体的公众信任度。

三、不签委托合同

整个猎头行动包括三种合同，即政府和猎头公司签订的猎头委托合同、猎头公司和候选人签订的代理合同、政府和候选人签订的聘任合同。最重要的是猎头委托合同。

一般而言，标准委托合同多达30多页；特别敏感和重要的猎头合同，长达100多页。合同基本内容包括：

（1）职位分析。如职位描述、任职期限、预期年薪、岗位责任及权利、工作范围及汇报对象等。

（2）候选人条件和要求。如任职资格和学历要求、从业经验和履历、性格类型等。

（3）合同双方的责任、权利和义务等。

（4）合同金额及支付方式。

（5）猎头期限和再猎期限。双方协议期限一般为30~90天。如果期满仍然没有搜寻到，可延期最多至1年。

（6）保密义务。包括政府、猎头公司和候选人的各自保密责任、义务和承诺。

在猎头过程中，双方可根据计划落实情况，签订必要的补充条款，与合同正本具有同等效力。特别要强调的是，委托合同必须经法律顾问审核、认可，及时办理公证手续。

市场条件下的政府猎头是地道的商业行为。政府和猎头公司不签订委托合同，就无法约束合同双方的责任、权利和义务；一旦遇到经济纠纷，无法进行司法仲裁。同时，政府也无法对猎头的各个环节进行检查、监督和修正。

四、纵容虚假包装

适度包装候选人，是猎头公司的通行做法。目的是促成候选人尽快符合猎头职位和各项要求，树立良好的个人形象，得到政府的认可。但是，形形色色的虚假包装盛行于世界猎头行业，积弊日久、危害极大。主要包括两种基本类型：一类是候选人造假。一些候选人基于获得职位的目的，采取各种不正当手段，申报虚假材料和证明，以期占据主动，强势竞争。如修改真实年龄，伪造学历学位，冒顶学术成就，盗用科研成果，虚构海外留学背景，隐瞒婚姻和家庭情况，模糊个人病情，故意抬高现有收入等。另一类是猎头公司造假。为了缩短猎头过程，及时完成猎头合同，获取更多的商业机会和利润，猎头公司经常伙同候选人甚至单独造假。如捏造同行专家推荐信，盗用从业经历，虚构工作业绩，伪造专业技术等级证书，篡改测评过程和结论等。

猎头行业领域的虚假包装手段繁多，花样不断翻新。如果政府部门（企业）默许虚假包装，后果不堪设想。许多客户为了严格约束猎头公司，采取"一票否决制"：只要客户发现并核实猎头公司提供的重点指标或者项目属于造假，即判定猎头公司单方违约，承担全部违约责任。此举在相当程度上抑制和打击了猎头公司过度包装、虚假包装的急功近利，也从猎头公司的根本利益上减轻或者消除了造假动机。

五、偏信技术测试

在候选人筛选、甄别过程中，政府和猎头公司普遍采用技术测评的手段进行挑选。

人才测评或参考方法很多。行政职业能力测验是最为常见的，也是政府公务员考试的必考内容。主要测查与公务员职业密切相关的、适合通过客观化纸笔测验方式进行考察的基本素质和能力要素，主要包括言语理解与表达、数量关系、判断推理、常识判断、资料分析等内容。猎头行业较为通用的专业化人才测试或参考工具，还包括人类行为语言测试（DISC）、自我认知（PDP）、性格差异测试（MBTI）、多参量心理测试仪（测谎仪）、心理测验、结构化面谈、情景模拟等。国际猎头协会制定的《作业程序》和《候选人测评及背景调查程序》更是被视为通行的国际参考标准。

现行的人才测评工具种类繁多，水平不一。如何选择合适的测评工具，确保测试结果的真实性和评审结论的权威性，有待进一步的研究和探索。即使是在市场经济高度发达和繁荣的美国，人才测评工具也不尽完备。一个显而易见的原因是，现有测评工具的系统设计和结论分析尚不能真实而完整地分析受测个体；另外，普通人只要经过短暂的专业训练，在职业领导力、胜任力、协同力等领域也能够较为轻松地获取更高、更好的测验评语。许多国外测试软件虽然不断地修改和改进，还没有真正实现中国化。迷信测评工具和工具测试结论，无外乎会导致政府在人才判断、识别时，得出不实结论并作出错误决定；往往还会误导一些候选人选择事前的专业测试训练，主动进行应付式的演练；而政府部门（企业）和猎头公司为了真实获取候选人测试结论，不得不花费更多的时间和经费，研究、挑选和采用更高级、更先进的测评技术等。如此反复、恶性循环。

六、操纵笔试面试

猎头机制是政府公务员招录的有机补充，特别是促进了对政府部门（企业）高层管理人员招募体制的改革和创新。仅从现实生活中场面浩大、竞争残酷的公务员招录场面而言，猎头无疑是新的有效渠道，或者国际社会所谓的“第二条道路”。如前所述，“凡猎必考”是一项基本原则。但是，政府猎头的笔试和面试工作，在没有统一的国家规定和标准可依的情况下，须严格控制和杜绝“小考”做法。

妨碍公平、影响公正的腐败现象，主要发生在笔试和面试阶段。包括个人命题、考前泄题、雇佣“枪手”、缺乏监控、小范围封闭式面试、泄露评委名单、非隶属关系的领导参与评审、评委之间串联打分、秘密统分排名等。

就目前而言，解决途径至少有两种：一个是委托中央组织部的有关部门，或者人力资源和社会保障部全国人才流动中心统一命题、测评和考试；另外一个，就是委托所在省份（城市）以外的、第三方学术机构或者其他的猎头公司负责执行。美国、日本多采取的考官委员会制度，即临时抽签、匿名面试，且实行全程监控、全面监督，就是很好的思路之一。

七、省略匹配评估

人职匹配评估是整个猎头计划的关键环节。主要是指人的个性特征与职业性质一致的评估。能否进行有效的人职匹配模拟和评估，是最终衡量猎头公司专业化、职业化和标准化水平的重要指标。

一些政府部门（企业）采用了威廉斯的“特性一因素论”、霍兰德“人格类型论”和中国领导行为评价模型（CPM）等工具，还结合实际需要，进行智力倾向测验、人格测验、职业兴趣测验和动机测验等。为了节省开支和时间，多由猎头公司直接委托或邀请专业机构（公司）进行考核、评估，得出相应的结论。而且，不少的人职匹配评估工具逐步实现了中国化，测评工具和水平趋于成熟，测评结论可以作为政府猎头的重要参考。

人职匹配测试是促成录用高级人才的重要依据。尽管它本身存在许多缺陷，仍然不失为一种有效的检验工具。特别是在猎头行业管理不规范的情形下，人职匹配测试也必须不断提升和检验，与正在成长的政府猎头市场保持对等一致和同步。

八、直接聘用任职

猎头公司提供给政府部门（企业）的合适候选人一般不超过4人/岗。特殊情况下，也不低于2人/岗。政府部门（企业）常常面临两种基本选择：①直接聘用全部入围者，通过试用期最后确定合适人选；②直接通过一定的审批程序，确定最后入围者，即单一人选。

如是直接聘任，政府猎头将会承担更多的风险。一般认可的做法是：假若是直接聘用全部候选人，必须设置3~6个月的考察期；假若是确定单一人选，必须将第二候选人作为预备人选（一年内有效）。规范的做法是：选定一人直接聘用，设置考察期；且保留第二候选人的候补资格，一年内随时递进填补。这样的好处是，在节省了猎头成本的同时，最大限度地维护了政府部门（企业）的根本利益。

九、无视国际惯例

根据猎头的行业惯例，甲乙双方约定合同金额时，必须明确合同金额的总额，即候选人聘任后第一年的协议薪金的20%~30%，分三次支付。具体支付方式和时间，由双方以协议方式商定。

佣金是猎头公司赖以生存的基础。政府部门（企业）拖欠佣金的直接后果之一，就是导致猎头公司提请司法诉讼或者中止合同。更加严重的是，一旦政府部门（企业）违约或者毁誉，同行的猎头公司将会列入共同禁区，互相通报、永不进入。一些地方政府在猎头公司没有完成猎头计划时，无视猎头行业遵循的国际惯例，反复向猎头公司索要订金，而猎头公司则可依据先前的合同条款，借助法律方式和途径得以取胜。类似案例、举不胜举。

十、泄露猎头秘密

主要包括三种风险：

（1）泄露搜寻计划的风险。包括真实职位、搜寻渠道、候选人资格条件、审核测试程序、实施时间表等。

（2）泄露商业秘密的风险。包括候选人资料、猎头公司实施方案、政府授权使用的人才数据库等。

（3）泄露政府秘密的风险。如设置新职位的批文、特殊岗位职责要求、新职位的权责范围、工作汇报对象、涉及事务、与职位相关的人员配置、安全保卫部门介入程度等。

猎头机密泄露的直接后果，主要包括猎头公司无法继续履行合同和候选人脱离原先单位后，处于架空状态；政府部门泄密后，紧急处置和调整成本无限增加。最为常见的，就是导致猎头合同等于一张废纸，司法诉讼随之而来、烦不胜烦。

预防与化解

政府猎头风险主要来自于猎头公司，即猎头公司的资质和运营是否能够合乎政府部门（企业）的要求，以及猎头公司能否在政府部门（企业）的监督和配合下，科学管理、规范运作，恪守合同标准，按时完成任务。

一、识别方法

（一）专业特征

专业猎头公司大都具备以下特征：严格按行业规则进行操作，具有社会责任感；规范的运作程序，一丝不苟的服务精神；讲求职业道德，不唯利是图；有良好的客户关系和成功案例；有保证职业安全的承诺和机密防范措施；业务开展过程中全面征求双方意见，不主观臆断；业务操作过程中完全按照合法手续进行；依据猎头规则和行业准则，推动自由与公平的竞争等。

业内人士认为，一个成功的猎头公司，必须具备“四强”特征，即：

（1）目标性强。所猎取的对象必须具备“高职位、高学位、高价位”的特征。

（2）政策性强。必须遵守国家《保密法》、《公司法》、《劳动法》以及有关的人事政策法规等。

（3）专业性强。在人才搜寻过程中，有着良好的测评技术和手段，能够细究猎头过程的每一环节，意识敏锐、服务到位，对公司的经营行业有着较深刻的把握和了解。

（4）稳定性强。在客户与候选人之间有着定期而稳固的跟踪性服务与反馈。

（二）“九看”法

在实际操作实践过程中，猎头业内人士归纳总结的“九看”法简单易行，能够比较全面地识别猎头公司，大致如下：

（1）公司优势。每家猎头公司都有其专注的一个或几个行业，比如房地产猎头、IT 猎头、金融猎头、快速消费品猎头、奢侈品猎头、物流猎头等。因此，他们对专注行业的运作模式，企业的业务流程和关键职位的职责、任职要求，业内薪酬水平，主要品牌企业等都有着全面而深刻的理解。

除了行业外，也要注意猎头公司的优势细分。如有主要做外资企业的、做民营企业的或国有企业的；也有专门做上市公司的或集团化企业的；还有擅长做人力资源类职位的、财务管理类职位的、投资类职位的或研发类职位的等。

（2）企业品牌。做得好的猎头公司，自然会形成一定的知名度和口碑，这是一个企业品质最好的体现。这可以从猎头同行、服务的企业、服务的人才等多个角度得到证实。

（3）猎头顾问。除了看猎头公司外，猎头服务最终都要由猎头顾问来落实，这一点就如同医院与医生、管理咨询公司与咨询师的关系一样。知名猎头公司的猎头顾问，不一定每一个都很优秀；普通猎头公司的猎头顾问，也不一定水平就不高。如果猎头顾问水平和职业操守不够，即使公司的名气很大，也只能是徒有虚名。

考察猎头顾问的水平，可以通过面谈方式。如探知他对行业的了解，公司业务流程和相关职位的认知和理解，对业内品牌企业的认识，对人才选聘、甄选方法和面试技巧的掌握，过往的猎头业绩及典型案例，针对外企客户的外语水平等。

（4）全程报告。猎头全程报告是猎头公司为客户的猎头职位提供候选人的报告，除了对候选人的教育背景、工作经历等基本情况的描述外，还包括候选人的优势、个性风格和与企业匹配度等方面的分析，绝不只是简单的人才简历提供。

（5）服务质量。已经与多家知名企业建立了长期服务关系的猎头公司，他们提供的服务是值得信赖的。通过猎头公司过往服务的客户和猎头职位的了解，也可以看出他们的优势行业和经验所在。

（6）条款和费率。实力和品牌猎头公司是不担心客户来源的，有的甚至还选择客户。他们普遍能遵循业内普遍接受的条款和费率。可以预测的是，那些任何苛刻的条款和费率都愿意答应的猎头公司，不是没有客户群体的猎头公司，就是刚成立不久的小公司。

（7）收费方式。正规的猎头公司是不向人才收费的，而只向客户一方收取服务费用。如果一家猎头公司同时对企业和候选人双向收费，它的规范性和通行性就值得怀疑了。

（8）组织队伍。猎头公司是典型的人力资本企业，核心竞争优势就是有经验和专业知识的猎头顾问，且门槛相对较低，拆分度较高。经营稳健、管理规范、客户认可度高的猎头公司，人员稳定性和凝聚力也是比较高的。

（9）合同承诺。即便是最出色的猎头公司，也不可能对每个猎头职位有

二、稳妥保护高级人才

猎头搜寻的人才越来越高级，范围越来越广泛，从企业中层技术人才到高层经营管理人员，从商业领袖到政府高官，从新闻人物到潜在人才，无所不及，无所顾忌。

2003年10月，《中外合资人才中介机构管理暂行规定》明确规定，中外合资人才中介机构招聘人才出境，应当按照中国政府的有关规定办理手续。其中，不得招聘下列人才出境：正在承担国家、省级重点工程、科研项目的技术和管理人员而未经单位或主管部门同意的；在职国家公务员；由国家统一派出而又未满轮换年限的支援西部开发的人员；在岗的涉密人员和离岗脱离保密期未满的涉密人员；有违法嫌疑正在依法接受审查尚未结案的人员；暂时不能流动或者需经单位批准的人员等。

日本也对猎头公司有着严格限制。在日本职场中，“右腕”系指企业经营者最可信赖和最为得力的部下。企业中的“右腕”人物掌握着企业高度的技术秘密，这种人物若转职为其同行业者从事同样的技术开发，原来的企业秘密就会泄露。同行业竞争者通过“挖掘”对手的“右腕”，往往不用花费开发资金就可以把对手的企业秘密弄到手。这无疑是不正当竞争，是被视为侵害、盗取企业秘密的违法行为。日本猎头行业因此形成了一个严格的规定：任何猎头公司均不得猎取“右腕”。

三、加强人才情报保护

当前，政府部门（企业）高级人才情报失密渠道较多，如内部管理制度松散，保密程度不够；猎头公司重金购买人才情报；新闻报道曝光率太高；辞职人员保密期限过短及范围狭窄；高级政府官员辞职从商限制条件较少等。

政府部门（企业）高级人才情报失密一度情形严重。2007年，一家专营金融行业高级人才的美国猎头公司，在“不慎泄密”的数据库中，对于中国内地政府部门涉及金融业务监督与管理领域的副处长及以上领导职务的高级人才，均有详细的介绍、履历记录、性格分析和猎头评语，数据准确、赫然在目。

四、重点防范关键岗位

科技人才“带项目”、“带技术”跳槽已蔚然成风，有关研发部门的“集体跳槽”事件不时见诸报端。核心技术人员手中掌握的关键技术，往往是他们另谋高就的筹码。一般而言，最可怕的不是员工的流失，而是优秀员工投奔到

100%的把握。有着良好品牌的猎头公司不是有单必接的，出于对自己和客户负责的考虑，只接成功率较高的猎头订单。如专业猎头公司对于成功率低于70%的猎头订单，不论价格多高，也不会接受委托。

二、信用等级制度

政府猎头涉及面广，业务量大。为此，经济基础比较厚实、条件比较成熟的政府部门（企业）组织人事部门，可以筹建较为科学合理的信用等级资格制度，以规避系统风险、行业风险和操作风险。

具体办法是：

（一）确立准入资格

根据从业历史、规模流程、组成结构、人员状况、纳税记录、行业口碑等要素，确定猎头公司参与政府猎头的基本资格。凡是通过申报与审核，取得了政府猎头准入资格证的猎头公司，才能参与政府猎头项目的竞标工作。

确立准入资格证的目的，就是要提前廓清和划定猎头公司的层次，为政府猎头提供一个相对稳定的、具有战略合作伙伴关系的优质猎头公司群体。在条件成熟的情况下，根据实际状况和市场需求，政府部门（企业）还可以在局部领域和地区，制定和实施猎头公司参与的基本原则和要约，进一步规范猎头行为和市场，避免滋生猎头行业弊端和风险。

（二）信用等级划分

可以划分成A、B、C三类信用，A类最高，依次递减。凡是取得准入资格证的猎头公司，均视为C类。信用等级决定了猎头公司参与政府猎头的层次和级别。如在法国，只有取得法国人才协会颁发的国际猎头协会成员资格的猎头公司，才能参与大型国有企业的猎头项目招标，且不能联合竞标或转让标书。

（三）信用升级与降级

政府部门（企业）根据猎头公司实际参与政府猎头的次数、信用、业绩和紧密度，采取“总体规模不变、实行末位淘汰、新进公司补充”的基本原则，优胜劣败、升降有序。

猎头公司的准入规模，视政府猎头的规模、形式和要求而定。如在上海，政府猎头的中外准入公司数量可维持在20～30家，就基本上能够满足高级雇员招募工作的基本要求；特别情况下，可按有关规定和要求，单独委托或者授权一两家公司即可。

（四）剔除资格制度

经查实，猎头公司确有不端行为且限期整改效果不明显的，就要剔除资格，并在一定范围内公布。此举是为了保证政府猎头的纯纯性和公正性，也是在市场经济体制不成熟情况下，主动规避风险、走向完善的必由之路。

三、第三方监督

政府部门（企业）聘请第三方机构或者个人，作为猎头项目的监督或者权益代表，对猎头行动的全过程进行监督、检查和审核，直接对政府部门（企业）最高决策层负责。

第三方应当是与政府猎头相关，却没有直接利益关系的独立体，如学术机构、非营利性组织、专业公司等。

第四节 危机管理

“危机”一词，多指紧急的、需要作出关键性决策和决定性变革的状态。

识别分析

政府猎头存在着危机管理的必要性。这与政府猎头的涉及面较广、社会影响力较大有关，且与猎头的内在属性和特性密不可分。在无孔不入、便利迅捷的网络时代，信息散布时间短，传播速度快，易于广为人知。在猎头行动中，假若出现了危机，又不能加以有效控制，必然会引发局面失控、形势恶化和信誉灾难。

在猎头行动过程中，危机主要表现为：

一、政府部门（企业）信誉危机

猎头计划确定后，招募职位、数量和任职要求原则上是不能临时变更的。但是，由于政策管制、实施环境和管理级别的干预和压力，可能会出现新的调整。一旦不能及时披露和解释，就会让少数已经报名的候选人感觉受骗上当、情绪激动；而一些人也会趁机起哄、煽风点火，各种小道消息顿时满天飞。政府部门（企业）的信誉面临着严重挑战。类似的现象，多发生于事后更改候选人任职资格、临时取消招募计划、猎头行动不慎泄密等情形。

二、猎头公司运营危机

猎头公司管理松弛、出现不妥的新闻言论、候选人名单提前曝光、公司陷入经营困境、突如其来的官司诉讼等，都会直接导致猎头公司提前浮出水面、当众现形。如此一来，猎头行动不可避免地会受到严重干扰和侵袭，甚至于中止。

三、第三方监督资质危机

第三方监督机构是否具备相应的资格、人员组成是否合理、监督环节是否完整等资质，也是政府猎头危机的高发区。它是最容易受到媒体关注和跟踪的，也是最容易被忽视的薄弱环节。一些欧美发达国家的新闻记者，时常利用和渗入这个渠道，突破了政府猎头新闻报道的封锁区或者控制区。

危机出现后，政府部门（企业）、猎头公司和第三方监督机构应通过大众传媒、事故及隐患鉴定报告、座谈会等调查信息来源，识别、分析和评估危机发生的程度，并将分析结果和参考意见及时提交到猎头行动的最高决策层。

在调研、勘查和评估的同时，必须迅速隔离危机，立即启用危机应急计划和危机管理机构，迅速控制事态，使其不扩大、不升级、不蔓延。猎头行动的主管领导必须及时出现，相关专家要迅速展开工作，以确保危机应对的权威性，维护公众形象，坚定战胜危机的信心。

危机控制

危机管理就是要最大限度地控制已经失控的事态，尽量减少危机伤害和损失。

在制订猎头计划和方案时，要密切关注各种危机潜伏的症状、来源渠道、引爆形式等，提前设计应对预案，估算预防费用、物资储备和应对渠道。如有必要，可建立危机管理小组，或者组建危机管理团队，甚至任命专门的“首席危机官（CCO）”，以制度化方式明确职能、管辖范围。这是应对危机的领导、组织、制度保障。危机管理小组的职能主要包括：制定防范对策；高层领导应对策略；控制危机期间组织的各项活动；组织完善危机预警机制；形成危机处理评估机制等。

由于猎头行动中的多数危机是人为因素造成的，当危机深化时，就要实施系列危机对抗措施，如进行局部领域和范围内的全民动员，组织最高层及首席危机官全权调动各种资源，与各方积极沟通，争取在最短时间内控制危机。要积极与新闻媒体合作，宣传、解释政府部门（企业）危机管理的政策和方案，以争取公众的理解和支持。

加快促进转“危”为“机”的进程。经历危机后，危机管理小组应发现管理体制中存在的问题，从中吸取教训；更新观念，强化危机防范意识，增强组织整体应急能力和水平；变革组织管理机制，不断健全和完善制度，最大限度地减少或杜绝新的灾难、事故的发生，化危机为机遇。

第八章　政府猎头体制

发展中国家的政府猎头体制变革，必须立足国情、因地制宜，既要顺应瞬息万变的时代潮流，又要重视实际工作的绩效。

第一节　人事革命

高科技信息时代下的市场经济全球化，如同强劲的火箭助推器，已经将人类世界提升到一个全新而广阔的文明高度。人的全面发展，人与自然的和谐相处，以及人际关系的调整与改良，都受到了前所未有的关注和重视。而在发展中国家的人事管理领域，首当其冲的，就是要逐步破除封闭而僵化的管理体制。一些发展中国家故步自封、落后时代的人事管理体制，已经成为政府存亡、政党安危和企业成败的临界点，变则通、不变则死。

“治大国者，如烹小鲜。”从欧美发达国家的人事体制改革进程中，可以明显地发现从人事管理到人力资源管理，再到人力资本管理的清晰轨迹。发展中国家是否也必须按部就班、渐次推进，尚没有定论。但是，对于中国这样人口众多、地大物博的巨型大国，势必牵一发而动全身。国情如此，断然不容忽视。

简言之，发展中国家的政府猎头，就是要“顺应潮流，变革观念，畅通渠道，革新体制”。

认清本质　努力把握全局

20 世纪 90 年代以来，猎头作为经济全球化的必然产物和市场经济的基本要求，不仅体现出激烈的高级人才争夺，更重要的是，它标明了高级人才领域的自由流动、市场路径和多元选择等时代潮流。这是任何国家、任何政府和任何组织都无法回避和逆转的。

现行的人才管制、指派和封锁政策，或与现实严重脱离，或已不能适应新的形势和节奏。按计划、有步骤、科学而合理地吸纳猎头的机制和优势，不仅能够提高自身适应能力，扩大高级人才搜寻范围，更能开创政府部门（企业）组织人事工作的新阵地和新局面。

发展中国家“民主、公开、竞争、择优”式的选拔人才原则，带有深深的观念革新、机制转型和体制改革的现实要求。通行的公开招录制度，已经较先前的内部提拔、横向交流和指令下派方法，有了科学而合理的提升。但是，市场经济条件下的人事改革体制，并非只有公开招聘一条道路。欧美发达国家普遍采用的猎头路径，无疑为我们提供了新的思路和理念。因此，发展中国家面临“三合一”式的改革思路，可以同时采取独立型的公开招聘、市场型的猎头、联合型的公开招聘与猎头相搭配三种形式。伴随市场经济整体条件和环境的改善，发展中国家的政府猎头仍然会向委托或者授权型的市场化方向转进，大势所趋、几成定局。

政府部门（企业）有着强大的政策优势、资源优势和布局优势，如何在市场经济条件下用足政策，挖掘潜力、整合资源，将是组织人事部门面临的新的机遇和挑战。特别是在“阳光政府”的背景下，政府部门（企业）如何与向来神秘而低调的猎头公司协同作战，始终是双方磨合的焦点，也是决定合作成败的关键所在。

积极筹备　实现机制升级

政府猎头中心的筹备和启动工作，主要面临两个方面的压力和冲击：

一方面，是现有机制如何转化、更新和升级。经过 60 多年的发展，中国的政府部门和执政党组织系统已经形成了较为完备的人事管理体制，有着极其庞大的人事管理队伍。首先，是要在现有的组织人事机制内，培育、扶持和构建猎头功能或者职能。通过接触、附加和单列等方式，快速建立起简单而清晰的猎头运行机制。其次，结合上级部门的意图和策略，建立猎头运行的全程管理和监督机制，形成较为完整的工作环节和行政管理链条。最后，立足现实，抓住时机，既要跨越，又要务实，探索新的运行、管理和监控模式。

另一方面，是如何协同新旧机制共生共存、融汇贯通。与其他行业一样，猎头工作的展开和建设，不能一蹴而就。在任何时候和条件下，当新机制尚不能完全包容旧机制的格局时，旧机制就有存在的合理性和必要性。新的猎头机制，对于传统的人事管理而言，不是肯定，也不是否定，而是对旧机制的“扬弃”。

中国已有建立政府猎头的良好基石和条件。如上海厂长经理人才有限公司，就是中共上海市委组织部、上海国际集团、上海交通投资集团共同投资发起的人力资源服务机构。公司专门为各类企事业单位推荐高级经营管理人才，提供管理咨询、人才派遣、管理培训等高端服务。又如中共广州市委组织部成立的企业经理人才评价推荐中心，即为独立建制的正处级事业单位，设有综合部、测评部、推荐部、培训部和信息部。业务范围包括为企事业单位提供各类考试测评、人力资源咨询及资质评定；采集企业经营管理者人才信息，依托庞大的人才库与企业库，进行人才资质评定、推荐交流；开展知名专家系列讲座、高级研修班、境外培训班、单位内部培训等。

政府猎头的试点工作启动在即。2010 年起，很有必要在北京、上海、广州、武汉、西安、沈阳等重要的一线城市主动试行、试点，筹建政府猎头中心机制和体系。建立省级示范中心或者市级（省会城市）的目的之一，就是要切实改变观念、改良机制和改进体制，形成先试点、再推广，先探索、后跟进的基本态势。在试行期间，最重要的原则就是要尊重规律，科学前进。而尊重规律的要义之一，就是要尊重严肃而鲜活的市场现实，尊重历史经验与教训的启示，尊重当地实际的人才运行形势，科学而合理地制定前进路线，稳健发展、逐步推进。

组建队伍　主动应对形势

对于众多的组织人事机构和部门来说，猎头既是陌生的新鲜事物，又是耳闻目睹的社会现象。加强理论培训和升级，显得迫在眉睫、势在必行。没有高素质的、业务过硬的猎头顾问队伍，猎头中心的建设只能是空中楼阁。

人员队伍建设的要点包括：

（一）总体要求

要建立一支规模适度的、高素质的猎头队伍，总体要求是：较高的思想政治水平；熟悉干部政策，精通高级人力资源开发技术；可以达到或者接近经济、科技等某一行业的专家水平；一定的国际视野；能很好地与高端人才对话，对高端人才有敏锐的鉴别能力；高度的事业心和责任感等。

（二）个体要求

在品德、知识、能力、业绩等方面的要求是：履历清晰，职业形象好，在工作经历的主要阶段有一定的业绩；学历一般为研究生以上，具有高级专业技术职称资格；年龄一般在35～55岁之间；行政职级方面以局、处级干部为主体；精力充沛，敬业爱岗，具有很好的亲和力等。

（三）素质能力要求

猎头队伍应具有很好的高端人才识别能力。他们应具有丰富的工作经验，能够代表较高水平的人力资源工作实践，熟练掌握多种评价技术和测评手段。甚至还能够通过简短的访谈，就可以对访谈对象的价值观、业务能力、技术水平等作出初步的综合性判断。

（四）人员培训

强化人员队伍的业务培训，显然已是当务之急。主要内容包括：

（1）基础知识。如国情国策、人才学理论、人力资本学说、人才流动理论、人力资源管理教程、世界（中国）猎头发展史、猎头的基本理论等。

（2）应用知识。如猎头流程、操作原则、实施途径、政府规制、跨国猎头公司、国际猎头协会等。

（3）模拟操作。如情景模拟、案例分析、实践教学等。

（4）管理方法。如流程管理、风险管理、项目管理、合同管理、客户管理、危机管理等。

（5）专业技能。如基本的人才测评方法、路径和效能评估，以及必要的辅助方法等。

（6）实例分析。对现有的猎头实例进行分解、再现和分析，总结经验教训，找到改进的办法和措施。

第二节 体制创新

"善战者，立于不败之地，而不失敌之败也。"中国的政府猎头在立足国情、全力追赶的技战术上，必须借鉴海外成功经验、勇于创新，探索新型的政府猎头发展道路，尽快实现机制转型和体制改革。

新支点

21 世纪以来，中国的国家猎头中心、中共中央组织部人才工作局、非政府组织、孔子学院等，相继成为政府部门（企业）猎头的新支点。

一、国家猎头中心

2004 年 3 月，人事部组建的"全国高级人才寻访中心（NESC）"被业界人士视为猎头行业的"国家队"。它是由人事部全国人才流动中心主办、专门为优秀企业招募中高级人才的国家级猎头服务机构，也为大中型企业提供专业的人力资源管理咨询服务。1999 年，中心直属的国家人才网正式创建。2002 年的企业经营管理人才库项目、2006 年的专业人才库项目和 2009 年的优秀高校毕业生人才库项目，已经为超过 10 万人提供了较为翔实的专业背景资料备案，为 80% 的入库求职者解决了就业问题，并为国家相关职能部门提供了大量的专业人才动向、人事人才政策、人才信用体系等基础信息。

根据全国高级人才寻访中心的目标，可以架构几个重要的分支机构（中心），承担相应的任务。它们包括：

（1）政策促进中心。负责人才政策的实施、配套政策的拟定、实施环境分析与效果监督。

（2）系统支持中心。负责系统的建设、网络的连通、日常维护、安全控制和系统开发等。

（3）海外服务中心。完善外国高级人才和本国留学生的登记、跟踪和归国服务，以及监督落实相应的优惠政策。

（4）大单委托中心。按照一定的标准和要求，委托大型猎头公司集中招聘和采购。如招收批量的海外公务人员、国有企业或者国有控股集团新进人员、政府机构选调人员、跨国公司外派人员等。

（5）数据统计中心。负责各种数据的滚动统计，提供决策咨询服务。可成立民间性质的猎头产业研究会，负责行业指导、协调和沟通领域的工作。

按照欧美发达国家，特别是美国的做法，全国高级人才寻访中心应当履行以下新的使命：

（1）架构高级人才数据库。根据形势发展的需要，很有必要建设高级人才数据库。中央政府和各地政府的高级人才数据库建成后，可有助于各级组织部门建立健全专家联系、提供决策咨询、人才成长动态跟踪等制度，拓宽相关单位选人、用人的视野，为领导的科学决策提供参考。如 2005 年，北京高级专家数据库一期项目通过验收后，以两院院士、享受国家特殊津贴专家等为代表的9 000余位高级专业人才，成为进入数据库的首批专家。然而，这只是整体工程启动的一个阶段性标志。在此基础上，中央和地方政府不仅要加快建设速度，全面完善数据库系统，而且还要建立与数据库相配套的系统防护、维护机制。

（2）建立海外华人高级名录。海归人才是国际人力资源的重要组成部分。海外留学人员工作存在多头管理、职责不清、责权利分离的现象。大量的留学人员择业基本都是靠自己走访联络，由于对国内用人情况不甚了解，导致一些“海归”变“海待”。

海外华人中的高级人才名录，主要是针对以下8种高级人才：在国际学术技术界享有一定声望，是某一领域的开拓人、奠基人或对某一领域的发展有过重大贡献的著名科学家；在国外著名高校、科研院所担任相当于副教授、副研究员及以上职务的专家学者；在世界五百强企业担任高级管理职务的经营管理专家，或在著名跨国公司、金融机构担任高级技术职务，在知名律师（会计、审计等）事务所担任高级技术职务，熟悉相关领域业务的国际规则，实践经验较为丰富的管理人员或技术人员；在国外政府机构、政府间国际组织、著名非政府机构中担任中高层次职务的专家学者；学术造诣深，对某一专业或领域的发展有过重大贡献，在国际著名学术刊物发表过有影响的学术论文，或获得过有国际影响的学术奖励，其成果处于本行业或本领域学术前沿，为业内普遍认可的专家、学者；主持过国际大型科研或工程项目，有较丰富的科研、工程技术经验的专家学者和高级技术人员；拥有重大技术发明、专利技术等自主知识产权或专有技术的专业技术人员；具有特殊专长并为国内急需的特殊人才。

（3）协助开展吸纳海外人才工作。外资公司进驻中国，需要大量有海外工作经验且熟悉国内政治经济情况的人才作为中介和桥梁。中心可以协助有关部门向外资企业提供政策优惠，奖励其在同等条件下优先录用海归人员，尽快建立留学人员创业资金评估和担保机制，解决留学人员创业过程中的流动资金贷款担保和扩大生产规模的风险投资，谋求招商引资与吸引人才双赢的局面。

积极推进海外科技园计划。2006年，中国科技部已经在新加坡、美国的马里兰、英国的剑桥和曼彻斯特、俄罗斯的莫斯科等地建立了5个海外科技园，为中国企业和科研机构实施“走出去”战略搭建了有效平台，开拓了利用海外智力的新途径。业已建成的53个国家级高新技术开发区、21个国家级留学人员创业园、137个国家级创业服务中心等，都在吸引海外专家来华工作、吸引留学人员回国创业方面发挥着积极的作用。

二、非政府组织

必须高度重视民间的国际化人才组织。据民政部《2006年度民间组织统计数据》，民间组织总量超过19万个，年末职工人数超过265万人。民间组织既是市场和政府之间传递信息的途径，也是市场关系的维护者。充分培育和发展中介组织，加强消费者的知情权，提高政府规制的社会监督能力，在垄断性行业建立专业消费者、民间团体组织的监督，这也是中国有效反垄断、促进和培育公平竞争市场过程中需要解决的问题。

在纷繁复杂的国际环境中，民间外交显得格外重要。民间的解释、民间的争辩，在一些敏感问题上效果往往比官方的渠道更为有效。2000年以来，在中国民间外交模式中，推动以科技人员为主体的P to P（People to People）工程，效果比较显著。特别是在留学生群体中，优势更加明显，且拥有更多的发言权。如新加坡政府设立了非营利性的“新加坡国际基金”，推动和团结海外新加坡人。从2001年起，他们一直坚持在海外召开年会制度。他们认为，海外新加坡人不仅能对影响新加坡发展的事件提出全球性观点和战略，还是团结海外新加坡人最有效的途径之一。在分布在世界各地的新加坡商会和俱乐部的支持和协调下，基金会不仅让海外的新加坡人与中国有更紧密的联系，并成为有责任感的国际公民，还可以号召他们响应中国的需要，自觉、踊跃地为中国的发展作出贡献。

在国家级人才交流中心、各地举办的区域性人才市场，以及各种基金会、学术机构、研究会等非营利机构中，应当以明确的政策或者规定，要求它们每年必须预先保证一定的空额或比例，作为公益项目进行开放，鼓励和支持民间组织开展工作，并接受公众监督；同时，也要采取有力措施，确保各种各样的非营利性的猎头活动能够规范运作，使之既能够提供必需的公益服务，也能够与国际惯例进行有效对接，推动了猎头产业在整个政治、经济、社会生活中的优化配置。

三、孔子学院

海外学院是联络海外高级人才、培育海外精英和沟通海外人际关系的重要平台。1951年，德国成立了歌德学院，即在世界范围内积极从事文化活动的文化学院。它的工作是促进国外的德语语言教学并从事国际文化合作。除此之外，通过介绍有关德国文化、社会以及政治生活等方面的信息，展现一个丰富多彩的德国。歌德学院的工作是独立负责的，且不附带政治义务。歌德学院支配的总预算，大部分是每年由德国外交部和联邦新闻局拨款的，拨款比例由一个框架协议调整。2009 年，歌德学院遍布 78 个国家和地区，共有分支机构 144 个（国外 128 个），成为德国文化交流和传播的标志之一。

2007 年 4 月，中国孔子学院（Confucius Institute）总部在北京挂牌，逐渐成为推广汉语和传播中国文化的教育和文化交流机构，是一个非营利性的社会公益机构。孔子学院最重要的一项工作就是给世界各地的汉语学习者提供规范、权威的现代汉语教材和最正规、最主要的汉语教学渠道。境外的孔子学院都是其分支机构，主要采用中外合作的形式开办。2004 年 11 月，全球首家孔子学院在韩国成立。2009 年底，100 多家孔子学院遍布全球 40 多个国家（美国及欧洲最多），成为传播中国文化和推广汉语教学的全球品牌和平台。

反猎头体制

在充分利用国家猎头中心和民间组织的基础上，还要建立具有中国特色的、攻守一体化的反猎头机制。

一、充分利用行业惯例

如今，中外猎头短兵相接，各领风骚；外资猎头你争我斗，暗自较劲；猎头行业鱼龙混杂，市场不断被分割蚕食。处在“客户革命”时代的猎头公司，为了争取业务订单和高额利润，绝对不会放过任何机会。

猎头已经将他们的触角伸及每一个可能的角落，敏锐地捕捉每一个潜在的猎物。他们关注行业、企业动态，关注行业媒体，关注行业热门人物；马不停蹄地参加各类研讨会，结识企业高层经营管理人员和业务骨干；与行业协会建立良好的关系，以获取重要的一手资料；在著名的学府举办人力资源论坛和就业讲座，与进修的各类高级人才沟通；猎头顾问们也参加一些高级俱乐部和金领团体，在一个个精英聚会中搜罗人才。

猎头公司是媒婆，一手牵着客户，一手拉着人才，这是他们生存和发展的逻辑。如果政府部门（企业）成不了猎头的客户，猎头就可能反向盯上政府部门（企业）的高级人才群体。

政府部门（企业）如果成为猎头的客户或者战略合作伙伴，最明显的好处之一，就是能够在相当程度上起到保护高级人才的作用。根据“客户不是目标、目标不是客户”的行业惯例，凡是与猎头公司有过合作的客户，均在一定时间内（通常为 2 年）不能成为猎头的目标，即不能从客户方猎取高级人才；反之亦然。

竞争对手的阵营里去。假若“叛逃”的员工又掌握了公司的关键技术，或者机密的话，后果就是灾难性的。对于网络企业而言，最有价值的财富就是员工的知识技术，而最可怕的是竞争对手轻易获得了原本属于自己的财富。至于核心技术人员“集体跳槽”，高层团队整体出走，更是釜底抽薪，火上浇油。

对于企业来说，每一个项目的开发往往都由一个团队完成，团队成员承担着其中的一个子系统或功能的开发。整个项目都有严格的开发计划，任何一个子系统的滞后，都会直接影响项目的整体进展。项目成员一旦离职，就有可能带走前期开发的所有成果，严重的将使项目开发陷入瘫痪，甚至于影响后续的开发。企业只有把关键技术适度分散化、系统化，通过技术备份和技术再造，切实保护好关键人才的流失，才能把关键技术的损失降低到最小范围内。

第三节 构建体系

政府猎头体系包括政策调控、搜寻网罗人才、教育培训、人员安置、国家人才安全等。

加强宏观调控

在高层次人才吸引方面，中国政府出台了一系列吸引中国留学生回国的政策文件，如《关于吸引海外留学人员为西部服务，支持西部建设有关工作函》，《人事部〈关于重点资助优秀留学回国人员开展科技活动〉的通知》，公安部、外交部联合发布实施的《外国人在中国永久居留审批管理办法》等。

在高层次人才培养与使用方面，先后出台了“百千万人才工程”、“四个一批”、“西部之光”人才培养计划、《2004—2008 年全国党政领导班子建设规划纲要》等多项政策文件。2001 年，国民经济和社会发展第十个五年计划中专门强调大力开发人才资源，实施人才战略，并首次把人才问题提升到国家战略层面。2002 年，中央印发了《2002—2005 年全国人才队伍建设规划纲要》和《西部地区人才开发十年规划》，提出实施人才强国战略。2003 年，中央提出了“党管人才”原则。这是中国共产党适应全面建设小康社会的新任务，按照完善社会主义市场经济体制的新要求，根据党所处历史方位的新变化作出的一项重大决策。同年，中央还专门成立人才工作协调小组，中央组织部成立了人才工作局，履行人才工作的战略规划、政策研究、宏观指导、工作协调等职责。

在高级人才市场与人才流动方面，国务院制定了《国家公务员暂行条例》和下发了《关于印发〈关于加快发展人才市场的意见〉的通知》等。2000 年以后，人事部出台、后于 2005 年又修改制定了《人才市场管理规定》。

在高层次人才激励方面，也先后出台了国家科学技术奖励政策、政府特殊津贴政策、有突出贡献的中青年专家政策等。

由于大量外国猎头公司和人才中介机构涌入中国，有必要尽快制定外国人才中介机构准入制度和在华外企招聘中方人员管理办法，制定和完善涉密人员和特殊人才政策约束，切实保障国家的人才资源。一方面，要建立健全有利于人才安全的法律法规，通过立法维护国家重要人才安全，明确规定涉及国家安全的人才的范围，对承担国家重点工程和重要科研项目，以及涉及国家核心机密和关键技术的人才实行保护措施。另一方面，要制定和完善相应的法规来规范不合理的人才流动。要加快制定相关的法律法规，以减少国家重大科技发明创造、关键技术等外流所造成的损失，对可能流出国门的、掌握核心机密和关键技术的高级人才进行有效规制。

积极储备和吸纳人才

在中国，积累潜在人才和吸纳海外人才，两手都要硬。加强潜在高级人才的培养，就是要认识到潜在高级人才是高级人才的源泉，对潜在高级人才进行培养，有利于造就更多的高级人才。潜在高级人才的培养，必须依据潜在高级人才特有的素质与天赋，遵循高级人才成长成才的基本规律，制定出不同的符合潜在高级人才个体特性的政策，才能有利于潜在高级人才的成长。

首先，完善和实施跳级制与学分制。在初、高中和大学阶段，进一步完善和实施跳级制与学分制，疏通高级人才快速成长的渠道，满足潜在高级人才快速学习和成长的需求。其次，开设各种高级课程和高级班级。针对不同学生的不同兴趣、爱好、素质和特长，组织开设高级课程，由学生进行自由选择和自由参与，实行个性化教育，有利于促进高级素质或能力的发现和培养。最后，改革和完善考试与选拔制度。考试选拔制度既要有利于常规人才的成长，又要有利于高级人才的发展，更要在公开、公平和公正的前提下，不拘一格、大胆录用。

其次，高度重视杰出人才的本领传承。在高级人才的本领传承上，要鼓励社会团体和大中型企业设立高级本领传承基金，专门用于高级人才的本领继承，充分调动高级本领传承人的传承积极性，鼓励有潜质的人才继承和学习高级技能、高级技艺，加强对潜质较好的潜在高级人才的培养。

再次，加快引进国外人才工作。2000 年，中国内地的回国留学生和学者已达 1.5 万人，且以 13% 的年增长率激增。而美国来华学习的人数也在不断增加，2001 年就超过了 5 400 多人。中国外国专家局统计，在改革开放初期的 20 世纪 70 年代末，每年外国人才的引进规模只有 500 多人，90 年代增加到每年 6 万多人。加入世贸组织后，中国引进外国人才的规模猛增至每年 22 万人，外国人才的来源国也已从当初的 10 多个国家，发展到 2004 年的 80 多个国家。仅 2003、2004 年，就先后有约 48 万人次的外国专家和 29 万人次的港澳台专家来中国工作，约 8 万人次出国（境）培训。

最后，要大力推动人才的国际化进程。2000 年，在广东就业的境外、国外人员有 16 万人，占全国的 25%。上海常驻的外国人有 5 万人，外国专家有 2.5 万人，还有大批台湾同胞留居上海。2007 年，国家引进国外智力专项经费主要用于引进海外高层次人才和国内紧缺人才，支持“三支队伍”和两类人才建设。其中，重点资助引进经济技术专家 1 万人次，教科文卫专家 2 万人次；重点资助出国（境）培训 1 万人次；实施国家级重点引智项目 100 项，新建 40 个引进国外智力示范推广基地和示范单位，增设国际人才分市场。

重视人才安全

为了应对中国的人才安全危机，要“高度重视和充分信任国家重要人才。通过立法维护国家重要人才安全，有效防止重要人才流失”。人事部在《2005 年人事工作要点》中提出，要“配合有关部门研究人才安全问题，制定重要人才流动办法”。同时，必须改革计划经济体制下造成人力资源极大浪费的用人机制，建立有序、和谐、能动的人力资源机制，促进人才流动，激活人才自身潜力，更好地吸引人才、用好人才。

首先，不断增强对掌握国家机密和关键技术的本国人才资源的保护意识，建立此类人才的流动审批和审核机制，严格限制可能威胁和泄漏国家经济、军事、国防等核心技术和机密的人才向国外、国内跨国公司、外资企业的流动和流失，密切关注其流向，建立关于他们的相关流动去向、就业信息等跟踪档案信息，防患于未然。采取切实有效的措施，减少和避免由于管理和监控不力导致的人才安全损失和危害。

其次，主动关注掌握国家核心机密和核心技术人才的流向。2001 年 9 月，人事部和国家工商行政管理局以一号令联合颁布了《人才市场管理规定》，在首次允许外资人才中介机构以合资的形式进入中国市场的同时，明确规定五类人员不得招聘，其中有三类直接关系到人才安全问题，他们分别是“正在承担国家、省重点工程科研项目的技术和管理的主要人员而未经单位和主管部门同意的”、“正在从事涉及国家安全或重要机密工作的人员”、“法律法规规定暂时不能流动的其他特殊岗位的人员”。这是中国加入 WTO 后首次发出的人才安全预警信号。

最后，强化安全管制工作。面对人才安全危机，既要“疑人不用、用人不疑”，又要尽可能地了解海外人才的政治倾向、动机、个人背景等。在引进时，既要严格程序，又要积极支持；在录用时，既要关心爱护，又要提出要求；在考核时，既要尊重事实，又要理解宽容。在维护外籍人员合法权益的同时，要针对各种间谍行为，切实做好预防措施，定期检查、督促整改，建立健全周密而规范的安全保卫制度，形成有效的人才和经济安全保护体系。

大力推进民族产业

改革开放30年来，中国取得了有目共睹的成绩。但是，国民经济发展模式明显带有重商主义色彩，重视赚取外汇和对外贸易，而对本国产业保护不够，使得民族产业发展严重滞后。2005 年 6 月的《经济参考报》指出，中国每个对外开放产业的前 5 名，都已经被外资公司渗透和控制。在 28 个主要产业中，外资已控制了 21 个，比例高达 75%。而没有对民族产业的保护和发展，就等于失去了国家财富的真正来源和产业升级的平台，使中国面临着重蹈一些拉美国家民族产业覆辙的危险（田文林，2009）。

发展中国家的政府猎头，大力采用和依托本土猎头公司，优势明显，意义深远：

（1）价值观认同度较高。本土猎头公司熟悉国情，能够提供与政府在基本国情、历史文化、共同价值观、文化观念、人情世故等方面保持高度一致，甚至是操着方言口音的亲切化服务。

（2）服务质量能够得到保障。本土猎头行业历经磨难、不屈不挠，堪称屡败屡战、愈挫愈奋，业已取得了长足的进步。伴随着跨国猎头公司的入驻和增多，一些精通中外猎头规则的高级雇员（含外籍人士），以专职或者兼职的身份，出现在本土猎头公司的员工名册之中。跨国猎头公司雇员流动普遍比较频繁。实力日益强劲的本土猎头公司，也能够出得起较高的年薪，吸引跨国猎头公司的高级雇员。同时，跨国猎头公司的基本技术、成功经验和通行做法，对于本土大型猎头公司而言，已经没有太多商业秘密可言。一些大型的本土猎头公司，在经营理念、技术领域和实际操作等领域，已经接近、达到甚至超过了国际通行的行业标准和规范。

本土猎头公司对于带有歧视倾向的国际惯例，运用机动灵活，应对有方。美国公司的会费起点低，且多数是自愿缴纳。而本土猎头公司多会缴纳相当数额的会费。小型猎头公司若想进入，还需要支付一笔数额不等的额外费用(2009 年，广州政策)。加入了国际猎头协会的本土公司，多被要求购买协会推荐的、售价高达人民币 10 万元以上（2008 年，广州标准）的“统一软件”，简直就是“打劫”。但是，很多猎头公司自己解决了这一难题。他们依照通行的国际惯例和要求，雇佣国内的专业软件公司自行设计了猎头流程管理软件，价格仅在人民币 2 万元左右（2008 年，上海标准），且能够得到免费升级服务。

（3）搜寻海外华人优势明显。如在北京、上海、广州等城市，海外留学回国人员开办的猎头公司，已经不仅能够与国际接轨，还在海外局部领域和区域成功建立了较为广泛的人际关系。特别是在海外华人聚居地区，他们能够迅速搜寻和物色政府部门（企业）所需要的、数量可观的、具有华人背景的高层次候选人。

（4）提升了猎头行业整体水平。本土猎头公司在经营管理的意识、层次和渠道等领域相差悬殊。但是，政府仍然是他们心目中稳定而理想的“大户”。科学管理，规范运作，认真而高效地完成猎头合同，是能够保持和维系良好合作关系的前提条件。这是猎头公司自然而然的主观意愿，也是客观的市场需求和竞争倾向使然。它在客观上也提升了猎头行业的服务质量，规范了公司的日常管理和市场运作。

（5）成本相对低廉。本土猎头公司经营成本低，人脉关系广泛、社会交际多。仅从收费而言，本土猎头公司猎头订单起点的标准相当于跨国公司的 50%，有时低至 15%。这比较符合一些发展中国家普遍存在的政府财政紧张而窘迫的实情。况且，本土猎头公司驾轻就熟、神通广大，如同曾经穿行在湖北武汉市大街小巷的“麻木（三轮小车）”一样，技术娴熟、风驰电掣，不仅能够迅速找到交通捷径，还认得许多稀奇古怪的门牌号码。

（6）有利于扶持民族产业。猎头产业已经成为发展中国家人力资源领域重要的新兴产业，且行业本身带有相当的战略意义。在猎头行业，政府采取和依靠本土公司的猎头行动，不仅有效地保护了本国民族产业，而且也是增强经济自主能力，实现可持续发展的战略举措。在一定程度上，确保了民族猎头行业能够分享经济增长、科技进步和综合国力提升而带来的改革开放成果。

在亚洲，即使是进入发达国家俱乐部的日本，政府部门（企业）都非常重视征用本土猎头公司；同等条件下，都会优先录用国内人才和留学回国人员。日本利用几个大型的本土猎头公司，牢牢控制了国内市场半数以上的份额。一个重要的原因，就是政府不愿意看见原本可以属于民族行业的、猎头市场的真金白银，大量地，也是不必要地流向海外。

中国加入 WTO 以后，中外猎头势力错综复杂，局部领域还处于春秋乱战的局势。伴随着中国政府猎头的观念的更新和步伐的加快，势必促成一个极其庞大的新兴市场，也将是全球最大的政府猎头市场。毕竟，中国已经丢失了许多产业的主导权，如果再丢失以高级人才为对象的、维系国计民生的政府猎头市场，无异于自毁长城、引狼入室。据此而言，政府采取果敢政策，全力保护和培育民族猎头产业，意义重大、不言而喻。

第九章 政府猎头战略

政府猎头战略系指在国家人才战略框架下，构建政府猎头体系和机制，规制猎头行业和产业，致力于国际高级人才的引进、培养和配置的战略布局及实施。

第一节 科学发展

中国的政府猎头必须把握“政府主导、市场配置；坚决吸纳、积极储备”的战略原则。即政府遵循国家人才战略的部署和要求，制定宏观调控政策；以市场为基础，寻找科学而合理的高级人才资源配置机制和体系；加大力度、加快进度、加紧实施海外高级人才的搜寻吸纳工作；根据国情实际，健全选拔机制，完善培训体系，积极扩大人才储备基数，增加战略人才的持续储备存量。

温饱底线

人才资源是第一资源。2008 年 11 月，胡锦涛同志在庆祝“神舟”七号载人航天飞行圆满成功大会上指出：“人才是事业发展最可宝贵的财富。世界范围的综合国力竞争，归根到底是人才特别是创新型人才的竞争。社会主义现代化事业的不断发展和创新，归根结底有赖于各方面创新型人才的创新思维和创新活动。谁能够源源不断地培养、吸收、凝聚创新人才，谁就能够掌握实现发展目标的第一资源。”

中国的劳动力资源总量极其庞大。但是，劳动力严重过剩与高素质人员相对不足的矛盾却十分突出，相当数量的从业人员文化水平和业务技能不高。研究表明，中国13亿人口中有8亿人力资源，6 075万人才资源，3 914万科技现有总量。但是，只有158.7万高级专家和高级管理人才，仅占技术人员总数的5.5%。相当于每1万名劳动者中有研发科学家和工程师11人，而发达国家则接近或超过了100人。《中国现代化报告2005》指出，2001年的中国现代化水平与美国等7个发达国家相差100年左右；2050年，中国才能达到世界经济现代化的中等水平，进入世界前40名。

21世纪的头30年（2000—2030年），中国首先要解决的，是迫在眉睫的“人才温饱”问题。因此，要牢牢把握住总量控制、比例适中的“一确保、二稳定、三引进”的“温饱”底线（如图所示）。

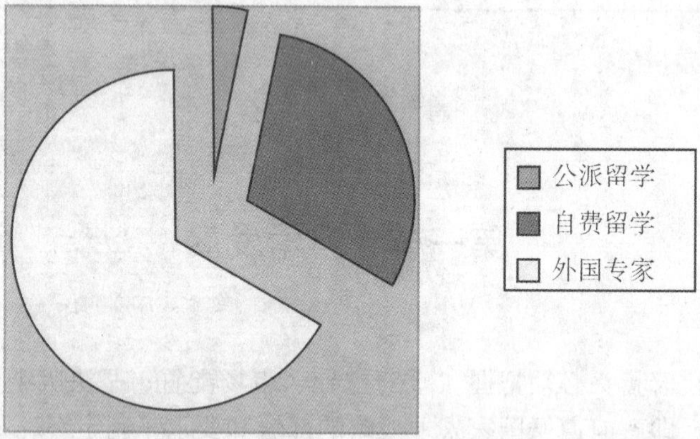

首先，确保政府部门（企业）公费资助、定向指派的出国培训、进修留学人员必须全部回国服务。其中，主要包括中国建设急需的三种人才，即高层次人才、紧缺人才、高技能实用人才。仅仅采取经济处罚方式，不可避免地存在很多漏洞和缺陷。必须站在国家利益的立场上，对公费留学人员予以严格管制和跟踪监督，并辅之以较为完整、齐全和周密的配套政策。一些发展中国家乃至落后国家，纷纷采取极其苛刻的限制条件和得力措施，严格保证公费人员的返国率，取得了较明显的效果。

其次，出国留学人员的回国比例要稳定在50%以上。2000—2050年，考虑到中国留学生基数庞大，且留学层次、性质和方式不一，留学回国人员总体比例如果能够稳定在总量的50%以上，将是重大的理论拐点。作为世界上最大的发展中国家，中国的海外储才总额以不低于30%为宜。如此，既能够满足国内高级人才使用的基本总量，也能够积聚相当的高级人才战略储备，更能够确保海外华人形成局部领域的优势地位和势力范围，彼此呼应、便于回旋。

再次，扩大外国专家的引进工作。中国政府明确提出，要用开放的方式培养人才，这是加快培养和造就国际一流的科技尖端人才和科技领军人物的有效途径。按照国际惯例和市场规则引进人才，发挥市场配置国际人才资源的基础性作用，要加快制定和实施国家引进海外人才规划，建立海外人才评价和准入制度。不断完善海外人才来华工作的法律法规，保护来华工作的外国专家的合法权益，对引进的海外高级人才实行在华长期居留和永久居留制度。同时，要健全对海外人才的激励保障机制，形成包括表彰奖励机制在内的各种有利于引进人才的机制。2002—2007 年，本着“以我为主、按需引进、突出重点、讲求实效”的引智方针，中国共引进外国专家、专业人才和港澳台专家、专业人才 220 余万人次。引智形式开始出现多样化，包括高层次人才引进、移民定居、短期讲学或培训、技术合作、共同研究、课题协同、联合攻关等。在总量比例上，2000—2010 年，中国的外国专家引进数量，相当于出国留学人员回流数量的两倍。

最后，引智工程创新空间巨大。大量的海外留学人员、外国专家乃至外籍高级人才进入中国的政府系统、国有企业高层经营管理系统和高等院校系统将是历史潮流、大势所趋。越来越多的持有中国“红卡”、“黄头发、蓝眼睛”的外国人，将走进中国的政府部门、政府监管企业乃至执政党组织系统。但是，与 2003 年墨西哥政府聘用外籍内阁部长、2009 年柬埔寨任命泰国前总理他信为洪森首相和王国政府顾问等国际案例对照来看，中国仍然处于传统的人事管理体制架构内，改革进程比较落后，步伐比较缓慢，在国际化高级人才的交流使用水平和档次等领域，还存在着相当大的挖掘、利用和创新空间。

返巢与创业

如何促进出国留学人员“返巢”，始终是世界各国政府极其关注的课题。为此，中国政府不断加大力度，首先在政策领域进行突破。1992 年 8 月起，先后颁布《关于进一步争取优秀留学博士回国做博士后的通知》、《关于重点资助优秀留学回国人员开展科技活动的通知》、《留学人员科技活动项目择优资助经费申请与管理办法》、《外国人在中国永久居留审批管理办法》等文件，鼓励留学人员回国服务。

2001 年 3 月，中国政府在《关于国民经济和社会发展第十个五年计划纲要的报告》中，首次确定实施国家人才战略，同时指出“人才是最宝贵的资源，要把培养、吸引和用好人才作为一项重大的战略任务切实抓好……合理利用国外教育资源，拓宽高层次人才培养途径，积极吸引和聘用海外高级人才。继续实行支持留学、鼓励回国、来去自由的方针，鼓励留学人员回国工作或以适当方式为祖国服务”。

2008年，北京市政府认为，有着强烈回国创业意向的留学人员群体，本身已经在海外有了一定的基础和资本。他们回国之后，不但能够自己创业，而且还能够通过他们带动一大批人回来。因此，这个群体有着引领潮流和高端人才发展的条件和优势。同样，重视海外留学人员回国创业，不是某一个部门能够解决的问题，必须会同教育、科技、卫生、劳动、公安等市政府的相关部门形成统一的协调机制，来保障海外留学人员回国创业。

为此，他们提出了“五法”思路：

（1）政策集成法。海外留学人员回国创业涉及各个行业和领域，如何通过政策集成和业务联动，落实各项优惠政策，还需要进一步探讨和完善，以期充分发挥政策的综合效益。因此，必须将留学人员回国创业或工作中可能会遇到的政策问题集中起来分析，逐步建立相关制度，并在完善后以法规的形式予以规范。

（2）环境营造法。营造良好的创业环境是关键。要对留学人员的工作给予大力支持，对留学人员创业要做到集成宣传、集成包装、集成推荐，在社会舆论和宣传方面营造良好的创业环境。

（3）组织机构明确法。留学人员创业园作为留学人员创业的主要形式载体，管理机制和组织机构并不统一，这就需要有明确的组织和规范来进一步推动。

（4）信息集成法。信息共享、经验共享是留学人员创业期间互相之间学习交流的一个很好的办法。应致力于建设留学人员信息交互平台，方便留学人员创业其互相之间的学习借鉴和资源共享。

（5）团队建设法。即要建设一支素质良好的管理和服务人员队伍，专门负责指导和服务有志于归国创业的留学人员。

海外人才银行

海外高级人才资源是一个国家必要的战略储备和纵深，主要包括：拟出国留学和进修人员、正在考察和培训的人员、海外留学生、因其他原因滞留海外的拟归国人员，以及源于政局动荡、家庭变故等因素需要转移家属和资产的实力人士等。

海外人才储量可观。*Institute of International Education* 统计表明，2000—

2005 年，在美国最大一批的学术界移动潮中，35.5 万中国人移居美国。2006 年，在美国大学及研究所学习的中国学生居于第二位，仅次于印度。在录取博士生来源最多的院校中，清华大学和北京大学分列前两位。2007 年，中国学生居于国际研究生数量的第一位。在产业和科学界，据美国科学理事会估计，大约有 220 万个外国出生的科学或工程学位获得者，其中 21% 的博士来自中国大陆，居各国之首；而在硅谷的 IT 从业者中，以 1998 年创立的科技公司计，中国人和印度人掌舵的约占 24%；在高端产业的专业化人才领域也占了相当高的比例。*American Communities Survey* 2005 的数据显示，华裔在美国医学科研人员、健康诊断和治疗、数学家、物理学家、计算机硬件工程师等所占比例分别达到 19%、14.8%、16.7%、12.6% 和 8.0%。而在计算机软件工程师、生物技师、自然科学家等领域，华裔比例亦很突出。

华侨群体规模庞大。21 世纪初，海外华侨华人总数约为 3 975 万人，分布在世界五大洲的 160 多个国家或地区。2008 年 9 月的《华人科技人才在海外的发展现状分析》研究表明，海外华人科技人才的总数接近 100 万人。仅在美国，华人学者就有约 10 万人，分布在 80 多所大学和各类科研机构，其中 3 万余人被公认为世界一流的科学家、工程师和教授，占一流科技人才的 25% 以上。在高级科技专家中，占 55%。在各大学任教的 4 万多名外国教授中，则高达9 110名，约占总数的 20%。仅在美国 1961—1972 年从事的一系列载人登月飞行任务的“阿波罗”计划中，华人高级科技人员就达 1 400 人，占总数的 30%。

海外人才结构发生变化。海外高级人才在去留意向上，呈现橄榄形分布状态。回国人员和移居人员相对数量较少，且意向明确；而中间层次的人数较多，去留意向模糊，易受到外部政策和环境的影响。一旦遇到政治气候、经济环境和回国政策的变化，多会在短期内采取行动，以摆脱困境，寻求机遇。其中，不乏实力型的安居乐业者，也不乏技能超群的投机者，更有经验相对贫乏却掌握了巨额资产的“富二代”子女等。对于此类型的群体，不能只打“感情牌”、“家乡牌”，也要充分考虑“安全牌”和“中立牌”，更要考虑他们背后的“家族牌”和“裙带牌”。要切实稳固中间层次，全力提高服务意识和质量，讲究策略和方法，区别对待、不一而论。

政策导向开始调整。21 世纪以来，世界各国的出国留学条件、国际接纳程度和留学人员素质结构等均发生了翻天覆地的变化。特别是留学人员低龄化、初始教育程度浅显、投资移民倾向明显和留学成本不断提高等，更加突出和务实。发展中国家先前制定的引进和使用政策却多年保持不变，与现实世界严重脱节，自然导致引智工程效能低下，性价比失调。从印度、泰国和巴西等发展中国家的经验和教训来看，引进和利用海外高级人才资源的政策导向，已经开始从数量型向结构型转变，选择标准更加严格，服务措施更加务实。

第二节　和平崛起

中国在和平崛起的进程中，将始终高举和平、发展、合作的旗帜，在国际政治、经济和军事舞台上发挥应有的作用。

统筹高级人才调控

涉及人才立法、中央统一调控、建设交流平台、特种数据库和遴选特异型人才等领域。

一、着手高级人才规制立法

根据有关专家的研究和建议（朱钧侃，1985；程干远，1987；巩海平，2005），可划分为三个基本层次：

第一层次：人才基本法，即宪法中规定的人才原则。由全国人民代表大会及其常务委员会制定的人才管理总法规，包括：人才的界定；人才培养的目标与原则；人才管理的目标、原则、适用范围；人才管理机关与人才的法律地位，基本权利和义务；人才管理各环节的基本程序等。

第二层次：人才单行法规。主要包括：核心法规，即制定一部具有中国特色社会主义的《人才法》；辅助法规，根据人才法颁布相应的有关人才问题的细则、补充规定、条例等法律文件；有关人才问题的单项法规、条例、法律解释等法律文件。其中，《人才法》的主要内容应包括：总纲（人才法的指导思想和基本原则）；人才的地位和作用；人才开发和人才管理工作的目的、方针、任务和基本手段；人才的培养、考核、选拔、聘用、合理流动、职务评定、晋升、奖励、工资、工作条件、生活条件；外国人才的引进和中国人才的输出，以及人才的保护等。

2000年以来，印度积极推动了吸纳海外高级人才的立法进程，成效明显。印度政府制定了利用海外印度人的资金、技术、人才和国际影响力的基本国策，加大高级人才吸纳力度，全面促进经济发展，以期早日步入发达国家行列。2003年1月9日，印度总理瓦杰帕伊正式宣布实行双重国籍政策，允许美国、英国、加拿大、澳大利亚、新西兰、新加坡和马来西亚7个国家的海外印度人申请印度国籍。2004年1月7日，印度政府又将范围扩大到荷兰、意大利、爱尔兰、葡萄牙、瑞士、希腊、塞浦路斯、以色列、法国、瑞典和芬兰等11个国家。据报道，印度开放双重国籍后的18个月中，就有3万名科技专才回归印度。

第三个层次：各行政职能部门、各地方政府以基本法、相关法规和单行条例为依据，根据本部门、本辖区的实际情况，制定在本部门、本辖区有效的人才管理规章和地方性规定。如地方海外高级人才引进、聘用和管理领域的法律等。

2007年，深圳市政府制定了《深圳市出国留学人员创业前期费用补贴资金管理办法》，针对出国人员个人到深圳创业，采取无偿资助前期费用的形式；从事科研工作，经认定属高科技项目的，可获得一次性科研启动经费10～15万元人民币。南京政府制定的《南京市引进海外留学人员和智力的若干规定》，设立了海外留学人员专项资金，用于资助来南京讲学、学术交流及承担科研项目的留学人员；奖励作出突出贡献的留学人员，以及改善他们的工作和生活条件；对于南京急需的留学人员，户口指标编制可不受限制。

二、建立中央级调控中心

中央级高级人才调控中心的基本框架是“数据统一、调控统一、管理统一”的“三统一”格局。建立中央级高级人才调控中心的目的，并不是打破现有的管理体制和机制，而是要在市场经济环境下，建立市场化的高级人才交流和配置机制，使得非管制型高级人才能够自由流动、配置和调剂，形成简便可行、平衡过渡的高级人才管理路径，稳步推进、稳健发展。

现行的高级人才管理体制，令出多门，职责分散。如在制定和引进外国专家领域，由国家外国专家局负责；人力资源和社会保障部成立的全国高级人才寻访中心，主要针对中央直属企业和政府监管企业；中央组织部及其子系统，又承担系统内的人员配备，同时覆盖直属和监管企业高层经营管理人员；至于国家安全局、军警系统、公安系统等，却各成体系，单行管理。

调控中心可按照级别、行业和年龄三个类别，统一建立高级人才数据库系统。

级别类别系指一般意义上的高级人才，如行政级别、研究级别和专业技术级别等。其中，院士、高级工程技术专家、享受政府津贴的专家学者，都应直接为政府部门掌握和控制。

行业类别则是依据国家统计局划分的、以A—T为代码类别的国民经济序列，如A农、林、牧、渔业；B采矿业；E建筑业；F交通运输、仓储和邮政业；T国际组织等。一般而言，行业领军的、活跃度较高的、新闻知名度大的、影响力较强的、资源占有率高的，均可以作为入选指标。其中，国务院国有资产监督管理委员会直属或监管的大型企业、重点企业和特种企业领域等，都是数据统计工作的重点和关键所在。

年龄类别是指依据高级人才的年龄结构进行排序、优化组合，以实现新老更替、新陈代谢的梯队式高级人才数据更新。特别是针对重要的工程技术和国防安全领域，要有组织、有步骤和有计划地实施"助手制度"和"替代制度"，以确保由于衰老、伤病等自然因素而导致的人才断链。极其重要的顶尖专家和技术人员，须由政府部门或政府指定机构直接干预，采取得力措施以实现知识与技能的维护、延续与更新，最大限度地延续学术、技术和财富的生命周期。

级别、行业和年龄系统彼此独立、相互交叉，构建基础性的高级人才三维平台，有利于中央政府统一配置、调剂使用，最大限度地发挥国内高级人才存量资源效能。

三、打造市场交流平台

高级人才调配交流系统是政府各部门打通部门界限、级别界限和行业界限的重要沟通和信息互换平台，它促进了高级人才的跨越式交流和调配，能够在短期内迅速集聚专业人才和技术，实现重点工程、核心工程和关键工程的组织与实施。无论是苏联，还是改革开放前的新中国，都验证了它的合理性和科学性。

中国拥有高级人才领域的政党组织系统、政府系统、军事管制系统、国家安全系统、企业系统等基本系统，加上高级人才市场交流系统，形成了平台庞大的复合交叉型高级人才管理体制。如此分类分级，有着特殊的安全布局考虑。

同时，政府部门、政府直属或监管企业高级人才定期轮岗和交流制度，也是实现高级人才储备和培养的重要路径。它不仅在某种意义上是政治因素和经济因素使然，也便于政府部门统一调配有限的高级人才资源，寻求高级人才边际效益和效应最大化，更重要的是对高级人才自身发展有着极其重要的作用。

海外引智创新工程平台有待创新。如国际人才交流大会（CIEP）是经国务院批准，由国家外国专家局2001年创办，系中国唯一专门针对国（境）外专家组织、培训机构、专业人才开放，规模最大、规格最高的国家级、国际性的人才与智力交流盛会，是一个集人才、智力、技术、项目和管理为一体的综合性大会。2009 年起，中国国际人才交流大会长期落户深圳，每年举办一届。中组部已经把大会列入中央人才工作协调小组工作计划，国家外国专家局也把大会列入《国家“十一五”引智工作规划》中继续强力推进的重点引智活动，广东省政府则把大会列入《广东省自主创新规划纲要》。截止 2009 年 11 月，共有 405 家国（境）外机构具有在中国（内地）开展国际人才交流活动的资格，其中外国专家组织 123 家，人才培训机构 282 家。此外，国家外国专家局还认可了 6 044 家国内单位具有聘请外国文教专家资格。

四、筹建特种数据库

凡事预则立，不预则废。搜寻和网罗特种高级人才，具有强烈的辐射和感染效应。

在人类甄别能力和体系尚有较大局限的情况下，一些有着特异功能和才能的高级人才，始终是各国政府关注和重视的特种领域。屡见不鲜的“气功师”和“特异人士”现象不时出现、良莠难辨。自古以来的偏才、怪才均为历朝历代所争议，譬如鸡肋、难以取舍。在人口众多的中国，举止超常、行为怪僻的人更是不胜其数，这些人有着丰富的想象力和无尽的创造力，也有着常人难以理解的古怪行为和行事方式，优点和缺点同样明显。如何辨别真假、区分优劣，往往是比较困难的。如何发掘他们的正向社会效能，实现和引发他们的积极价值，指导他们成为真正杰出的人物，始终是人类社会的重大研究课题之一。俄罗斯向来重视特异人才，甚至成立了国家级的研究中心。如俄罗斯黑客在国际上拥有相当高的“声誉”。他们技术高、“口碑好”，几乎已经成为共识。因此，俄罗斯黑客也成为许多国家情报机构的“抢手货”。国际网络安全公司资深分析家肯·杜赫姆曾经指出：“这些俄罗斯人的黑客技巧简直到了难以置信的地步。他们都是相当出色的程序员，是真正懂得网络的人。他们知道如何在网络中进进出出，而又不留下任何蛛丝马迹。”他们曾多次成功入侵五角大楼的电脑系统，破解了微软的源代码，入侵北约网站，从西方国家的银行偷窃上百万美元。1995 年，俄罗斯人弗拉基米尔·列文从花旗银行的多个账户中累计盗取了 370 万美元。而他的作案工具，只是一台个人电脑和一根可以拨号上网的电话线而已。

客观而言，成立政府或者政府授权机构（如学术团体、非营利性组织等），专门从事特异型高级人才的发掘和甄别工作，的确是件非常有意义的事情。况且，本着效用真实的原则，不拘一格吸纳贤能，也是网罗特异型高级人才为国所用、为国造福的必然要求。

构筑海外猎头基站

海外猎头基站可分为政府、商业和非营利三种。它们因为主体、目标的不同，而呈现出差异化的运作模式和管理路径。

一、政府基站

政府基站是以政府部门和政府授权部门（组织或团体）为主体，依据国际通行惯例，从事人才情报收集、整理、分类和筛选工作，提供给主管部门参考借鉴的基础性平台。驻外使馆是国际公认的、合法的联络和沟通场所。它具有诚信度高、官方背景和实力强劲等多种特点，也是从事政府猎头海外工作的重要基础和支点。

以美国为例。美国人始终将留美的外国人员作为巨大的高级潜在人才力量予以对待，并不时跟踪。凡是驻留海外的美国大使馆和领事馆，都会利用所在国的民族庆典和法定节假日，定期或者不定期地召集曾经留学美国的所在国的回国人员进行座谈、沟通和交流。针对一些功成名就的高级人才，政府部门会主动提供并办理移民手续，随时随地为之服务。一旦所在国局势动荡，美国政府几乎会无一例外地向高级人才提供绿色通道，安排使馆专员进行指导，并帮助高级人才迅速转移主要家属和财产，甚至向高级人才的亲戚朋友提供必要帮助。

再以泰国为例。1997 年 7 月，亚洲金融风暴席卷泰国，泰铢大幅贬值。不久，这场风暴扫过了马来西亚、新加坡、日本和韩国等地，打破了亚洲经济急速发展的景象。亚洲一些经济大国的经济开始萧条，一些国家的政局也开始混乱。亚洲金融刚刚平息，泰国在世界各地的大使馆、领事馆先后接到了来自国内的指令，要求他们重新登记和统计所在国泰籍留学人员名单，并对已经加入外国国籍的泰侨、泰裔及其子女进行分类造册。特别是对于功成名就的科研人员、实业家和学术专家进行逐一排查，以确定回国意向或者回国投资意向。泰国大使馆和领事馆多次邀请当地的泰侨领袖和实业人士共商回国创业计划，或吸引资金，或交流信息，或物色人才等。

二、商业基站

根据其性质的不同，商业基站可划分为研究型、据点型、桥梁型三种基本形式。

研究型猎头基站多以项目为基准，由跨国公司和企业建立，涉及尖端技术合作、新产品开发和项目论证等领域，通过科研项目联合攻关的形式进行维系。如企业博士后流动站、海外项目合作工作站等。

据点型猎头基站，则是在海外公司或者当地公司和个人的支持下，倾向于长期而稳定地定向、定点投放海外高级人才招募方案，或以高级人才个体为目标，多方协调、多方合作，以寻找与其适应的项目、资金和政策支持。如一些地方政府独立或者联合当地同乡会先后组建的海外高级人才引智联络站、海外人才报名登记处等。

桥梁型猎头基站多见于商业网络形式，主要是匹配团队和个人的投资合作意向，如撮合资金、个人和项目三者的有机集聚，选择投放区域和地段。如果确有必要，也会联系风险投资公司、政府财团和实体联盟，予以论证和审核。桥梁型猎头基站的商业色彩浓厚，且带有强烈的商业目标和渠道，已成为较为通行的猎头路径之一。如华点通公司是新加坡最大的跨国型猎头公司，1999年成立，总部设在美国的迈阿密。现有雇员400多人，主要从事人力资源咨询，在中国北京设有办事处，是一家在世界猎头产业中都颇具声望和值得信赖的国际性咨询公司。在政府的指导下，华点通公司建立的联谊网络通过接触和反馈等手段，拓展人才接触的范围，同时促进新加坡人才市场的发展。目的在于以新加坡的方式构建人才招募的方案。为了直接吸收海外人才，新加坡在海外设立了8个“接触新加坡”联络处，负责海外宣传和招聘联络工作。新加坡还定期举办“新加坡职业博览会”，在全球大城市巡回展出并现场招聘。

三、非营利性组织基站

21世纪以来，国际型非营利性组织异常活跃。它们运作空间广泛，回旋余地较大，且具有宽松的组织结构，对于高级人才群体有着得天独厚的心理切入优势，社会认同度较高，信誉也能够得到保证。

2009年底，中国的政府机构和民间组织的国际人才交流空前活跃，仅国家外国专家局就与370余家国（境）外的人才机构建立了经常性的交流机制，建立了中国国际人才市场及分市场19家。

成立于1934年的英国文化委员会，表面上是非政府组织。在中国，该机构挂靠在英国驻中国使馆文化处。该机构主要着力于文化关系的构建、知识和理念的交换及教育的国际化。2009年底，董事会成员为12人（每三年更换一届），首席执行官是Martin Davison。委员会2008年的总收入高达6.45亿英镑，其中政府拨款约占30%，各种收费和服务收入超过50%以上，还有公益捐款、企业赞助等。委员会的7 400多名雇员在世界100多个国家工作，并建成了一个管理科学、反应迅速的国际化运行网络，并同英国外交部、BBC、艺术委员会都有密切的合作关系。委员会的主要宗旨，就是推荐英国高等教育，推进交流与合作，推进高等教育的全球化，建立国际化的合作伙伴关系。委员会注重更深层次的、高质量的合作，而不是追求数量。因此，对合作伙伴的选择非常讲究。又如国际红十字会和红新月协会联盟在提供物资、药品救济的同时，多会邀请国际著名医学专家、高级医护人员进行跨国界、跨地域会诊，采取无偿援助、人道主义服务的形式，进行技术交流和合作。至于国际上著名的福特基金会、洛克菲勒基金会等，多以立项、定向投资为前提，能够在短期内迅速网罗专业性强、知名度高的高级人才，从事基金会认可和支持的公益或者委托项目，成为国际高级人才交流和合作的第三方纽带。

红卡：中国的引智工程

“红卡”工程，系指中国招募、引进和吸纳录用海外人才的政策、措施和形式的总和。

一、背景分析

自清末留美、留欧、留日学生越洋求学以来，海外留学生渐渐成为一个独特群体。新中国成立后到21世纪初期的60多年，先后出现三次海外人才回归高潮。

第一次是“红色中国”浪潮。20世纪50年代，中华人民共和国成立后，形成海外留学有国可回、有家可归的喜人局面，海外华人纷纷放弃优厚的待遇，响应政府号召，以饱满的民族热情和精神面貌，积极投身于新中国的国民经济和军事文化建设中。

第二次是“改革开放”浪潮。20世纪80年代初期，出国政策开始宽松，自费出国留学顿成时髦；大批海外留学人员也逆向回流，回到生机盎然的祖国。那时，他们创业致力于商业贸易、高校科研等领域。

第三次是“网络创业”浪潮。发生在20世纪末。当时兴起的网络热潮，使得留学美国的大量IT人才归国创立IT公司，或者加盟跨国投资的IT项目。尽管这次归国高潮时间并不长，又有网络泡沫的负面影响，但是，它有力地推进了中国的网络热潮，并最终形成了世界上最大、最有朝气的网络市场。

2000年以后，“红色投资”浪潮开始涌动。21世纪初期的金融危机爆发后，基于外来技术移民获得美国绿卡的难度加大；硅谷的PE和VC投资变得十分谨慎，一些高科技项目很难获得初期的发展资金；中国各地政府争相推出的优惠政策和务实措施；国内市场的机会；国内研发成本低等因素，加速了海外移民返乡的步伐，许多在硅谷的华人工程师，在后危机时代产生了回国创业的念头。

20 世纪，中国本土人才主要是单向从政府机关、高校、国有企业往外企流动的现象。到了 21 世纪初，人才出现了外企向中企流动的现象。现在人才在中外企业之间相互流动变得十分平常。从跨国公司人才本土化也可看出端倪，经过了四个阶段性变化：第一阶段，外企对本土员工的要求一般是具有一定语言优势、计算机能力，可以胜任一些低端和入门级的服务，而初、中级领导职务基本上由中国港台及新加坡华人占据，高层往往由西方人士担当。第二阶段，到了 20 世纪 90 年代中期，本土人士慢慢成熟，已具备一定的国际经验和领导水平。此时，一些西方人回国了，他们的职务由港台人士担任，本土人才开始胜任一些初、中级领导职务。这个阶段是本土人士领导力逐渐成熟的阶段，已呈现出一种蓄势待发的状态。第三阶段，到了 21 世纪初，中国变成令世人瞩目的经济焦点，发展速度惊人，本土人士已经开始在外企担当中、高级职务。这个阶段是本土人才蓬勃发展的时期，他们已真正在外企发挥领导作用。第四阶段，目前随着本土人士能力的不断提高和不断被派到海外轮岗、学习，他们将在外企占据更重要的地位（陈志宏，2009）。

稳健发展的中国，显然有着巴西、俄罗斯和印度三个“金砖”国家所不能比拟的地位和优势。在亚洲金融危机、美国 9·11 恐怖袭击事件、2008—2009 全球金融危机等影响中，中国政府的立场和态度，令全世界为之印象深刻。专家指出，特别是在信贷危机的蝴蝶效应愈演愈烈的气候下，全球经济中为数不多的确定性之一，似乎就是中国无论如何都能努力保持或者接近两位数的经济增长。

著名人才专家王通讯认为：“根据以往经验，当一个国家人均 GDP 达到 4 000美元时，人才将大量回归。这是一个转折点。”当教育经费占 GDP 的 5%以上、研究开发经费占 GDP 的 1.9%以上、科学家工程师人均研究开发经费占 6 万美元以上、从事研究开发的科学家每百万人口有 1 500 人以上时，归国的海外人才会有大幅增加。2008 年 12 月 5 日的《华尔街日报》曾经不无忧虑地评论道：“一直以来，都是中国向海外输送其最优秀、最聪明的人才，而现在轮到中国从华尔街吸收专业人才了。”

二、基本内容

“红卡”工程主要包括以下几个领域：

（1）出国留学人员的回流与吸纳。

（2）国家级重点工程、重大项目、优先发展行业急需和紧缺人才的招募。

（3）高科技领域、新兴产业和领军企业的高级人才空档的填补与猎取。

（4）国际化高级人才的搜寻、充实与改良。

（5）战略性高级人才的培育、控制与利用。

三、主要特征

“红卡”与美国的“绿卡”、欧洲的“蓝卡”、韩国的“金卡”相比，具有以下显著特征：

（1）防御性。中国的人才流失和人才需求数量均居世界首位。但是，与其他国家相比，“红卡”工程的优惠政策和待遇都较为平和，且倾斜度偏低。“红卡”工程的主体仍然是留学生群体，外国专家和外籍人士的比例并不高。由于中国实施的单一国籍制度，也使得大量期望拥有双重国籍的高级人才望而却步。

从海外人才引进的整体战略上看，中国始终处于相对弱小的地位和态势，且主攻方向单一，就是要修复巨大的高级人才缺口。在此层面上，中国政府延揽海外人才的性质和属性，均与激烈的移民型、填充型国家的相应政策和措施有着明显区分。

（2）包容性。主要体现在以下几个方面：首先，实施“支持留学，鼓励回国，来去自由”的方针，以及“鼓励海外留学人员回国工作或以适当方式为祖国服务”，其包容色彩和自由度均较为强烈。其次，海外留学人员为国服务，涵盖面广，包括中国在海外学习或完成学业后在国外工作的留学人员及海外留学人员专业团体，以自己的专业和专业团体的优势，通过在国内兼职，接受委托在国内外开展合作研究，回国讲学，进行学术技术交流，在国内创办企业，从事考察咨询活动，开展中介服务等多种形式，为促进国家的经济社会发展贡献力量。最后，国家为海外留学人员开展为国服务活动提供政策保证。主要包括提供经费投入和给付报酬。为国服务不是无偿劳动，而是按照国际惯例，取得合理报酬、中介费或佣金等，收入纳税后可以换成外汇汇出境外；保护留学人员在专有知识、技术专利、科研成果等方面的知识权益；创造良好的工作和生活条件；提供出入境便利和人事服务；做好宣传表彰工作等。

（3）政策性。2008 年底，中央人才工作协调小组对实施引进海外高层次人才“千人计划”作出部署，对引进的高层次创业人才，中央财政给予每人人民币 100 万元的资助，有关地方政府部门（企业）提供配套支持；给予多次出入境签证；国家和地方科技型中小企业技术创新基（资）金给予优先支持；可承担国家重点科技、产业、工程项目任务，产品符合要求的，纳入政府采购目录。创业人才在取得突出贡献后，有关部门要予以表彰，并在永久居留、医疗、保险等方面给予特殊待遇。为了向引进的人才提供高质量服务，人力资源社会保障部所属留学人员和专家服务中心开设专门服务窗口，代为办理永久居留证、户籍、就医、子女入学等各项生活待遇的手续。

各级地方政府纷纷制定优惠政策，鼓励海外高级人才回归。如上海市人事局和市科委联合设立的“上海市浦江人才计划”就是一项每年投入达4 000万元的政府专项资助，主要用于新近回国到沪工作或创业不超过2年的海外留学人员及团队。资助额度分为三类：一类为50万元，二类为20万至30万元，三类为10万元左右。浙江省“钱江人才计划”以加快集聚海外优秀留学人才，为建设创新型省份提供人才支撑为目标。优秀“海归”来浙江工作和创业，可获得最多50万元的资助。“钱江人才计划”的主要资助对象为：来浙江从事科技创业的留学人员及团队；应聘来浙江从事自然科学、社会科学研究和工作的留学人员及团队；来浙江讲学或进行咨询服务的留学人员及团队；其他特殊急需引进的留学人员及团队。河北省大力实施的“海外留学人才集聚工程”，积极为海外高层次留学人才在申报项目、职称评定、激励表彰、家属就业、子女入学、入出境等方面提供便利等。

（4）结构性。“红卡”工程是在中国经济持续增长和市场经济的背景下实施的，它将更加重视海外人才引进的结构性。同时，根据世界产业结构调整的要求，加强对海外人才引进工作的统筹，提高引进海外人才的质量与水平。

一是要按照中国建设社会主义新农村的要求，围绕发展现代化农业，推进农业结构调整，重点引进现代农业急需的农业科技人才，特别是农业学术技术带头人物，以及自主创新能力强、掌握核心技术的农业科技领军人。

二是要按照走新型工业化道路的要求，围绕推进经济结构调整和发展方向转变的需要，重点引进富有创新意识和能力、适应经济全球化要求的企业家，企业自主创新急需的战略规划、资本运作、科技管理、项目管理方面的复合型经营管理人才，以及产业结构调整急需的高技能人才。

三是按照积极推进西部大开发、振兴东北地区、促进区域经济发展的要求，围绕优势产业、重大项目、特色经济、基础设施建设和生态环境保护等领域，重点引进急需的高层次人才和紧缺的各类专业技术人才。

简言之，中国的“红卡”工程是发展中国家实施的海外引智工程，源于和平，基于和平，并将归于和平，开创了当今世界引进和利用海外人才资源的新的历史潮流。

附　录

附一　政府猎头流程图

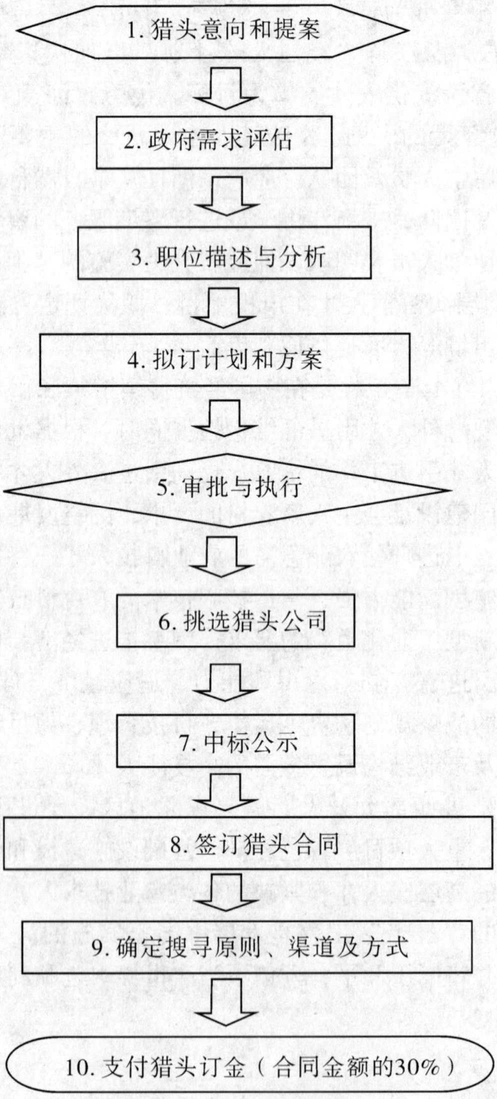

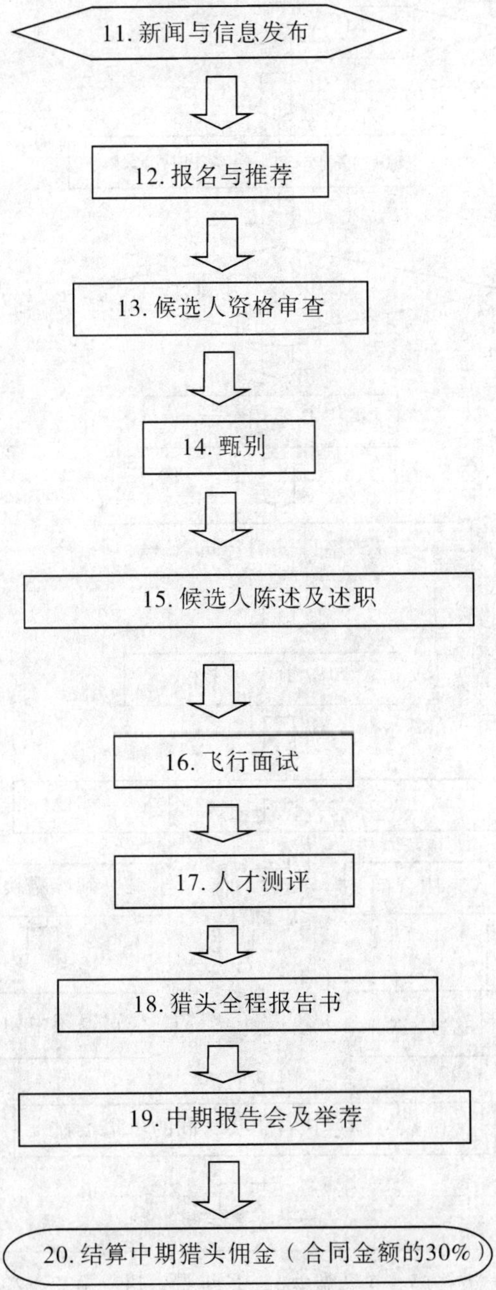
11. 新闻与信息发布
12. 报名与推荐
13. 候选人资格审查
14. 甄别
15. 候选人陈述及述职
16. 飞行面试
17. 人才测评
18. 猎头全程报告书
19. 中期报告会及举荐
20. 结算中期猎头佣金（合同金额的30%）

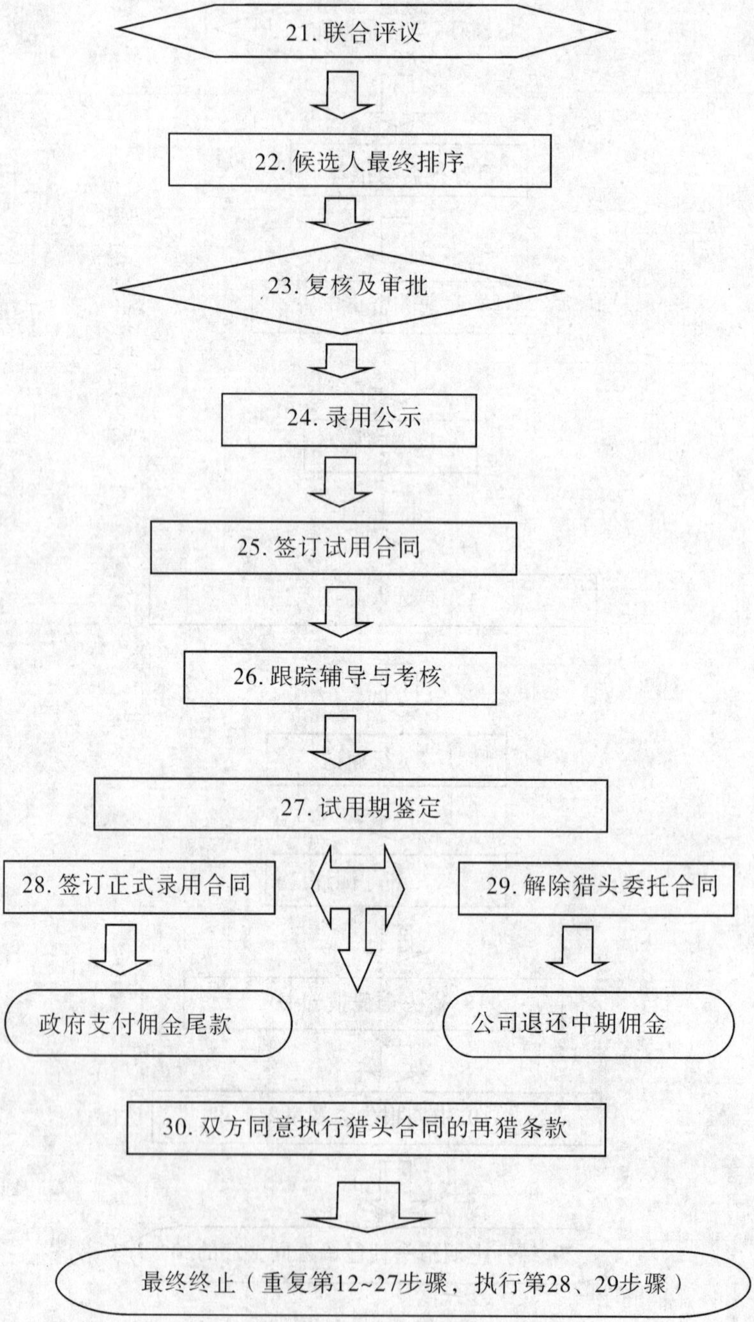
21. 联合评议
22. 候选人最终排序
23. 复核及审批
24. 录用公示
25. 签订试用合同
26. 跟踪辅导与考核
27. 试用期鉴定
28. 签订正式录用合同
29. 解除猎头委托合同
政府支付佣金尾款
公司退还中期佣金
30. 双方同意执行猎头合同的再猎条款
最终终止（重复第12~27步骤，执行第28、29步骤）

附二　飞行面试表

评估单项	细目分解	5	4	3	2	1	单项总分及备注
整体形象	外貌						
	个人气质						
	衣着						
沟通能力	语言技巧						
	组织能力						
	表达能力						
	聆听技巧						
态度	用自信的声调表达						
	态度诚恳						
	答问技巧与水平						
管理能力	运营规划与管理						
	组织策划						
	带领团队						
	内部沟通与协调						
	解决问题						
	承受压力						
专业知识及技能	业务及专业技能						
	市场政策把握程度						
	市场敏感度						
同行评价	理论水平						
	行业认同度						
新闻知名度	一年内新闻上镜率						
	三年综合新闻报道率						
猎头意向	明确而坚定						
	犹豫不决						
	可能性极小						
基本对策	现有方案的修正						
	可行的方案和工作建议						
总分							
面试效果及评价	签名：　　　　　　　　日期：						

附三　人才测评模块

人才类型 / 评价标准	高级公务员	企业高管	高校科研
一、笔试和面试			
笔试	★★★		★★★
面试（结构化面试）	★	★	★
面试（非结构化面试）	★★★	★★★	
二、心理测量			
卡特尔人格测验（16PF）	★★★	★★★	★★★
霍兰德职业兴趣倾向（SDS）	★	★	★
情绪智力测试（EQ）	★★★	★★★	★★★
领导风格测量	★★	★★	
管理方格法	★	★★★	
领导行为评价（CPM）	★★★	★★★	★★★
三、评价中心			
述职竞选演讲	★★★	★★★	★★★
公文筐（IB）	★★★	★	
无领导小组讨论（LGD）	★★★	★★★	★
管理游戏		★	
四、辅助工具			
DISC 人格测验	★		★
成人智力量表（WAIS）			★
逆商测验（AQ）	★	★★	★
一般能力倾向（GATB）			★
心理健康自评表（SCL－90）	★	★★	★★★
多参量心理测试仪（LD）	★★	★★	

注：适用强度以★表示

参考文献

1. Martinez Tomas, 1976, *The Human Marketplace: An Examination of Private Employment Agencies*, New Brunswick, NJ: Transaction Books.
2. Robert Jackall, 1988, *Moral Mazes: The World of Corporate*, Managers, New York, Oxford University Press.
3. Thomas, Robert J, 1994, *What Machines Can't Do: Politics and Technology in the Industrial Enterprise*, Berkeley: University of California Press.
4. 刘嵬:《台湾的“猎头”公司》,《中国人才》1998 年第 7 期。
5. 刘昌明:《韩国面向 21 世纪培养国际化人才的战略和策略》,《当代韩国》1999 年春季号。
6. Rakesh Khurana, 1999, *Three-party Exchanges: The Case of Executive Search Firms and the Search*, Harvard University Harvard Business School.
7. 吴伯辉:《猎人头产业研究》,硕士论文,(台湾)国立中山大学企业管理学系研究所,2000 年。
8. 尼克. A. 科克迪勒斯:《向猎头学习》,张丽宾等译,机械工业出版社 2001 年版。
9. 陶涛:《21 世纪全球人才争夺及其思考》,《求是》2001 年第 8 期。
10. 赵洪俊、刘晔华、吴瀚飞:《美国高级公务员选拔任用制度和考试测评方法》,《领导科学》2001 年第 2 期。
11. 邬义钧、邱钧:《产业经济学》,中国统计出版社 2001 年版。
12. 康兵:《成都 A 猎头公司竞争战略研究》,硕士论文,西南财经大学,中国优秀硕士学位论文全文数据库,2002 年。
13. William Finlay and James E. Coverdill, 2002, *Head-hunters: Matchmaking in the Labor Market*, ILR Press, Cornell.
14. 凌文辁、方俐洛:《领导理论研究的中国化》,《转型中国企业人力资源管理》,中国劳动社会保障出版社 2002 年版。
15. 王通讯:《全球人才争夺炽烈化》,《决策与信息》2002 年第 9 期。
16. 李建钟:《人才流失:恐慌漫及世界》,《中国人才》2002 年第 11 期。
17. 张凯集:《猎头实战操作指南》,对外经济贸易大学出版社 2002 年版。

18. 窦昆：《猎取160名英才为鄂所用，“政府猎头”出击》，《楚天都市报》，2003年4月10日。
19. 易运文：《深圳尝试企业干部选聘市场化》，《光明日报》，2004年2月28日。
20. 林泽炎主编：《转型中国企业人力资源管理》，中国劳动社会保障出版社2004年版。
21. 宋斌、程贤文：《猎头VS反猎头》，中国财政经济出版社2005年版。
22. 陈惠湞：《台湾地区猎人头产业之经营服务方式探讨》，（台湾）国立中山大学企业管理学系研究所，2005年。
23. 人事部中国人事科学研究院：《2005年中国人才报告：构建和谐社会历史进程中的人才开发》，人民出版社2005年版。
24. James Sherifi, Senior Consultant, 2005, The use of executive search in the biotechnology sector, *Drug Discovery Today*.
25. 王洪浩：《猎头》，南方日报出版社2005年版。
26. 宁瑜：《猎头智慧》，中国时代经济出版社2005年版。
27. 潘晨光主编：《中国人才发展报告》，社会科学文献出版社2006年版。
28. Bente Hansen, 2006, Executive Search: The Hunt for Exceptional Talent, *Alternative Careers in Science* (*Second Edition*).
29. Rose Sherman, Bobbie Stone, Karen Anita Thornton, 2006, Why take the call? Working with executive search firms, *Nurse Leader*.
30. 宋斌：《中国猎头产业规制研究》，博士论文，中南财经政法大学博士硕士论文库，2007年5月。
31. 程贤文、宋斌：《美国崛起的国家人才战略》，《国际人才交流》2007年第3期。
32. 元辉：《猎头公司人力资本经营模式研究》，硕士论文，天津财经大学，中国优秀硕士学位论文全文数据库，2007年5月。
33. 苏州市人事局办公室：《苏州市政府聘请18家猎头公司引进人才》，苏州市人事局网站，2007年6月26日。
34. 张华群：《广州市猎头顾问胜任力特征模型研究》，硕士论文，暨南大学，中国优秀硕士学位论文全文数据库，2007年。
35. 程贤文、张婷婷：《美国的猎头产业》，《国际人才交流》2007年第10期。
36. 程贤文、宋斌：《法国的猎头产业》，《国际人才交流》2007年第11期。
37. 周禹、曾湘泉：《基于企业和经理人视角的猎头运营实践有效性研究》，《管理世界》2008年第1期。

38. Robert C. Preziosi, 2008, An HR practitioner's view: four actions that HR executives can take to get their services used, *Handbook of Hospitality Human Resources Management*.
39. 程贤文:《印度的猎头产业》,《国际人才交流》2008 年第 4 期。
40. 付超:《泽恩猎头公司汽车行业中高级人才猎取方案研究》,硕士论文,苏州大学,中国优秀硕士学位论文全文数据库,2008 年。
41. 樊曦:《中组部国资委全球公开招聘 16 名央企高管》,《人民日报》,2008 年 7 月 8 日。
42. 沈荣华:《人才引进和保持的国际视野》,上海社会科学院,2008 年 7 月。
43. 赵君辉、张莉:《渝软件人才缺口巨大,政府委托猎头全球挖人》,《重庆时报》,2008 年 7 月 29 日。
44. 程贤文:《中国猎头产业发展路径研究》,博士论文,中南财经政法大学博士硕士论文库,2009 年 5 月。
45.《政府首让猎头当"媒人",潍坊委托青岛机构引人才》,大众网,2008 年 10 月 14 日。
46.《陆克文政府雇猎头公司海外觅高官》,澳洲新快网,2009 年 7 月 29 日。
47. 宋斌:《一般意义上的猎头、猎头公司和猎头行业》,《中南财经政法大学研究生学报》2009 年第 5 期。
48. James R. Faulconbridge, Jonathan V. Beaverstock, Sarah Hall, Andrew Hewitson, 2009, The 'war for talent': The gatekeeper role of executive search firms in elite labour markets, *Science Direct*.
49. 王靖:《上海 A 猎头公司发展战略研究》,硕士论文,西南交通大学,中国优秀硕士学位论文全文数据库,2009 年 5 月。
50. 宋斌:《经济全球化视野下的政府猎头》,《中国商界》2009 年第 10 期。
51. 宋斌:《政府猎头招募高级人才的十种风险及其分析》,《管理观察》2009 年第 23 期。
52. 宋斌:《美国政府首席人力资本官制度解析及其借鉴》,《财经界》2009 年第 11 期。
53. 蔡燕兰:《欧美同学会副会长王辉耀:高端人才正在回流欧美》,《东方早报》,2009 年 8 月 22 日。
54. 宋斌:《中小企业参与政府猎头的基本路径分析》,《中小企业管理与科技》2009 年第 28 期。
55. 朱雪娇:《西安赴京招聘高端人才,147 名博士愿来西安工作》,《西安晚报》,2009 年 11 月 29 日。

56. 李玉梅：《坚持民主公开竞争择优，推进干部人事制度改革——中共中央政治局委员、中央书记处书记、中央组织部部长李源潮答本报记者问》，《学习时报》，2009 年 11 月 30 日。
57. 王广艳：《通用汽车聘请知名猎头公司，全力寻找新 CEO》，经济观察网，2009 年 12 月 7 日。
58. 李星言：《元旦三天猎头业务爆棚，房产业成招人大户》，《新闻晚报》，2010 年 1 月 3 日。

致 谢

一、调研与考察

广州市企业经理人才评价推荐中心
湖北省人事厅人才中心培训部
广西自治区国有资产监督管理委员会企业领导人管理处
武汉市国有资产监督管理委员会改革处
广东省机场管理集团公司党委组织部
天津人行道人力资源咨询有限公司
广州锐旗集团猎头事业部
广州锦田顾问服务有限公司
武汉光辉人才顾问服务有限公司

二、学术支持

邬义钧　中南财经政法大学工商管理学院教授、博士生导师
凌文辁　暨南大学管理学院教授、博士生导师
方俐洛　中国科学院心理研究所研究员、博士生导师
戴良铁　暨南大学管理学院教授、人力资源研究所常务副所长
程贤文　博士、中共茂名市委组织部
柳士顺　博士、中共佛山市委党校
凌文辁、方俐洛团队　李　明、张华威、李山根、李兴娜、李　锐、贺小格、吴宇驹、原　涛、丁　锋、李小阳

三、封面设计

许克雄　中南财经政法大学党委宣传部首席形象设计师

后 记

在中国，许多学者和企业界人士仍然跋涉在猎头理论和实践的山谷、荒野与荆棘中，前仆后继、勇往直前。

从1999年9月起，开始着手猎头领域的探索和研究，迄今刚好10年。2003—2005年，先后到海德思哲、光辉国际、光辉人才、武汉德邦等30多家中外猎头公司实地调研和考察，四处奔波、历尽艰辛。2005年5月，与程贤文合著的《猎头VS反猎头》（中国财政经济出版社）首次提出了反猎头、双重效能、国家猎头观念，挖掘了行业（产业）规制、政府猎头、世界（中国）猎头发展史等新领域和新方向。9月，该书荣登中国人力资源开发网“最具阅读价值管理图书排行榜”人力资源类中文唯一上榜图书，被认为是当时猎头研究最系统、最全面的代表著作之一。

2007年5月，完成的博士论文《中国猎头产业规制研究》，系目前可见的、中国内地猎头研究领域的第一篇博士论文。2009年5月，在著名工业经济学家、博士生导师邬义钧教授的推荐下，进入暨南大学管理学院，师从著名的人力资源专家凌文辁教授，成为第一个专门研究猎头的博士后。

中国的猎头理论正在丰满、壮实。项目管理、客户管理、风险管理和危机管理的引入，商务搜索引擎和猎头匹配实践模型的构建，产业关联和规制研究的启动，政府猎头和国家猎头领域的国际性前沿探索，使得猎头研究日新月异。乍然出现的高校猎头、备受争议的婚姻猎头、悄然无声的猎头“潜伏”战、闪亮登场的猎头产品、貌合神离的猎头联盟等，又带给了人们更多的审视和思考。

进入21世纪以来，许多民族产业控制权正在被蚕食、侵吞，甚至近乎于失控。然而，一个充满活力、生机盎然的中国，必定不能失去高级人才，不能失去日益市场化的国际人才，更不能失去新兴而幼小的猎头产业。因为，这将是举足轻重的、最后的战略制高点。

“我劝天公重抖擞，不拘一格降人才。”一切都刚刚起步，还必须付出百倍的勤奋、努力和坚韧。也许只有这样，才能让我们站在东方的海岸上，坦然面对无比辉煌的历史、自强不息的民族和幸福美好的未来。

宋 斌

2010年1月26日

暨南大学明湖